普通高等学校“互联网+”立体化教材

高职体育健康教程

主编 姜 华 覃家宁 王 东

北京体育大学出版社

策划编辑：魏　北　吕常峰
责任编辑：姜艳艳
责任校对：李云虎
版式设计：高荣华

图书在版编目（CIP）数据

高职体育健康教程 / 姜华，覃家宁，王东主编．--
北京：北京体育大学出版社，2018.7（2022.7 重印）
ISBN 978-7-5644-2991-1

Ⅰ．①高… Ⅱ．①姜… ②覃… ③王… Ⅲ．①体育－
高等职业教育－教材②健康教育－高等职业教育－教材
Ⅳ．① G807.4 ② G647.9

中国版本图书馆 CIP 数据核字（2018）第 174176 号

高职体育健康教程　　**姜华　覃家宁　王东　主编**
GAOZHI TIYU JIANKANG JIAOCHENG

出版发行：北京体育大学出版社
地　　址：北京市海淀区农大南路 1 号院 2 号楼 2 层办公 B-212
邮　　编：100084
网　　址：http://cbs.bsu.edu.cn
发 行 部：010-62989320
邮 购 部：北京体育大学出版社读者服务部 010-62989432
印　　刷：三河市东方印刷有限公司
开　　本：787mm × 1092mm　1/16
成品尺寸：185mm × 260mm
印　　张：17.5
字　　数：425 千字
版　　次：2018 年 7 月第 1 版
印　　次：2022 年 7 月第 5 次印刷
定　　价：36.00 元

《高职体育健康教程》编委会

主　编　姜　华　覃家宁　王　东
副主编　吴　斌　马金刚　潘　奎
　　　　郑雨飞　王飞飞　尹方波
　　　　贾远航　孙　阳　冯靖媛
编　委　（按姓氏笔画排序）
　　　　于　跃　王　嵘　王亚旺
　　　　刘国安　李太昌　李东升
　　　　明秋云　罗利华　胡禹宁
　　　　秦　丹　曹桂华　鲁　续
　　　　强　羽　魏　强

前　言

《中共中央国务院关于深化教育改革，全面推进素质教育的决定》指出:“健康体魄是青少年为祖国和人民服务的基本前提，是中华民族旺盛生命力的体现。学校教育要树立健康第一的指导思想，切实加强体育工作，使学生掌握基本的运动技能，养成坚持锻炼身体的良好习惯。”

高职体育是高职院校体育教育完整课程体系的重要组成部分，肩负着培养全面人才的重任。为了全面贯彻党的教育方针，促进大学生的健康发展，使当代大学生更好地成为社会主义事业的建设者和接班人，我们在总结高等学校体育课程建设的基础上，遵循教育部颁布的《全国普通高等学校体育课程教学指导纲要》精神，编写了本教材。

本教材以“健康第一”为指导思想，结合高职院校体育公共课的教学实际和特点，以培养高职学生的体育与健康意识和实践能力为重点，为高职学生提供身体锻炼的指南。

本教材体现了高职院校全面教学、理论与实践相结合的办学特点。本教材内容简明扼要，通俗易懂，图文并茂，纸质媒介和多媒体教学相结合，融科学性、知识性和实用性为一体，切实培养高职学生的体育锻炼兴趣，从而提高高职学生的身体素质。

本教材既可作为高职高专体育课教材，也可作为体育爱好者的参考用书，为其日常健身锻炼提供指导。

由于编写人员水平所限，本教材若有不妥之处，恳请广大读者给予批评指正，以便我们对本教材进行修订和完善。

目 录

第一章 健康与科学锻炼

第一节 健康新概念

一、健康的概念

对于健康的概念，人类是在认识客观世界的过程中逐步加以完善的。传统的健康观认为，躯体无病即健康。健康，指人体各器官、系统发育良好、功能正常、体格健壮、精力充沛，并具有良好的劳动效能的状态。通常用人体测量、体格检查、各种生理和心理指标来衡量。这种说法比“躯体无病即健康”的认识前进了一大步，但仍然把人当作生物机体来看待；虽然提出了“劳动效能”这一新概念，但是含义模糊，尚未真正达到从社会层面认识健康的程度。

1948 年，世界卫生组织提出：“健康不仅为疾病或羸弱之消除，而系体格、精神与社会之完全健康状态。”1989 年，有学者对这一说法做了补充，即除了身体健康、心理健康和社会适应良好外，还加上了道德健康，认为只有这四个方面都健康才算是完全的健康。这一健康新概念，把人的自然属性和社会属性融合在一起，阐明了健康的科学内涵，是目前对健康概念较完整、准确的表述。这一健康新概念突破了医学的界限，扩大了健康的内涵，从涉及人类生命的生物、心理、社会和道德四个基本层面阐述健康，形成了四维健康观，具有划时代的意义。

身体健康是指身体没有疾病，而且有充足的能量完成各种活动的能力。身体的健康是人整体健康的基础。

心理健康是指人的内心世界丰富、充实，处世态度和谐，与周围环境保持协调。具体地讲，心理健康包括两层含义：① 自我人格完整，心理平衡，有较好的自控能力，有自知之明，能正确评价自己，及时发现并克服自己的缺点；② 有正确的人生目标，能不断追求和进取，对未来充满信心。

道德健康，就是指既为自己的健康也为他人的健康负责，把个人行为置于社会规范之内。道德是以善恶观和荣辱观来评价和调节人们的社会生活行为的一种社会规范。作为一种行为规范，道德的作用主要是通过对人的行为提出善与恶、荣与辱、诚实与虚伪、正义与非正义的社会评价，以此来对社会成员产生导向和制约作用。例如，在公共场所吸烟或随地吐痰，不注意时间、地点，无节制地进行各种娱乐活动而影响到他人的休息和睡眠等，均会遭到旁人的厌恶。社会的道德舆论导向制约着个体道德观念的形成，个体道德观念又直接决定着个体的行为方式。

社会适应良好则是指人的行为能适应复杂的社会环境变化，能为他人所理解，为社会所接受，行为符合社会身份，能与他人保持和谐的人际关系。

二、健康的价值

健康无论对个人还是对社会，都有着十分重要的作用。有人说，健康是金；也有人说，健康是福；还有人把健康比作阿拉伯数字“1”，把财富、权力、地位等比作“1”后的“0”。有了“1”，后面的“0”越多则越富有；反之，如果没有1，则一切皆无。这些比喻既形象生动，又非常准确、到位。那么，健康到底有哪些重要作用和价值呢？

（一）健康是实施教育的前提

高校提倡使受教育者在德育、智育、体育、美育等方面得到全面的发展，它们各有特定的含义和任务，是相互联系、相辅相成的统一体。而学校教育在全面教育中起着主导作用，学校可以有计划、有目的地安排好各项教育活动，其中“体育”就肩负着提高学生健康水平的教育作用。

（二）健康是人们奉献社会和享受生活的基础与前提条件

生命的意义在于奉献。拥有健康的身体，人们才能优化自己在社会生活中的地位和作用，才能使自我价值最大限度地体现出来，从而为社会做贡献。一个身体健康、精神饱满、具有良好社会适应能力的人，才可能享受高质量的生活；反之，如果没有健康的身体和健康的心理，就无法更好地为社会做贡献并享受生活。

（三）健康是衡量一个民族文明程度的标志之一

健康受多种社会因素的制约，如社会制度、经济状况和文化教育等。在一个安定团结、经济快速发展以及文化教育先进的社会环境中，人民的健康水平无疑会极大地提高。联合国教科文组织就新时代人才提出的三项基本标准：健康的体魄、高尚的道德品质和丰富的科学文化知识。健康的体魄被放在标准的首位。国民的健康水平和体质状况将直接影响到一个国家和民族的发展水平和种族的繁衍昌盛。在充满竞争与挑战的现代社会中，健康已经成为衡量一个民族文明程度的重要标志。拥有大批的高素质人才是一个国家可持续发展的保证。所谓高素质的人才，就是德、智、体、美、劳五方面全面发展的合格人才。健康的体质是思想道德素质和科学文化素质的物质基础，是高素质人才成才的物质基础。拥有健康的高素质国民是社会发展的潜在动力。

（四）健康是社会发展的基本目标

1978 年，国际初级卫生保健大会发表的《阿拉木图宣言》指出："健康是基本人权，达到尽可能高的健康水平，是世界范围内的一项最重要的社会性目标。"1988 年，时任世界卫生组织总干事的马勒一针见血地指出："必须让人们认识到，健康并不代表一切，但失去健康，便丧失了一切。"由此可见，健康不仅是人人享有的基本人权，也是社会发展的基本目标。我们要树立正确的健康观念，从基本人权和社会发展基本目标的高度认识健康的重要性，理解健康的内在价值，树立"健康第一"的思想。

三、健康的标准

健康既有其科学的内涵，也有其科学的标准。依据健康的概念和科学内涵，世界卫生组织提出了健康的十条标准：① 精力充沛，能从容不迫地应对日常生活和工作；② 处世乐观，态度积极，乐于承担责任，不挑剔；③ 善于休息，睡眠良好；④应变能力强，能适应各种环境的变化；⑤ 对一般感冒和传染病有抵抗力；⑥ 体重适当，体态匀称，站立时头、肩、臂位置协调；⑦ 眼睛明亮，反应敏捷，眼睑不发炎；⑧ 牙齿清洁，无缺损，无疼痛，牙龈颜色正常，无出血；⑨ 头发光洁，无头屑；⑩ 肌肉、皮肤富有弹性，走路轻快。

从世界卫生组织提出的这十条标准的内容可以看出，前四条标准是关于心理和社会适应能力方面的内容，而后六条标准则主要是关于生理（躯体）方面的内容。因此，世界卫生组织提出的健康标准，实际上也是健康概念的具体体现，人们可以用其来检验自己是否健康。

世界卫生组织还从躯体和精神两个方面，提出"五快"（机体健康）和"三良好"（心理健康）的健康标准。

"五快"：一是吃得快，进餐时有良好的食欲，不挑剔食物，并能很快吃完一顿饭；二是便得快，一旦有了便意，能很快地排泄完大小便，而且感觉良好；三是睡得快，一旦有了睡意，上床后能很快入睡，且睡得好，醒后头脑清醒，精神饱满；四是说得快，思维敏捷，口齿伶俐；五是走得快，行走自如，步履轻盈。

"三良好"：一是具有良好的个性人格，情绪稳定，性格温和，意志坚强，感情丰富，胸怀坦荡，豁达乐观；二是具有良好的处世能力，观察问题客观现实，具有较好的自控能力，能适应复杂的社会环境；三是具有良好的人际关系，能助人为乐，与人为善，与人交往充满热情。

为了简明、易记，世界卫生组织概括提出了健康的四大基石：合理膳食、适量运动、戒烟限酒和心理平衡。

第二节　健康与现代生活方式

一、生活方式的概念

生活方式的内涵与外延不但是一个综合性概念，而且在不同的时代，生活方式所包含的内容有不断发生变化的基本规律和基本特征。生活方式是指一定社会制度下社会群体及个人在物质和文化生活方面各种活动形式和行为特征的总和。包括劳动方式、消费方式、社会交往方式、道德价值观念等。

二、生活方式与健康的关系

生活方式与人类健康的关系极为密切，目前已知与生活方式有明确因果关系的疾病被称为“生活方式病”。吸烟、过量饮酒、缺乏运动、高盐饮食、精神紧张、食物过细过精、超量饮食、高脂高糖高胆固醇饮食、不健康的夜生活以及不良作息等习惯与高血压、肥胖、冠心病、糖尿病和癌症等疾病的发生密切相关。

三、养成良好的生活方式

（一）认识自己与征服自己

俗话说：“知人难，知己更难。”一个人要正确地认识自己是不容易的，要征服自己那就更不容易了。正确认识自己与征服自己是人生面临的重大课题。世上有无数的人，他们为什么活得那么有价值呢？关键就在于他们能正确认识并改造自己。他们在纷繁复杂的生活中，能正确评价自身的价值，确定人生的追求，脚踏实地、执着进取、献身社会。

（二）养成良好的行为习惯

人们的行为习惯对健康的影响是十分明显的。良好的行为习惯可以促进生理健康，有利于人们的体育参与：不良的行为习惯会降低健康水平，抑制人们的体育参与。

1．养成良好的睡眠习惯

充足且良好的睡眠是保证健康的先决条件之一。睡眠不足会使人烦躁、易怒、食欲减退。此外，在睡眠过程中，内分泌系统释放的生长激素要比平时旺盛。这些生长激素可以作用于全身的组织细胞，促进机体生长发育，对骨骼生长的促进作用尤其明显。处于发育阶段的大学生如果睡眠不足，会导致其生长发育缓慢。

2．养成良好的体育锻炼习惯

对于体育锻炼的重要意义，有的大学生认为自己年轻，身体很好，现阶段最重要的是抓紧时间学习，将来再锻炼身体也可以。其实，大学期间养成每日锻炼的习惯会使人一生受益。实践证明，如果每天从 8 小时的学习中抽出 1 小时进行体育锻炼，其学习效率要明显高于 8 小时都在学习的效率。科学研究证明，体育锻炼对智力发展有非常重要的作用，主要表现为：有助于大脑两个半球的全面发展，消除大脑疲劳，提高大脑的工作效率、反应速度和综合分析能力，促进大脑的生长发育等。

3. 养成良好的卫生习惯

学校是大学生生活、学习的重要场所，学校的环境卫生直接关系到大学生的身心发展和身体健康。每个大学生都要养成良好、文明的卫生习惯，保持校园、教室、宿舍的卫生。为此，大学生应该做到以下几方面。

（1）勤洗手，尤其是进食前后、便后要洗手。洗手时，要使用洗手液或香皂，双手互擦手心、手背、指甲内外和四周、指尖、虎口位置，最少揉搓 10 秒。可以每日用冷水洗脸，用温热水洗脚。

（2）经常洗澡。根据季节、活动量合理决定洗澡频率。

（3）勤换洗衣被，勤晾晒。个人着装应始终保持整洁，尤其是内衣、袜子，应每天换洗。

（4）不染发，不留长指甲。

（5）个人生活用品（如脸盆、脚盆、毛巾、牙刷等）专用，不与他人共用、混用，以避免传播疾病。个人用品使用后应及时洗净、晾干，并放置在干净、无尘、无污染的环境之中。

（6）每天起床后，要喝一杯温水。

（7）注意公共卫生，做到不随地吐痰，不乱扔废纸、果皮，不随地大小便，不在公共场所喧闹，不面对人打喷嚏，咳嗽、挖鼻、掏耳等。

（8）生活规律，严格遵守学校作息时间，合理安排时间，每天保证充足的睡眠时间。

（9）主动学习卫生知识，不断提高自我保健能力。

（10）积极、主动、按时接种有关疾病的疫苗，以有效预防疾病。

（三）合理选择运动项目

大量事实充分表明，体育已经成为很多社会成员生活方式中的一项重要内容，成为当代人类社会中一种普遍的文化现象。体育心理学研究表明，不同的项目对心理所起的作用不同。现实生活中，有些人心理调节和适应能力较差，或者有明显的性格缺陷和情感缺陷，通过有针对性的适当运动，可以纠正不良性格缺陷，改善心理和精神状态。曾有专家列出六种性格类型的人应选择的运动项目，现列举如下。

1. 紧张型

紧张型的人心理素质差，缺乏锻炼，应多参加竞争激烈的运动项目，如足球、篮球和排球等项目。这些项目的场上形势多变，紧张激烈，只有冷静沉着地应对，才能取得优势。其若能经常在这种激烈的场合中接受考验，遇事就不会过于紧张，更不会惊慌失措，从而会给工作和学习带来好处。

2. 胆怯型

胆怯型的人天性胆小，容易害羞，性格腼腆，应多参加游泳、滑冰、拳击、单双杠和跳马等项目。这些项目要求人们不断地克服胆怯心理，以勇敢、无畏的精神去战胜困难，越过障碍。经过一个时期的锻炼，胆怯型的人胆子会变大，为人处世也就显得更加从容、自然了。

3．孤僻型

孤僻型的人性格内向、孤僻，不合群，不善于与人交往，缺乏竞争力，应选择足球、篮球、排球及接力跑、拔河等团队运动项目。坚持参加这些集体项目的锻炼，能增强自身活力和与人合作精神，逐渐改变心理状态。

4．多疑型

有的人多疑，对他人缺乏信任，处理事情不果断，可选择乒乓球、网球、羽毛球、跳高、跳远和击剑等项目。这些项目要求参与者头脑冷静、思维敏捷、判断准确、当机立断，长期从事这些活动将有助于人走出多疑的思维模式。

5．虚荣型

有的人虚荣心强，遇事好逞强，可选择一些难度较大或动作较复杂的运动项目，如跳水、马拉松跑等，也可找一些实力超过自己的对手下棋、打乒乓球或羽毛球等，以不断地提醒自己不能骄傲。

6．急躁型

有的人处事不够冷静、沉着，易冲动急躁，可选择象棋、太极拳、健身气功、长距离散步和游泳等项目。这类活动多属静态、单独的运动，不会带来情绪的过于波动，有助于调节神经功能，增强自我控制能力。

此外，对于有不同疾病的患者来说，可以按照以下情况选择运动。

从事科技、文化等专业的工作人员，用脑频率高，致使大脑经常处于紧张状态，易患上神经衰弱、高血压、消化不良、便秘等疾病。这些人宜做那些能促进脑细胞生长、提高心肺功能的运动，如游泳、爬山、打太极拳等。游泳为最佳运动选择，水波的“按摩”作用可以使身心放松，并能帮助大脑产生一种叫作神经肽的化学物质，既可提高用脑效率，又有利于上述疾病的防治，促进身心健康。

女子宜多做平衡操，以保持形体健美。做法：面墙站立，两脚并拢，挺胸直背，两眼平视，两手平伸，手掌紧贴墙壁，然后两肘弯曲，全身做一前一后的动作，每天 8 ～ 10 次。此外，还应配合加强腹肌、骶肌和减肥的项目，如仰卧起坐、抬腿扩胸、体操和跳绳等，但在月经期等特殊生理时期不宜过多锻炼。

瘦长型人的锻炼重点应是强壮肌肉，以加强肌肉力量的项目为主，如引体向上、俯卧撑、器械操和举重等。

肥胖型人宜选择温和轻松的有氧运动，并与力量练习结合起来，如步行、打羽毛球、骑健身车、游泳和举重等，不宜做长跑及球类运动，否则运动时易造成关节和韧带损伤，甚至引发事故。

第三节 体育锻炼的科学指导

一、体育锻炼的基本原则

体育锻炼是指人们根据身体需要进行自我选择，运用各种体育手段，并结合自然力和卫生措施，以发展身体、增进健康、增强体质、调节精神、丰富文化生活和支配余暇为目的的体育活动。

体育锻炼原则是体育锻炼过程中必须遵守的基本行动准则和要求，是人们在长期的体育锻炼实践基础上所积累的各种经验，也是体育锻炼活动基本规律的反映。

（一）自觉主动原则

自觉主动原则是指体育锻炼者有明确的锻炼目标，充分认识体育锻炼对于增强体质的作用，自觉主动地从事体育锻炼的行为。体育锻炼是人们认识自我、完善自我的一种有目的、有意识的健身活动。身体素质的提高是一个长期积累的过程。体育锻炼是一个自我锻炼、自我完善、自我养成良好生活习惯的过程，要想提高锻炼者参与体育锻炼的自觉性和主动性，就要求锻炼者必须明确锻炼目的，坚信锻炼价值，并以此为动力长期坚持下去，最终才能取得良好的效果。自觉主动原则是进行体育锻炼的指导原则，也是长期坚持体育锻炼的前提，锻炼者必须始终坚持这一原则，同时有一个正确的指导思想。

（二）循序渐进原则

循序渐进原则是指进行体育锻炼时应依据身体素质发展的客观规律和超量恢复原理，结合个人的身体状况，科学合理地安排锻炼内容、锻炼方法、锻炼负荷，制订锻炼计划，使锻炼者逐渐适应的同时不断提高机体功能。

贯彻循序渐进原则应注意以下两点。

（1）运动负荷的安排必须符合自身的实际情况，锻炼后应有适度的疲劳感，但又不可过度疲劳，要正确处理运动负荷的量和强度的关系，通常情况下在提高量的基础上逐步增加强度，负荷的加大不能成直线上升，应按照提高—适应—再提高—再适应的规律有节奏地上升，逐步提高要求，科学安排负荷。

（2）应遵循人体生理机能活动能力变化的规律。锻炼前做好准备活动，锻炼后做好放松整理活动，防止运动损伤的发生。

（三）持之以恒原则

持之以恒原则是指体育锻炼必须坚持持续性和系统性，使之符合体育锻炼的客观规律，并成为作息制度和日常生活中不可或缺的重要内容。人体结构和功能的改变是逐渐积累的过程，只有经常参加体育锻炼，锻炼的效果才会明显和持久，一旦停止体育锻炼，前期已经获得的良好锻炼效果就会逐渐消退甚至完全消失，因此要保持良好的身体状况，就必须坚持持续性的体育锻炼。

（四）全面锻炼原则

全面锻炼原则是指进行体育锻炼必须追求身心全面发展，使身体形态、功能、各器官各系统功能以及心理素质等诸方面，都得到良好的锻炼。个体在进行体育锻炼的过程中，应结合自身的特点，选择多种适宜的锻炼项目作为锻炼内容，并辅以其他锻炼手段，这样既可以保证体育锻炼对身体素质整体的提高，又可以防止身体单个部位的片面发展。

（五）区别对待原则

区别对待原则是指在体育锻炼的过程中，锻炼者应根据自身的年龄、性别、爱好、身体条件、职业特点以及季节、地域等客观条件合理选择锻炼内容，科学安排锻炼负荷，使之符合个体特点，符合实际需要，使体育锻炼具有针对性。

体育锻炼的五项原则既相互区别又相互联系。体育锻炼的原则是个体在体育锻炼过程中必须遵循的基本要求，是指导个体体育锻炼实践的基本原理，所以个体在进行体育锻炼的过程中，应遵循上述体育锻炼的原则并加以综合考虑。

二、体育锻炼的科学方法

体育锻炼方法是指参与体育锻炼的人为了实现发展我身心，提高社会适应能力这一目标所采用的手段、途径和工具。体育实践证明，个体在体育锻炼中通常不会只使用单一的锻炼方法，而是综合地运用多种适合于自身的锻炼方法。尽管个体在体育锻炼中可以选用的方法很多，但并非所有的方法都是有效的、科学的。因此，锻炼者在选用体育锻炼方法时要将锻炼理论和实践相结合，严格遵循体育锻炼的原则，以达到事半功倍的效果。

下面介绍一些常见的、简单易行且合理有效的锻炼方法。

（一）重复锻炼法

在运动锻炼的过程中，多次重复同一练习，两次（组）练习间安排相对充分的休息，从而增加运动负荷的锻炼方法叫重复锻炼法。此方法的关键是一次练习后，间歇时间应当充分，这样可以有效提高锻炼者的无氧混合代谢能力、有氧混合代谢能力，提高各种技术应用的熟练性与机体的耐久性。重复次数不同，对身体的作用就不同，重复次数越多，身体对运动负荷量的反应就越大。如果重复次数不断增加，可能使身体承受的运动负荷超过极点，乃至破坏身体的正常状态而造成损害。运用重复锻炼法的关键是掌握好运动负荷的有效价值（最有锻炼价值负荷量下的心率），并据此调节重复次数。通常认为，普通大学生的运动负荷心率在 130 ～ 170 次/分较为适宜。

（二）间歇锻炼法

在运动锻炼的过程中，对多次锻炼的间歇时间做出严格的规定，使机体处于不完全恢复状态，反复进行锻炼的方法叫作间歇锻炼法。该方法的关键是严格控制间歇时间，使机体处于不完全恢复状态，要求每次练习的运动负荷时间较长、运动负荷强度适中。此方法可使锻炼者的心脏功能明显增强，通过调节运动负荷强度，可使机体各机能产生与锻炼项目相匹配的适应性变化，提高有氧代谢供能能力，增强体质。同重复锻炼法一样，间歇锻炼法的间歇时间也要依据负荷的有效价值去调节。一般来说，当运动负荷反应（心率）指标低于有效价值标准时应缩短间歇时间，而高于有效价值标准时可延长间歇时间。实践中，一般心率在130 次/分左右时，就应再次开始锻炼。间歇时不要静止休息，而应边活动边休息，如慢速走步、放松手脚、伸伸腰或做深而慢的呼吸等。

（三）连续锻炼法

在锻炼的过程中，为了保持有价值的运动负荷量而不间断地连续进行运动的方法叫连续锻炼法。此方法要求锻炼者运动负荷强度较低，运动负荷时间较长，无间断地连续进行运动。连续、间歇、重复等各因素都有其独特的作用，连续的作用在于持续保持运动负荷量不下降，维持在一定的水平上，使身体充分地受到运动的作用。连续锻炼时间的长短，同样要根据运动负荷价值有效范围而确定，通常认为在 140 次/分左右的心率下连续锻炼 20 ～ 30 分钟可使机体的各个部位都长时间地获得充分的血液和氧的供应，因而能有效地发展有氧代谢能力，发展耐力素质。

（四）循环锻炼法

循环锻炼法是练习前设立几个不同的练习点（或称作业站），练习者按照既定顺序和路线，依次完成每个练习点的练习任务（即完成一个点上的练习，练习者就迅速转移到下一个点），下一个练习者依次跟上。练习者完成了各个点上的练习，才算完成了一次循环。循环锻炼法的结构因素：每点的练习内容、每点的运动负荷、练习点的安排顺序、练习点之间的间歇、每遍循环之间的间歇、练习的点数与循环练习的组数。循环锻炼法对技术的要求不高，且各项目都采用比较轻度的负荷练习，可以有效地提高不同层次和水平的练习者的运动情绪和积极性；可以防止身体局部负担过重，延缓疲劳的产生；可以交替刺激不同的体位，从而达到身体全面发展的效果。就大学生而言，锻炼时既要发展四肢，也要发展躯干；既要运动胸背部，又要运动腰腹部；既要追求形态的健美，又需要注意机能、素质的全面发展。为此，就必须科学地搭配运动项目。

（五）变换锻炼法

通过不断变换运动负荷、练习内容、练习形式以及条件，以提高锻炼者的积极性、适应性及应变能力的方法称作变换锻炼法。此方法可以有效地调节生理负荷，提高兴奋性，强化锻炼意识，克服疲劳和厌倦情绪，以达到提高锻炼效果的目的。例如，刚开始参加锻炼时，可多做些诱导性练习和辅助性练习。随着锻炼水平的提高，应加大练习的难度，如用越野跑代替在田径场的长跑等。锻炼条件的变化可使锻炼者的大脑皮质不断产生新异的刺激，提高锻炼者的兴奋性，激发锻炼者的锻炼兴趣，从而提高机体对运动负荷的承受能力，提高锻炼效果。另外，锻炼者不断地对锻炼的内容、时间、动作速率等提出新的要求，可有效地调节生理负荷，使机体不断产生适应性变化，从而更好地达到锻炼身体的目的。

（六）负重锻炼法

负重锻炼法是使用杠铃、哑铃、沙袋等重物进行身体运动来锻炼身体、增强体质的方法。负重的方法既适用于锻炼身体，又适用于各项运动员进行身体训练。一般来说，为增强体质而进行负重锻炼，应该采用最大摄氧量和最大心输出量以下的负荷，因为过大的负荷可能给心血管和呼吸系统带来不良的影响。为了保证这种锻炼方法对身体的良好作用，锻炼者在运动负荷价值阈范围内（心率为 120 ～ 140 次/分）可以重复或连续进行。

第二章 体育锻炼的卫生保健

第一节 体育锻炼的卫生常识

体育锻炼卫生是指为达到增强体质、增进健康的目的，改善和创造符合生理要求的体育锻炼条件与环境所采取的卫生措施和要求。在医学知识的正确指导下锻炼身体，不仅能够实现自我保护，还能提高锻炼效果。

一、体育锻炼的环境卫生

体育锻炼环境是指人们进行体育活动时的外界条件，如空气、场地和运动设施等，通常可分为自然环境和室内环境。无论在什么环境中从事体育锻炼，都应该保证空气清新、光线充足和水质洁净等卫生条件。

（一）自然环境

在环境优雅、空气清新、阳光和煦的户外进行体育锻炼，会使锻炼者有心旷神怡之感。但运动环境若被浮尘、二氧化硫、氮氧化合物和一氧化碳污染，这些有害物质随人的呼吸进入体内，便会刺激呼吸道引起呼吸功能减弱和慢性支气管炎等疾病，会直接危害青少年的生长和发育。特别是在雾天、人口稠密区、交通繁忙的街道和工厂等地，空气中尘埃、病菌和有害气体的含量就会更高，因此最好选择在运动场、湖边、海滨或树木覆盖率较高的地方进行锻炼。这样不仅空气的净化程度较好，而且负离子的数量也多，对增进健康和振奋精神都会有较大的好处。

长时间在高温环境中锻炼身体，极易因体温调节失控而导致中暑；如果运动环境的温度过低，又会因冷空气刺激而引起感冒。在室外运动时，要避免强烈日光过度照射，防止紫外线和红外线对人体造成损害。在强烈的阳光下活动，特别是在高原地区，应戴遮阳帽和太阳镜，以减少太阳光线对头部和眼睛的直接照射。在不影响体温调节的情况下，尽量减少皮肤被阳光直接照射的面积，或涂抹一些防晒霜，以保护皮肤。体育锻炼时，最好选择气温适宜的环境，使机体先有一个适应过程。即便在适应之后，也应尽量避免在大风天、气温过低或过高等异常条件下锻炼身体。

（二）室内环境

在温度恒定、光线明亮的室内进行体育锻炼，会给人一种温馨舒适之感。但室内环境没有阳光直接照射，加上锻炼人群集中，对卫生条件就有更特殊的要求。例如，体育馆光线应以不刺眼、均匀、不闪烁、不眩目、无浓影、不污染空气、不显著提高温度为准，放射光谱最好接近日光光谱；室内温度须控制在 23℃～ 25℃；有良好的自然通风条件和人工通风设备，这样才能保证室内空气含量足以维持锻炼者的正常生理活动。室内游泳池的水质应为无色透明、无臭及无其他异味的清洁水。

二、体育用品的卫生要求

体育用品是指体育锻炼者所需的运动服装、鞋袜等运动辅助物品，以及为保证安全锻炼而由个人准备的防护用品。体育用品必须符合卫生和安全要求。

运动服装是体育锻炼必备的物品，应具有美观大方、质地柔软和不易沾污等性能，规格要合体，并以穿着舒适、便于活动为原则。夏季服装面料应具有良好的透气性和吸湿性，最好选择针织内衣，外套则选用浅色、稍宽松的棉织运动服；冬季气候较冷，运动服装应以保暖性较好的棉织品为最佳，织物厚度则可根据实际温度及运动需要而定。

选择运动鞋袜时，要注意参加的运动项目的特点相适应，与自己的脚码、脚形相一致，切忌穿得过紧或过松。应根据不同的球类运动选择运动袜。为了保护小腿，参加球类运动时，一般穿长袜；长跑用的袜子要柔软且具有透气和吸汗功能，最好是针织或棉毛材料制成。运动鞋袜要经常洗涤、晾晒，以保持清洁卫生。

三、体育锻炼过程的卫生常识

体育锻炼过程包括锻炼前、锻炼中、锻炼后三个阶段。为了使锻炼效果有利于促进身体健康，在保证适当运动负荷的同时，还必须遵循一般卫生学的原则，懂得处理符合卫生要求的有关细节问题。

第二节　运动损伤的产生原因、处置与预防

一、挫　伤

（一）挫伤部位及征象

挫伤多发生在头部、胸部和四肢。受伤部位会出现局部红肿、疼痛等症状。若皮肤破

裂，则会造成出血；若没有破裂，则会出现淤血。

（二）发生挫伤的主要原因

发生挫伤的主要原因：① 运动前，准备活动做得不够，肌肉关节没有得到充分活动；② 运动时，用力过猛，超过了肌肉、关节、韧带的负荷限度；③ 参加运动的人员过于拥挤或没有按正确的方法进行运动；④ 场地不平或器械设备不安全，且没有做好保护工作。

（三）处　理

发生了挫伤应根据情况及时处理。如果皮肤出血，应立即停止运动，先用酒精或碘伏将伤口消毒，再用净布包扎。如果受伤部位红肿疼痛，可先用冷水或冰块进行局部冷敷，抬高受伤部位，必要时加压包扎，24 小时以后改用热敷、按摩来活血、消肿、止痛。经过治疗，待伤势减轻后再做针对性的活动，如下蹲、弯腰、举腿等，使关节、肌肉功能得以恢复，避免伤后关节不灵或肌肉萎缩。

二、肌肉损伤

（一）损伤征象

肌肉损伤分主动收缩损伤和被动拉长损伤两种。主动收缩损伤是由于肌肉做主动的猛烈收缩时，其力量超过了肌肉本身所能承受的范围；被动拉长损伤主要是肌肉力量牵伸时超过了肌肉本身的伸展程度所致。肌肉损伤如果是细微的损伤，则症状较轻；如果是肌纤维完全断裂，则症状较重，一般表现为伤处疼痛、局部肿胀、压痛、肌肉紧张或痉挛、伤后肌肉功能减弱或丧失等。

（二）发生肌肉损伤的主要原因

发生肌肉损伤的主要原因有准备活动不充分，肌肉的生理机能尚未达到剧烈运动所需的状态就参加剧烈运动；体质较弱，肌肉的弹性、伸展性和力量较差，过度疲劳；运动水平低，姿势不正确，动作不协调，用力过猛，超过了肌肉活动范围；气温过低或过高，场地太硬等。

（三）处　理

肌肉损伤治疗要根据具体情况而定。肌纤维少量断裂者，应立即冷敷，局部加压包扎，并抬高患肢。肌纤维大部分或完全断裂者，应加压包扎后立即送至医院进行手术缝合。

三、关节韧带损伤

（一）损伤征象

关节韧带损伤后，一般表现为压痛或自感疼痛。轻者韧带纤维部分断裂，重者韧带纤维完全断裂，引起关节半脱位或完全脱位，导致关节功能障碍。

（二）损伤部位及主要原因

上肢关节以肩关节、肘关节、腕关节损伤最为常见。例如，掷标枪时，引枪后的翻肩动作错误易造成肩关节、肘关节扭伤。下肢关节以髋关节、膝关节、踝关节损伤较多。例如，从高处跳下时，平衡缓冲不够，使膝关节、踝关节受伤；做下腰练习时，过分提腰造成腰椎损伤等。

（三）处　理

发生关节、韧带损伤时，应当在 24 小时内冷敷，必要时加压包扎，24 小时后进行热敷、按摩、针灸治疗等。待疼痛减轻后可增加功能性练习。对急性腰部损伤，如果出现剧烈疼痛，切不可轻易处理，应让患者平卧，并用担架送至医院就诊。

四、骨　折

（一）损伤征象

骨折可分为完全性骨折（骨完全断裂）和不完全性骨折（骨未完全断裂，如裂缝骨折）两种，是运动中一种比较严重的损伤现象。骨折后的症状如下。

（1）肿胀和皮下淤血：由骨折处血管破裂，骨膜下出血，以及周围软组织损伤引起。

（2）疼痛：由骨膜撕裂和肌肉痉挛引起，尤其在活动时更加剧烈，甚至可引起休克。

（3）功能障碍：骨折后，肢体丧失了原来的功能，再加上剧烈疼痛和肌肉痉挛，肢体多不能活动。

（4）出现畸形和假关节：因骨折端发生移位和重叠，伤肢变形甚至缩短，完全骨折的地方可出现假关节，移位时可产生骨摩擦音。

（5）压痛和震痛：骨折处有明显压痛，在远离骨折处轻轻捶击，骨折处往往出现震痛。

（二）发生骨折的主要原因

发生骨折的主要原因是身体某部位受到直接或间接暴力作用，或肌肉强烈收缩。常见的骨折部位有肱骨、尺骨、桡骨、指骨、胫骨、腓骨、肋骨等。

（三）处　理

一旦出现骨折，暂勿随意移动伤肢，应先用夹板或其他代用品固定伤肢，动作要轻柔、缓慢，不要乱拉乱拽，以免造成错位，影响整复。如果是上肢骨折，可用木板托住伤肢，用绷带扎紧骨折处的上下两端。如果是下肢骨折，可先将伤腿轻轻放好，然后用宽布条或其他代用品将两条腿绑在一起，慢慢抬到硬板担架上，尽快送往医院救治。如果是头部、颈部或脊椎发生骨折，运送时就更要小心，以免损伤神经而造成肢体瘫痪。搬运时应用枕头或衣服将头部固定，防止移动。固定好骨折处以后，伤者不要扭动肢体。在送往医院的路上也要保持平稳。

五、关节脱位

（一）损伤征象

因受外力作用，使构成关节的上下两个骨端失去正常的位置关系，出现了错位现象，叫作关节脱位，又称脱臼。关节脱位可分为完全脱位和半脱位（错位）两种。严重的关节脱位伴有关节囊撕裂，甚至神经损伤征象。关节脱位后常出现畸形，与健肢相比不对称，因软组织损伤而出现炎症，局部疼痛、压痛和关节肿胀并失去正常活动功能，甚至发生肌肉痉挛等现象。

（二）发生关节脱位的主要原因

运动中发生的关节脱位大都是间接外力撞击所致，如摔倒时用手撑地造成肘关节或肩关节脱位。

（三）处　理

用大小合适的夹板固定伤肢。如果没有夹板，可将伤肢固定在躯干或健肢上，防止伤肢震动，随后及时送往医院治疗。

第三章 运动、营养与健康

第一节 营养素

生命的存在、有机体的生长发育、各种生理活动及体力活动的进行，都有赖于体内的物质代谢过程。新陈代谢过程中，生物体必须不断地从外界获得新的物质，而新的物质主要是从食物中摄取。营养指人体吸收、利用食物或营养素的过程，也是人体通过摄取食物以满足机体生理需要的生物化学过程。营养素指能在体内被消化吸收、供给热量、构成机体组织和调节生理机能，使身体进行正常物质代谢所必需的物质。人体所必需的营养素有蛋白质、脂肪、碳水化合物、维生素、无机盐、膳食纤维和水七大类。

一、蛋白质

（一）生理作用

1．构成人体组织与修复人体组织，促进生长发育

蛋白质是构成组织和细胞的主要成分，人的骨骼、大脑、神经、皮肤、肌肉、内脏、血液，甚至指甲、头发，都是以蛋白质为主要构成成分的。在人体组织的发育、生长、更新及损伤后的新生修复过程中，蛋白质都起着重要的作用。蛋白质占人体重量的 18%，平均每天约有 3% 的蛋白质被更新。因此，人体每天都需要摄取一定量的蛋白质，而在生长发育期、疾病和手术后的恢复期，人体则需要更多的蛋白质。

2．构成机能物质

人体有许多具有重要生理作用的物质，也是以蛋白质为主要组成成分或由蛋白质提供必需的原料，如对代谢过程具有催化作用和调节作用的酶和激素、承担氧运输和储存的血红蛋白及肌红蛋白、维持渗透压的血浆蛋白、发挥免疫作用的抗体蛋白、血液中具有缓冲作用的缓冲碱、进行肌肉收缩的肌纤凝蛋白、构成机体支架的胶原蛋白等。因此，蛋白质是生命存在的重要形式，也是生命的物质基础。

3．增强机体抵抗力，构成抗体

机体抵抗力的强弱，取决于抵抗疾病的抗体数量的多少。抗体的生成与蛋白质有密切关系。如近年来逐渐为人们所熟知的干扰素就是一种碳水化合物和蛋白质的复合物。

4．调节渗透压

正常人体内血浆中的水与组织液中的水不停地交换，却保持着平衡，这与血浆中的电解质总量和蛋白质胶体浓度有关；在组织液与血浆的电解质浓度相等时，两者间水分的分布就取决于血浆中白蛋白的浓度。若膳食中长期缺乏蛋白质，血浆蛋白的含量便会降低，血液内的水分便会过多地渗入周围组织，造成营养不良性水肿。

5．供给热量

虽然蛋白质的主要功能并非供给热量，但陈旧的或已破损的组织细胞的蛋白质，也会不断地被分解，并释放能量。另外，在人们每天从食物中摄取的蛋白质中，那些不符合人体需要或者数量过多的蛋白质也将被氧化分解而释放能量。因此，蛋白质也可以供给部分热量。每克蛋白质在体内氧化时可产生 16.7 千焦的热量，人体每日热量的 5% ～ 10% 来自蛋白质。

6．增强神经系统功能

神经传导、信息加工及思维活动都有蛋白质的参与。蛋白质可明显地影响大脑皮质的兴奋和抑制过程。在婴幼儿大脑发育时期，若蛋白质供给不足，则会使脑细胞数量减少，影响其智力发育。

（二）供给量与来源

一个人一天需要补充蛋白质的量，应根据其年龄、性别、劳动强度和健康状况来定。一般成年人每天每千克体重需要 1.0 ～ 1.5 克蛋白质；青少年、孕妇、哺乳期妇女每天每千克体重需要 1.5 ～ 3.0 克蛋白质；患病时，可根据病情相应增减蛋白质的补充量。

补充蛋白质，仅考虑蛋白质的数量是远远不够的，还须注意蛋白质的质量（营养价值）。人体所需蛋白质来源于动物性食物和植物性食物。动物性食物常指瘦肉、鱼类、奶类、蛋类等，这些属于优质蛋白质来源，其营养价值一般高于植物性食物。植物性食物常指米、面、大豆、蔬菜等，其中大豆、芝麻、葵花籽等是优质蛋白质来源。在植物性食物中，虽然谷类的蛋白质含量不高，但其重要性不可忽视。在植物性食物中，大豆的蛋白质含量高达 40%，是植物性食物中蛋白质含量最高的食物，而且营养价值高，也是优质蛋白质的重要来源。

二、脂　类

（一）生理作用

1．供给热量并维持体温

脂类包括脂肪（真脂）和类脂。脂肪是供给热量的主要营养素，1 克脂肪在体内氧化可产生 38 千焦的热量，其产生的热量是碳水化合物和蛋白质产生的 1.52 倍。脂肪被吸收后，一部分被利用消耗，另一部分则储存于体内，当机体代谢需要时，可释放能量。皮下脂肪还能使体内温度不易外散，有助于维持体温和御寒。

2．构成组织细胞

脂肪（主要是磷脂、胆固醇等）是构成脑和神经组织的主要成分。组织细胞的各种膜——细胞膜、细胞器膜等，都是由脂类物质与蛋白质结合而成的。

3．促进脂溶性维生素的吸收

维生素A、维生素D、维生素E、维生素K等不溶于水，只有溶于脂肪中才能被人体吸收和利用，这些维生素为脂溶性维生素。因此，脂肪能使食物中的脂溶性维生素溶解于脂肪中，并随之一起被人体吸收。

4．供给必需脂肪酸

人体所需的必需脂肪酸主要靠膳食中的脂肪提供。

5．促进食欲，增加香味

油脂烹调食物时，其特有的香味能增进人们的食欲。

6．增加饱腹感

脂肪在进入十二指肠后，能刺激十二指肠产生肠抑胃素，使脂肪在胃中滞留时间较长，约3.5小时，能延迟胃的排空，有助于抑制饥饿感。

7．防护作用

分布于腹腔、皮下、肌纤维间的脂肪有保护脏器、组织及关节的作用。

（二）供给量与来源

就脂肪的摄入量而言，成年人每天的摄入量应占总热量的20%～25%，即60～80克。人体在寒冷条件下可增加脂肪的摄入量，在炎热环境下应适当减少脂肪摄入量。为避免能量消耗过大，重体力劳动者可适当增加脂肪摄入量。考虑到脂肪酸对人体健康的影响，摄入脂肪不仅要考虑量，还要考虑质，即不饱和脂肪酸应多一些，饱和脂肪酸应少些。膳食中的饱和脂肪酸、单不饱和脂肪酸与多不饱和脂肪酸供给量的比例以1∶1∶1最为合理，也有人认为以1.25∶1.5∶1为宜，这就意味着要增加不饱和脂肪酸的摄入，多食用植物油。人们从植物油中获取的脂肪应占脂肪摄入总量的2/3，随着年龄的增大，动物油的摄入量应逐步减少。

脂肪按其食物来源可分为动物性脂肪和植物性脂肪。

1．动物性脂肪

动物性脂肪是指由动物组织和动物资源分离出来的脂肪，主要含饱和脂肪酸。饱和脂肪酸的熔点较高，一般呈固态，容易凝固、沉积在血管壁上，可导致动脉硬化。动物脂肪中有较多的胆固醇，虽然它在人体内有重要的生理作用，但中老年人血液中胆固醇含量过高，容易引发动脉硬化、高血压等疾病。因此，中老年人应少吃动物性脂肪。供给机体脂肪的动物性食物主要有猪油、牛油、鱼油、奶油、蛋黄油等。此外，蛋黄、瘦肉，以及动物的脑、肝、肾等内脏虽然含磷脂丰富，但也含有较多的胆固醇，中老年人应该少吃。

2．植物性脂肪

植物性脂肪主要含有不饱和脂肪酸，熔点都比较低，在室温下呈液态，不容易凝固和沉积在血管壁上。植物油不含有胆固醇，而含有豆固醇、谷固醇等植物固醇。植物固醇不但不能被人体吸收，还能阻止人体吸收胆固醇。供给机体脂肪的植物性食物有花生、大豆、芝麻、菜籽等油料作物榨取的油类。植物油中的橄榄油、花生油和菜籽油中的不饱和脂肪酸、多不饱和脂肪酸与饱和脂肪酸的含量接近，即使长期食用，对动脉硬化也无明显影响。

三、碳水化合物

（一）生理作用

1．供给热量

碳水化合物是人体热量最主要和最经济的来源，是各种不同类型糖的总称。每克碳水化合物在体内氧化可产生 16.7 千焦的热量，每日膳食中热量供给量的 60% ～ 70% 来自碳水化合物。碳水化合物在供能上有许多优点，如比脂肪和蛋白质更容易被消化吸收，产热快，耗氧少，而且在无氧的情况下也可分解供能。

2．保护肝脏

碳水化合物除了供给热量，还有保护肝脏及解毒的作用。肝糖原含量高时，生成的葡萄糖醛酸对四氯化碳、酒精、砷等有较强的解毒作用。另外，它对能造成毒血症的各种细菌也有较强的抵抗力。从这个意义上来讲，摄入足量的碳水化合物，使肝脏合成充足的糖原，可保护肝脏免受有害物的损害，并保持肝脏的正常解毒功能，对身体健康是有益的。

3．构成组织

碳水化合物存在于一切组织的所有细胞中（如构成细胞膜的糖蛋白，构成结缔组织的黏蛋白），含量占人体细胞总量的 2% ～ 10%。另外，碳水化合物和磷酸、碱基组成的核糖核酸和脱氧核糖核酸是构成细胞质和细胞核的重要成分。碳水化合物和蛋白质结合生成的糖蛋白是软骨、骨骼、眼球的角膜和玻璃体的组成成分。

4．抗生酮作用

当碳水化合物供给不足时，脂肪则会因氧化不全产生过量的酮体。酮体是酸性物质，在体内积存过多可引起酸中毒。脂肪在体内代谢时产生的乙酰基必须与草酰乙酸结合，进入三羧酸循环中才能被彻底氧化，而草酰乙酸的形成是葡萄糖在体内氧化的结果。有一定量碳水化合物存在时，有助于彻底氧化脂肪，不致产生过量的酮体。由此看出，碳水化合物有抗生酮作用。

5．维持中枢神经的机能

大脑的能量代谢极强，虽然大脑质量仅为体重的 2%，但其能量消耗却占全身基础代谢的 25%。脑组织无能量储备，全靠血糖供给能量，每天需要 100 ～ 120 克葡萄糖。碳水化合物是大脑唯一的能源物质，血糖水平正常才能保证大脑的功能正常发挥。当血糖含量下降到正常值以下时，脑组织的供能物质不足，可发生头晕、昏厥等低血糖症状。

6．节省蛋白质的作用

碳水化合物有利于机体的氮储留。蛋白质以氨基酸的形式被吸收，并在机体内合成组织蛋白质或其他代谢产物，这些过程均需要消耗能量。例如，摄入蛋白质并同时摄入碳水化合物，可增加三磷酸腺苷的形成，有利于氨基酸的活化及合成蛋白质，使氮在体内的储留量增加。因此，供给充足的碳水化合物可以节省蛋白质。

（二）供给量与来源

碳水化合物的主要生理功能是供给热量。一个人一天需要的碳水化合物的量，应根据人体每天需要的热量而定。人体每天需要的热量与年龄、性别、体型、生活方式、健康状况、劳动强度等密切相关。在同样的生活条件和劳动条件下，若个人的年龄、性别、体型等存在差异，则其所需要的热量也有所不同。

从年龄角度而言，按每千克体重计算，正在生长发育的儿童和青少年需要的热量比成年人要多，人过中年后，所需热量相应减少一些。成年人的热量供给标准是随年龄的增长而递减的，如体重分别为 53 千克、63 千克的女子和男子，所需热量与 18 ～ 39 岁时的相比，40 ～ 49 岁时减少 5%，50 ～ 59 岁时减少 10%，60 ～ 69 岁时减少 20%，70 岁以上时减少 30%。

按照我国居民膳食习惯，每天应摄入的碳水化合物以占所摄入总热量的 60% ～ 70％为宜。例如，人体所需热量为 12552 千焦，则每天应摄入的碳水化合物的热量达 7531 ～ 8159 千焦为宜，即每天摄入 450 ～ 488 克碳水化合物为宜。

碳水化合物的来源很广，各种粮食、根茎类食物等都含有大量的淀粉和少量的单糖和多糖，蔬菜和水果除含有少量单糖外，还含有纤维素和果胶。此外，蔗糖是最普遍的食用糖。近年来，有研究成果表明，肥胖症、糖尿病、心血管疾病等都与蔗糖摄入过多有关。因此，应控制蔗糖的摄入量。

四、维生素

维生素是维持人体生命正常代谢和功能所必需的一种营养素。人体不能合成维生素，必须从食物中获得。维生素不能为机体提供热量，也不是机体的构成物质。虽然机体对维生素需要量很少，但其各有重要的生理功能。当机体中某种维生素缺乏时，会引起代谢紊乱并出现相应的病理症状，这被称为维生素缺乏症。

在维生素的化学结构被研究清楚之前，维生素的命名一般是按其被发现的前后顺序来定的，即在维生素之后加上 A、B、C、D 等字母，如维生素 A、维生素 B、维生素 C、维生素 D 等。此外，初发现时，人们以为是同一种的维生素，其后发现是几种混合存在的，就在字母右下方注上 1、2、3 等加以区别，如维生素 A_1、维生素 A_2 等，但这种命名系统正逐渐被基于它们的本质或生理功能的命名方式取代，出现了如硫胺素（维生素 B_1）、烟酸（维生素 B_3）、生育酚（维生素 E）、抗坏血酸（维生素 C）等名称。

维生素的种类繁多，结构各异，生理功能也各不相同，通常按其溶解性质分为脂溶性维生素和水溶性维生素两大类。脂溶性维生素包括维生素 A、维生素 D、维生素 E、维生素 K.

脂溶性维生素只溶于有机溶剂而不溶于水，在吸收过程中随脂类一同被吸收，可储存于脂肪组织和肝脏中，过量可引起中毒。水溶性维生素有B族维生素（维生素B_1、维生素B_2、维生素B_3、维生素B_6、维生素B_{12}、泛酸、叶酸、生物素）、维生素C等，易溶于水，在食物清洗、加工、烹调过程中处理不当易损失，在体内仅有少量储存，易被排出体外。维生素的生理功能、缺乏症、日需量及来源见表3-1-1、表3-1-2。

表3-1-1 脂溶性维生素的生理功能、缺乏症、日需量及来源

名　称	生理功能	缺乏症	成年人日需量	来　源
维生素A（视黄醇、β-胡萝卜素）	维持正常视力；促进骨骼、牙齿正常发育	夜盲症、干眼症	2500国际单位	肝、菠菜、胡萝卜等
维生素D_3（胆钙化醇）	促进肠道钙、磷吸收；促进生长和骨骼钙化	佝偻病（儿童）、骨质疏松症（成年人）	100国际单位	鱼肝油、肝、乳制品、蛋黄等
维生素E（α-生育酚）	与生殖机能有关；抗氧化作用；防止肌肉萎缩	溶血性贫血	10毫克	植物油、蛋类、谷类、干果等
维生素K（凝血维生素）	促进凝血酶原合成，防止出血	获得性凝血酶原减低症	1毫克	肝、绿色蔬菜等

表3-1-2 水溶性维生素的生理功能、缺乏症、日需量及来源

名　称	生理功能	缺乏症	成年人日需量	来　源
维生素B_1（硫胺素）	促进糖的氧化；增进食欲	脚气病、肠道功能障碍	1.2毫克	谷物外皮及胚芽、酵母、豆类等
维生素B_2（核黄素）	参与生物氧化	舌炎、唇炎、口角炎等	1.8毫克	肝、蛋黄、黄豆、绿色蔬菜等
维生素B_3（烟酸）	参与生物氧化，维持皮肤健康	糙皮病	19.8毫克	谷类、花生、酵母、肉类等
维生素B_6（吡哆素）	与蛋白质、脂肪代谢的关系非常密切	脂溢性皮炎	1.6毫克	蛋黄、谷类、豆类、肝等
维生素B_9（叶酸）	与蛋白质、核酸合成及红细胞、白细胞成熟有关	巨幼红细胞贫血	0.2毫克	肝、酵母、绿色蔬菜等
维生素B_{12}（钴胺素）	促进甲基转移、核酸合成及红细胞成熟	巨幼红细胞贫血	2微克	肝、肉类、鱼等
维生素H（生物素）	参与体内二氧化碳的固定	皮炎、湿疹、厌食、脱发等	0.1毫克	牛奶、肝、蛋黄等
维生素C（抗坏血酸）	参与体内氧化还原反应，参与细胞间质形成	坏血病	60毫克	新鲜水果和蔬菜

五、无机盐

人体内含有的各种元素，除了碳、氢、氧、氮主要以有机化合物形式存在外，其余各种元素统称无机盐。人体内无机盐的种类很多，约占体重的5%，是构成机体组织和调节生理机能的重要物质。其中，含量较多的有钙、镁、钾、钠、磷、硫、氯7种，被称为常量元素。其他如铁、碘、氟、硒、锌、铜、钼、锰、铬、镍、钒、锡、硅、钴14种元素含量很少，被称为微量元素。

人体内不能合成无机盐，只能通过食物来补充。在人体物质代谢中，每天有一定量的无机盐经各种途径被排出体外，因此人必须不断地从食物中补充无机盐。无机盐在食物中分布很广，一般都能满足机体需要。其中，身体较易缺乏的元素是钙、铁、碘、锌和硒。

无机盐是构成人体最基本的物质，也是各种元素在体内生化代谢的表现。它们的主要功能可概括为以下几方面。

（一）构成骨骼和牙齿的主要成分

钙、磷是骨骼和牙齿中必不可少的成分，镁也是组成骨骼的成分，氟在人体内的需要量虽然不多，但也是骨骼和牙齿中不可缺少的成分。

（二）构成软组织的重要成分

无机盐还是构成软组织的重要成分。例如，铁是血红蛋白、肌红蛋白、细胞色素和某些酶的主要成分，也是肌肉、肝、脾和骨髓的组成成分，铁缺乏将导致人体血液的供氧能力减弱。

（三）调节生理机能

钠、钾共同维持体内正常的渗透压、酸碱平衡及体内水分的保留。碘是合成甲状腺激素的主要成分，可调节和控制机体的基础代谢，促进体内的氧化作用。钙是维持所有细胞功能正常的物质，如心脏的正常搏动、肌肉神经正常兴奋的传导和适宜性的维持，都必须有一定量的钙离子存在。如果血钙含量下降，则会使神经肌肉的兴奋性增强。

（四）参与免疫机能的形成

现代研究认为，锌、锡、铁、铜、锗等元素与机体免疫水平有密切关系，如锌有激活胸腺肽、增强免疫反应和增加T淋巴细胞的作用。缺锌会使胸腺明显萎缩，T淋巴细胞数量减少，功能降低，细胞免疫力减退。硒有促进体内抗体形成的作用。

（五）维持组织的正常兴奋性

神经肌肉的兴奋性与某些离子在血液中所占比例有关。钠离子、钾离子在血液中所占比例升高，可提高神经兴奋性。钙离子、镁离子在血液中所占比例升高，则可降低神经肌肉兴奋性。心肌细胞的兴奋性升高与钠离子、钙离子所占比例升高有关，钾离子、镁离子所占比例升高，则心肌细胞的兴奋性降低。

（六）保护人体细胞不发生癌变

近年来的研究发现，癌症患者体内存在着微量元素的平衡失调现象，如肺癌与患者体内锌、硒含量低，而铬、镍含量高有关，肝癌与患者体内锰、铁、锌含量低，铜含量高有关。硒具有调节癌细胞的增殖、分化的作用，可抑制体内癌细胞的浸润、转移，以延缓肿瘤的复发。铜元素可直接杀伤癌细胞，又可抑制癌细胞脱氧核糖核酸的合成，并能促进癌细胞的诱导分化。科学家发现，锗能促进抗癌因子产生，能诱导分泌白细胞介素-3和干扰素，增强机体抗癌防御功能，抑制肿瘤的生长和扩散。

（七）延缓机体衰老过程

人体的过氧化导致细胞被破坏、衰老，而锌、硒、铜、锰等元素具有清除导致细胞老化的过氧化物质的作用，锰、铜、锌还是超氧化物歧化酶的重要成分，这种酶能破坏自由基，发挥抗衰老作用。硒的主要功能是增加谷胱甘肽过氧化物酶的活性，从而达到延缓衰老的目的。

一些无机盐的生理功能、缺乏症、日需求量及来源见表3-1-3。

表 3-1-3 人体某些必需无机盐的生理功能、缺乏症、日需求量和来源

元素	生理功能	缺乏症	日需求量	来源
钙	构成骨骼、牙齿的成分，维持神经肌肉的兴奋性	软骨病、肌肉痉挛	成年人800毫克，少年1000毫克，儿童600毫克	乳品、虾米、豆类、蔬菜等
磷	构成骨骼、牙齿、核酸的成分，酶的组成成分，参与物质和能量代谢	软骨病、食欲不振	成年人400毫克	动物性食品
钾	维持细胞渗透压，维持体内酸碱平衡，加强肌肉兴奋性，参与蛋白质、碳水化合物的代谢	倦怠	成年人4克	新鲜水果和蔬菜
钠	维持细胞渗透压，维持体内酸碱平衡，加强肌肉兴奋性	厌食、眩晕、倦怠、无力、血压降低	成年人5克	食盐
氯	胃酸的主要成分，维持细胞渗透压，维持体内酸碱平衡，激活唾液淀粉酶	食欲不振	成年人5克	食盐
镁	多种酶的活性剂，维持神经肌肉兴奋性，参与体内蛋白合成	肌肉震颤、心跳过速、情绪不安	成年人200～300毫克	谷类、豆类、蔬菜等
铁	血红蛋白组成成分，运输氧、二氧化碳	缺铁性贫血	成年男性12毫克，成年女性18毫克	肝、瘦肉、蛋黄等
碘	甲状腺素成分，促进代谢和生长发育	甲状腺肿、生长迟缓、智力低下	成年人100～140毫克	海产品

续 表

元 素	生理功能	缺乏症	日需求量	来 源
锌	参与核酸、蛋白质代谢	生长停滞、厌食、青少年期性发育不全	成年人10～15毫克	肉类、谷类
铜	促进铁吸收利用、参与物质氧化	贫血、生长迟缓、情绪容易激动	成年人2毫克	水果、海产品
硒	抗氧化作用、保护细胞膜	克山病	成年人50微克	谷物、蔬菜等
氟	构成牙齿、骨骼的成分，预防龋齿	儿童、成年人骨质疏松症	成年人1.5毫克	饮用水、海产品

六、膳食纤维

膳食纤维是一类多聚物的混合体，是不被人体肠道分泌物消化的植物成分，包括纤维素、半纤维素、木质素、果胶、树胶等。它们虽然不能被机体消化和吸收，却是人体必需的一类营养素，有利于营养物质的消化吸收，具有预防多种疾病的作用。

（一）生理作用

1．产生饱腹感

膳食纤维进入消化道后，在胃内吸水膨胀，使人产生饱腹感，延缓胃的排空速度，降低小肠对营养素吸收的速度，可以抑制多食并抵抗饥饿，有助于糖尿病患者和肥胖者成功地控制饮食量。

2．降低血脂

膳食纤维进入人体后，能与胆汁酸、胆固醇等结合成不被人体吸收的复合物，阻断胆固醇和胆汁酸的肝肠循环，减少肠道对胆固醇的吸收，从而促进胆汁酸和胆固醇随粪便排出，降低血胆固醇水平，有助于预防冠心病和胆石症。此外，膳食纤维还具有结合锌的能力，从而降低锌铜比值，对心血管系统有保护作用。

3．降糖作用

纤维素进入胃肠道后，可如同海绵一样吸水膨胀，呈凝胶状，增加食物的黏滞性，延缓人体对食物中葡萄糖的吸收。另外，膳食纤维还可增加胰岛素的敏感性，减轻胰岛素的抵抗性，增强胰岛素的降糖作用。

4．清除肠道内的“垃圾”和毒素

结肠癌和直肠癌的发病率与膳食纤维摄入量呈负相关关系。膳食纤维在肠道内就像“清道夫”，能够不断地清除肠道内的“垃圾”和毒素，将有害物质排出体外，减少某些致病因子对大肠的刺激，同时减少大便滞留于人体内的时间，减少有害物质被吸收及其对肠黏膜的危害。膳食纤维可改良肠道菌群，使有益的细菌增加，减少某些致癌物的产生和活化，从而降低肠癌的发病率。

5．降低龋齿和牙周病的发病率

摄入膳食纤维食物增加口腔咀嚼时间，能刺激唾液的分泌，也有利于口腔和牙齿的清洁。另外，人们在咀嚼富含纤维素的食物时，由于纤维素与牙齿和牙龈组织反复地摩擦，能按摩牙龈组织，促进血液循环，保持牙龈组织的健康。纤维素还能清除牙面残留的糖、蛋白质，降低龋齿的发生率。

膳食纤维虽然有益于人体健康，但也不宜摄入过多，原因是膳食纤维虽然能使肠胃减少对一些有害物质的吸收，但也会使胃肠减少对一些营养素的吸收。另外，膳食纤维对消化道有刺激作用，会加重胃肠溃疡患者的病症。

6．利于消化，防止便秘

膳食纤维可以不经消化就进入大肠，而且其所含的纤维素、果胶对水有强吸附作用，故能使粪便变软，体积增大，从而刺激肠蠕动，有助于排便。

（二）供给量与来源

中国营养学会推荐的成年人每日膳食纤维摄入量为 25 ～ 35 克。膳食纤维的主要来源是植物性食物，包括谷类、豆类、蔬菜、水果、薯类、菌类、藻类等。

七、水

（一）生理作用

1．机体的重要成分

人体内的水占成年人体重的 60% ～ 70%，血液、淋巴、脑脊液含水量高达 90%，肌肉、神经、内脏、细胞、结缔组织含水量达 60% ～ 80%，脂肪组织和骨骼含水在 30% 以下。

2．参与物质代谢过程

水是良好的溶剂，能使物质溶解，加速化学反应。从物质的消化、吸收、生物氧化到排泄，都需要水的参与。

3．调节体温

水的比热容高。因此血液流经体表部位时，不会因环境温度的差异而发生大的温度改变，有利于体温保持稳定。此外，水的蒸发可以散热（排汗）。在炎热季节或环境温度较高时，人体能通过蒸发体内水分来维持正常体温。

4．促成体内物质的运输

水的流动性大，在人体内形成体液后，可促进体内物质循环运输。

5．保持腺体的正常分泌，起到润滑的作用

各种腺体分泌物的主要成分是液体，若体内缺乏水，其分泌就要受到影响。水作为关节、肌肉和脏器的润滑剂，能维护这些组织和器官的正常功能，如泪液可防止眼球干燥，关节液可减少运动时关节之间的摩擦。

（二）需要量与来源

体内的水分必须保持衡定。正常情况下，体内水分的摄取量与消耗量是平衡的。体内既不能储存多余的水分，也不能缺水。体内多余的水分会被排出；体内缺水时，若不及时补充，则会影响正常的生理机能。

正常成年人，一天通过排尿、体表蒸发等途径排出的水分为 2000 ～ 2500 毫升，因此也需要摄入同样的水量，即 2000 ～ 2500 毫升。

每个人的需水量还受气候、工作性质等的影响。在高温环境中工作及从事体力工作排汗较多时，需水量较多。能量消耗与需水量成正比，一般每多消耗 4.18 千焦热量，需水 1 毫升。

第二节　运动与营养

一、运动前的营养补充

（一）运动前的食物选择

运动前应以高碳水化合物、低脂肪的食物为主，如面包、米饭、面条、水果等，这些食物容易被消化，又能提供碳水化合物来作为运动时的能量来源。如果运动时间为 60 ～ 90 分钟，可以选择升糖指数较低的食物，如水果、脱脂牛奶、豆类等，这些食物会被缓慢地转化成碳水化合物，能够长时间地给运动中的肌肉供应能量。如果运动时间少于 60 分钟，可以选择高升糖指数的食物，如面包、运动饮料等，这些食物很快就被消化，能够迅速地提供能量。

高纤维的食物需要比较长的时间才能被消化，易引起胃部不适。有些高纤维的食物也富含碳水化合物，如全麦面包、高纤饼干、某些高纤饮料等，如果这些食物使你在运动中感觉不舒服，就应该避免在运动前吃这些食物。

（二）运动前的最佳进食时间

进食的时间因所需参加的运动项目、运动时间和食物的种类而有所不同，总体原则是，确保摄入的食物可以在运动过程中提供充足的营养和能量，而又不至于在运动过程中引起肠胃不适。

从所需要参加的运动项目方面考虑，在进行剧烈运动时，如打篮球、跑步等，人体对胃内的食物通常比较敏感，少量的食物可能就会令人感到不舒服，这就需要在开始运动前更早的时候进食，或是减少食物的摄取，以减轻不适症状。一般而言，在进行强度比较小的运动时，如骑自行车、游泳等，一般在饭后半小时就可以参加这些运动。

从运动的不同时间方面考虑，进食可按如下安排。

1．上午 8：00 运动

前一天的晚餐和夜宵必须富含碳水化合物，人体需补充充足的水。经过一夜后，肝脏中糖原的含量已经降低，而在运动前补充碳水化合物可以提高运动能力。在运动前 90 ～ 120 分钟应吃少量的早餐，如面包加果酱或水果；避免食用脂肪含量高的食物，如油条、油饼等，它们不容易被消化，会在胃中停留比较长的时间，也无法提供足够的能量。有时牛奶也会造成一些人的肠胃不适。若是习惯吃丰盛的早餐，就需要在运动前 2 ～ 3 小时进食，这样机体才有足够的时间消化。如果无法早起，也可以在运动前 10 ～ 30 分钟用运动饮料或是一两片面包补充前一晚体内消耗的糖原。

2．上午 10：00 运动

前一天的晚餐必须富含碳水化合物和水分。在当天 7：00 左右吃丰盛且富含碳水化合物的早餐，身体可有 3 小时的时间来消化这些食物。这样既补充了糖原，又不会造成肠胃不适，但是应该避免进食油腻的食物。

3．午间 12：00 运动

前一天的晚餐必须富含碳水化合物和水分。当天吃丰盛且富含碳水化合物的早餐，若在 8：00 吃早餐，在 11：00 左右可以再吃少量的高碳水化合物点心，如面包等。若在 9：00 吃早餐，运动前 10 ～ 30 分钟可以再补充一些运动饮料。

4．午后 4：00 运动

前一天的晚餐必须富含碳水化合物和水分。当天早上 8：00 吃丰盛的早餐，中午 12：00 吃富含碳水化合物的午餐，下午 3：00 吃少量高碳水化合物的点心。同时在一天中必须摄取充足的水分，也可以从早晨开始每隔 1 ～ 2 小时喝一大杯果汁，补充并维持体内糖原的含量，运动前 20 ～ 30 分钟再以运动饮料做最后的补充。

5．晚间 8：00 运动

当天吃丰盛且富含碳水化合物的早餐和午餐，下午 5：00 吃丰盛且富含碳水化合物的晚餐，或是下午 6：00 吃少量但是富含碳水化合物的晚餐，避免吃高脂肪的食物，如油炸的食物、肥肉等。运动前 20 ～ 30 分钟喝 200 ～ 300 毫升运动饮料或果汁且在一天中都要摄入充足的水。

二、运动后的营养补充

（一）碳水化合物的补充

糖原是运动时的主要能量来源之一，存在于肌肉和肝脏中。肌肉中的糖原只能供给肌肉细胞使用，而肝脏中的糖原能以葡萄糖的形式释放到血液中，供肌肉和身体其他器官使用。体内糖原存量不足以提供运动后所需，是造成疲劳、运动能力降低、无法持续运动的原因之一。运动后，体内的糖原存量显著降低，若没有糖原补充，下次运动时就会受到糖原不足的影响。

研究显示，在运动后的 2 小时内，身体合成糖原的效率最高，2 小时后则恢复到平常的水平。因此，如果在运动后迅速补充碳水化合物，就可以利用这一自然的高效率时段迅速地补充体内被消耗的糖原。如果下次运动是在 10 小时后，这一高效率时段则特别重要，如果错过这个时段，即使在后续的时间补充了足够的碳水化合物，身体也可能没有足够的时间来完全补充消耗的糖原，使体内的糖原存量一次比一次低，运动后身体会越来越疲劳。若是下一次运动在 24 小时之后，即使错过这个时段，接下来只要着重于摄取高糖类的食物，身体也有足够的时间补充消耗掉的糖原。

建议在运动后 15 ～ 30 分钟进食 50 ～ 100 克富含碳水化合物的食物（大约每千克体重需要补充 1 克碳水化合物），然后每隔 2 小时摄取 50 ～100 克富含碳水化合物的食物。正餐及其他运动期间的饮食也应该以摄取富含碳水化合物的食物为主。

（二）肌肉和组织的营养恢复

即使是没有身体接触的运动也可能会造成肌肉纤维和结缔组织的伤害，而一些接触性的运动（如篮球、足球等）则可能造成更多的肌肉损伤。运动后，迅速补充蛋白质有助于修复受伤的肌肉和组织，受伤的肌肉合成和储存糖原的效率也会提高。因此，在参加身体接触性运动或比赛中受伤的运动员，需要补充更多的碳水化合物和蛋白质，更需要把握运动后 2 小时的高效率时段，以有效地补充体内消耗的糖原。

常见食品的蛋白质含量见表 3–2–1。

表 3–2–1　常见食品的蛋白质含量

食品名称	蛋白质含量	食品名称	蛋白质含量
猪　肉	13.3%～18.5%	精白面粉	11.0%
牛　肉	15.8%～21.7%	大　豆	39.2%
羊　肉	14.3%～18.7%	花　生	25.8%
鸡　肉	21.5%	白萝卜	0.6%
鲤　鱼	18.1%	大白菜	1.1%
鸡　蛋	13.4%	菠　菜	1.8%
牛　奶	3.3%	油　菜	1.4%
糙　米	8.5%	黄　瓜	0.8%
全麦面粉	12.4%	橘　子	0.9%
玉　米	8.6%	苹　果	0.2%
高　粱	9.5%	甘　薯	1.3%

另外，一般计算蛋白质的质量时，还要考虑必需氨基酸与氨基酸总量的比值。一般认为，成年人所摄入的氨基酸总量中至少需要 20%的必需氨基酸。（表 3–2–2）

表 3-2-2 单一食物与混合食物的氨基酸值 * 与缺少的必需氨基酸

食 物	氨基酸值	缺少的必需氨基酸
母 乳	100	无
牛 奶	100	无
鸡 蛋	100	无
牛 肉	100	无
鱼 肉	100	无
精 米	67	赖氨酸
花 生	65	赖氨酸、苏氨酸
甘 薯	63	赖氨酸
木薯粉	56	亮氨酸
一般豆类（不包括大豆）	54	蛋氨酸、色氨酸
玉 米	49	赖氨酸
精白面粉	38	赖氨酸
绿 豆	35	蛋氨酸、苏氨酸
混合食物		
精米（3份）＋绿豆（1份）	83	苏氨酸
甘薯（3份）＋豆类（1份）	73	蛋氨酸
甘薯（8份）＋鱼肉（2份）	84	赖氨酸

注：*根据食物中每克氨基酸的毫克量计算。

三、运动与水的补充

（一）运动与补充水分的重要性

剧烈的运动使身体大量流汗，体内液体流失，电解质也随汗液流失。例如，在夏季进行 4 小时的长跑训练，运动员平均出汗量可达 3000 毫升左右。马拉松运动员在比赛时总出汗量为 4000 毫升左右，平均占体重的 4.9%。若在运动前和运动中不补充水分而运动中又大量出汗，就很容易发生脱水现象。体内缺水的主要表现为尿液和体液减少。大约占体重 1% 的水分流失会使运动时的体温和心率明显上升。脱水量约占体重 2% 的为轻度脱水，主要表现是细胞外液减少，身体丧失调节能力，若没有及时补充所失去的水分，体温可能会持续上升，进而导致体力的丧失。脱水量占体重的 4% ～ 6% 时，肌力及耐力降低，同时引起热痉挛，使机体长时间活动能力下降 20% ～ 30%，亦会影响体内无氧代谢的供能过程。脱水对心血管方面也有影响，会使血浆容量下降，血液渗透压升高。低血浆容量则会导致心输出量下降、排尿量减少、体温升高、血液黏稠度增大及中暑危险增加。水分流失占体重的6%以上时，则有严重热痉挛、热衰竭、中暑、昏迷，甚至死亡。这些数据说明，排汗提高了人体的散热能力，但水分及电解质的流失应及时得到补充。因此，运动中或运动后及时补充水分就能防止或降低脱水程度，改善运动能力。

（二）补充水分的原则和途径

运动中水分的补充应以保持水分的平衡为原则，调整体内水及电解质平衡的唯一途径是喝水或功能饮料。在热环境下，正常人不自觉的脱水量为每小时 275 毫升。长时间进行耐力锻炼的人在热环境下脱水时间越久，其运动能力受到的影响就越严重。因此，在脱水之前就应补充水分，千万不要感到口渴才喝水，当感觉口渴时身体已处于脱水状态了。

在水分吸收方面，胃排空的正常速度是每小时 600 ～ 800 毫升；冷水或温水在胃内排空速率明显高于体温（37℃）水的胃排空速率。运动时，喝低温的水对降低体温的效果优于运动前摄取等量体温水的效果；纯水或低渗透压饮料的胃排空速率高于高渗透压饮料的胃排空速率。因此，在热环境下激烈运动时，补充水分的重要性大于补充碳水化合物及电解质。在持续时间短的运动中，不必特意在饮料中补充电解质，原因是运动中补充电解质会提高由运动引起的高渗透程度。由此可见，在 30 ～ 60 分钟的运动中，水是最经济实用的补充液体。

（三）运动不同阶段的补水方法

1．运动前的补水方法

在较长时间的运动过程中，每小时流汗量可能达 750 毫升，缺水将使身体无法散热，因此在耐力性运动前的 2 小时最好饮用 600 毫升左右的水（可分两次喝）。

运动饮料主要是为训练和比赛过程中的运动员补充能量、水分、电解质及维生素等，以预防运动员在高强度运动训练下消耗能量过多而引起低血糖，并用以维持身体在大量出汗情况下体内水分和电解质的平衡，防止体内电解质的流失而引起的运动能力降低、心律失常或肌肉痉挛等现象。另外，有些特殊的运动饮料还可增强体力、耐力及消除疲劳，进而有助于提高运动成绩。目前有研究指出，饮用等渗透压运动饮料比较适宜，原因是其能被身体吸收迅速，而且能使运动员有效地保持运动能力。

2．运动中的补水方法

大部分研究者认为，在运动及比赛期间，每隔 15 ～ 20 分钟饮用 200 ～ 300 毫升的水或功能饮料为较适当的方法。

3．运动后的补水方法

在运动后的恢复期，补充水分和运动前的准备同样重要。即使在运动员休息时正常地补充水分，体内水分依然会以汗水的形式大量流失，肌肉糖原浓度可能也会降低一些，身体会感到虚弱，此时正是体力恢复开始的时候。研究表明，运动后越早开始恢复越好，此时正确补充水分有助于体力的恢复。可在水中添加葡萄糖聚合物及麦芽糊精（容易消化的复合碳水化合物），以增加碳水化合物的含量，补充肌肉糖原含量，缩短恢复期。

第三节　体重控制

一、适宜体重

体重指数（Body Mass Index，BMI），是用体重（千克）除以身高（米）的平方得出的数字，是目前国际上常用的衡量人体胖瘦程度以及是否健康的一个标准。

体重指数=体重（千克）/身高（米）^{2}

由于体重指数没有把一个人的脂肪比例计算在内，所以一个体重指数高于正常标准的人，实际上可能并非肥胖。如经常健身的人，肌肉重量占体重较大的比重，其体重指数较高，可能会被过高估计肥胖程度；而老年人群，其体重指数过低又可能被低估肥胖程度。在应用体重指数时，同时测定体脂百分比，有助于准确判断肥胖程度。中国成年人体重指数分级与腰围界限值及相关疾病危险的关系见表 3-3-1。

表 3-3-1　中国成年人体重指数分级与腰围界限值及相关疾病危险关系

分　类	体重指数	腰围 / 厘米					
		男：＜85	女：＜80	男：＜95	女：＜90	男：≥95	女：≥90
低体重	＜18.5	—		—		—	
正　常	18.5～23.9	—		增　加		高	
超　重	24～27.9	增　加		高		极　高	
肥　胖	≥28	高		极　高		极　高	

注：相关疾病指高血压、糖尿病、血脂异常与危险因素，低体重提示可能有其他健康问题。

研究发现，体重指数正常或不高的人，若腰围男性大于 101 厘米，女性大于 89 厘米，或腰围、臀围比值男性大于 0.9，女性大于 0.85 的腹型肥胖者，其危害与体重指数高者一样大。

二、体重控制的几种情况

体重控制包括增加体重、维持健康体重和减轻体重，以预防超重和肥胖。

体重控制的主要因素包括健康的生活方式、合理膳食营养、体力活动与体育锻炼。影响体重的因素十分复杂，包括生理因素、心理因素、生活方式与行为习惯、膳食营养摄入、体力活动和社会文化因素，以及一些其他特殊因素。这些因素之间互相作用，使体重控制更加复杂。体重控制并非一个简单的能量摄入与能量消耗之间的平衡问题。

体重并不是完全能够被人为控制的。上述因素当中，有的因素可以改变，另外一些因素却无法改变。可以改变的因素包括：膳食食物的数量和质量，体力活动的频率、强度和时间，生活方式和情绪状态。然而，对于个体来说，通过对具体情况进行分析，对可以改变的因素进行调节控制，从有益于身体健康和健康的生活方式出发，与合理膳食营养相结合，既可以改善健康状态，也可以改变和控制体重。

（一）增加体重

一个成年人在体重偏轻的情况下，如果很健康，可以保持现在的体重。如果希望增加肌肉，可以通过力量训练和全身肌肉的均衡训练，增加瘦体重。如果有体重过轻的相关的健康问题，则需要加强营养，注意平衡膳食，增加总能量摄入。在增加体重过程中，体育锻炼和营养同等重要，必须注意平衡膳食，摄入足够的能量和蛋白质，同时避免摄入过多脂肪。健康的生活方式也很重要，如戒烟、限酒、规律生活、保持充足睡眠等。

（二）保持健康体重

体重控制是一个复杂且缓慢的过程，并且是一个终生进行的过程，绝非短期行为，保持健康体重和体脂率是生活方式和生活态度的一部分。

为保持健康体重，总的原则是保持平衡膳食，有足够的体力活动和坚持进行体育锻炼，养成良好的生活习惯。节食和经常使用减肥餐不会带来预期的效果，反而可能引起较多的健康问题，各种低脂肪零食可以作为加餐食品，但应少量食用。

足够的体力活动和规律的体育锻炼是保持健康体重的关键，其作用：① 增加能量消耗；② 维持肌肉量，增加脂肪消耗；③ 保持较高的静息代谢率，增加每日能量消耗；④ 帮助调节食欲；⑤ 帮助控制精神压力和精神压力导致的进食过多或不足；⑥ 增强自信，使人处于良好的精神状态，改善睡眠；⑦ 维持合理的体脂率。

（三）减轻体重

对于超重和肥胖且无明显其他疾病的人来说，可通过控制能量摄入与体育锻炼相结合以减轻体重。减轻体重并不以减轻瘦体重为目标，所减轻的体重是身体多余的脂肪；限制能量摄入是在平衡膳食的基础上，严格限制脂肪的摄入（占总能量的 20% 以下），适量减少碳水化合物摄入，使能量摄入和能量消耗之间保持能量负平衡，保持足够的蛋白质、维生素、矿物质和水分摄入；可以合理安排平衡膳食，每周监测体脂率。

控制饮食和增加体力活动要制订计划，持之以恒，循序渐进。每周减轻体重以 1 ～ 1.5 千克较为适宜，每日能量负平衡不能超过 1000 千卡；不提倡节食，不提倡过快减轻体重，从有益于身体健康和健康的生活行为方式出发，使增加体力活动和规律的体育锻炼与合理膳食营养相结合，在健康的生活方式和良好的情绪状态中，减少身体多余的脂肪。例如，以降低体脂率为目的的健身人群在膳食营养方面的措施：① 能量摄入低于能量消耗（通过计算来确定）；② 安排好饮食量和营养素结构，按照平衡膳食金字塔的要求，保持平衡膳食；③ 合理选择食物和烹调方法，严格限制脂肪摄入，适量减少碳水化合物摄入量；④ 蔬菜、含糖量低的水果不限制；⑤ 以奶、豆制品为主要蛋白质来源；⑥ 足量饮水；⑦ 谨慎使用减脂营养品。

第四章 体育文化与体育欣赏

第一节　奥林匹克文化

一、奥林匹克运动会的历史与发展

（一）古代奥林匹克运动会

奥林匹克运动会起源于古希腊，因举办地点在奥林匹亚而得名。

第 1 届古代奥运会于公元前 776 年举行，到公元 393 年共举行了 293 届。

（二）现代奥林匹克运动会

现代奥林匹克运动会是近代体育思想在欧美各地广泛传播的必然结果。1894 年，在法国人顾拜旦的努力和各种因素的促进下，第一届奥林匹克代表大会在巴黎举行。会上成立了国际奥林匹克委员会，并决定组织近代奥林匹克运动会。现代奥运会受到古代奥运会的深刻影响，是真正的国际性的体育竞赛。现代奥运会的产生是运动竞赛史上的一个重要里程碑，它标志着体育运动进入了一个崭新的时代。

二、奥林匹克运动的思想体系

奥林匹克运动之所以长盛不衰，其重要原因之一就是它有一个以奥林匹克主义为核心的思想体系。该体系主要由奥林匹克主义、奥林匹克宗旨、奥林匹克精神、奥林匹克格言等。

（一）奥林匹克主义

奥林匹克运动不同于一般的体育运动，它是以体育运动为载体、在一定哲学思想指导下进行的社会运动，这个哲学思想就是奥林匹克主义。

奥林匹克主义的中心思想是人的和谐发展，希望通过体育运动来促成这一目标的实现。为此，它强调体育运动必须和教育、文化相结合，将充分发挥奥运选手的榜样作用作为一项重要的教育方式，力图通过奥林匹克主义的宣传和弘扬取得良好的教育效果。

（二）奥林匹克宗旨

《奥林匹克宪章》中的“基本原则”指出，奥林匹克运动的宗旨是“通过没有任何歧视、具有奥林匹克精神——以友谊、团结和公平竞争的精神互相了解的体育活动来教育青年，从而为建立一个和平的更美好的世界做出贡献。

奥林匹克运动力图通过体育运动增进世界各国人民之间的相互了解，促进和平。其宗旨反映了当代国际社会的需要，对人类现代社会有直接的现实意义，使奥林匹克运动承担着更重要的历史使命和社会责任，促进奥运参与者个人的发展与完善，促进不同国家、不同文化之间的相互了解。

（三）奥林匹克精神

《奥林匹克宪章》指出，奥林匹克精神就是互相互了解、友谊、团结和公平竞争的精神。奥林匹克精神强调以上内容的原因是使人们摆脱各自的文化偏见，以世界公民的博大胸怀，去认识和理解自己民族以外的事物，学会尊重其他民族，虚心学习他们的优秀文化，不断丰富自己。

奥林匹克精神强调公平竞争，只有公平竞争，体育比赛才有意义，各国运动员才能保持团结，增进友谊。

（四）奥林匹克格言

1913 年经国际奥委会将“更快、更高、更强”正式写入《奥林匹克宪章》，又于 1920 年，国际奥委会将其确定为奥林匹克格言，并在 1920 年安特卫普奥运会上首次使用。2021 年，国际奥委会正式通过，将“更团结”加入奥林匹克格言中，呈现形式为“更快、更高、更强——更团结。

（五）奥林匹克纪念章

奥林匹克纪念章是为宣传和纪念奥运会的举办而发行的一种纪念品，一般为铜制，圆形或长方形，图案为该届奥运会会徽、举办城市的象征图案，并有届次、举办地点和时间等文字。纪念章有两种：一种是奥运会奖牌（金牌、银牌、铜牌）；另一种是发给奥运会参加者的纪念章，作为他们参加过奥运会的纪念。

三、国际奥林匹克运动的组织机构

（一）国际奥林匹克委员会

国际奥林匹克委员会（简称“国际奥委会”）是奥林匹克运动的最高权力机构。国际奥委会按照《奥林匹克宪章》领导奥林匹克运动。

1．国际奥委会的组织结构

国际奥委会的组织结构包括国际奥委会全体委员会议、执行委员会、总部和专门委员会。

2．国际奥委会成员

（1）国际奥委会主席。

国际奥委会主席代表国际奥委会，并主持其全部活动。主席由国际奥委会全体会议以无记名投票方式从其委员中选举产生，任期 8 年，可连任一届，第 2 届的任期 4 年。

从 1894 年至今已有 8 任主席，分别是希腊的维凯拉斯（1894—1896 年），法国的顾拜旦（1896—1925 年），比利时的巴耶－拉图尔（1925—1942 年）。瑞典的埃德斯特伦（1946—1952 年），美国的布伦戴奇（1952—1972 年），爱尔兰的基拉宁（1972—1980 年），西班牙的萨马兰奇（1980—2001 年），比利时的罗格（2001—2013 年），以及现任主席德国的巴赫（2013 年—）。以上括号内年限为其任职的起止年。

（2）国际奥委会委员。

国际奥委会委员的产生根据《奥林匹克宪章》，国际奥委会自行遴选其认为合格的人士为委员。国际奥委会委员是国际奥委会在其所在国（地区）或组织的代表，而不是该国（地区）或组织在国际奥委会的代表。这一制度称为“逆向代表”制。除了国际奥委会，任何政府和组织无权撤换这些委员。该制度由顾拜旦创立，目的在于避免政治的干扰，保持国际奥委会的独立性。“逆向代表”制，对减少政治和其他因素对奥林匹克运动的干扰，起到了一定的积极作用。

（二）国际体育仲裁法庭

1983 年，在巴登－巴登召开的国际奥林匹克大会期间，时任国际奥委会主席的萨马兰奇提议成立一个国际体育的仲裁机构。1984 年 6 月，国际体育仲裁法庭正式成立。

（三）国家奥林匹克委员会

国家奥委会是按照《奥林匹克宪章》的规定建立起来，并得到国际奥委会承认的负责在一个国家（地区）开展奥林匹克运动的组织。国家奥委会是奥林匹克运动的基本功能单位。国际奥委会和国际单项体育联合会组织的各种奥林匹克活动，最终都要由国家奥委会来承担、执行和完成。

（四）世界反兴奋剂机构

1999 年 11 月 10 日，经国际奥委会倡议，“世界反兴奋剂机构”在瑞士洛桑成立。目前，该机构的总部设在加拿大的蒙特利尔，得到了国际政府间组织、各国政府及民间团体和个人的积极支持和参与。它的任务包括制定国际反兴奋剂标准和世界反兴奋剂条例，并确保其实施；同时提倡并协调各国在反兴奋剂领域的合作。

（五）奥运会组委会

奥运会组委会是负责奥运会筹备和举办的组织机构。它是一个临时性的权力机构，具有法人身份。组委会的成员主要由奥运会举办国各有关方面人员组成。组委会主席由举办城市的市长或主办国奥委会主席担任，成员必须包括国际奥委会在该国的委员。

（六）奥运会协调委员会

为改进奥运会的组织工作，加强国际奥委会、奥运会组委会、各国际单项体育联合会和国家奥委会之间的合作，国际奥委会设立了该机构。其成员包括国际奥委会、各国际单项体育联合会和国家奥委会的代表以及运动员代表。

四、中国与奥林匹克运动

在 1984 年第 23 届奥运会上，中国男子手枪慢射运动员许海峰“一鸣惊人”，以 566 环夺得该项目金牌。这是本届奥运会的首枚金牌和中国历史上的第一枚奥运金牌，时任国际奥委会主席的萨马兰奇为许海峰颁奖时说：“今天是中国体育史上伟大的一天，我为能亲自把这块金牌授给中国运动员而感到荣幸。”

（一）新北京，新奥运

“绿色奥运、科技奥运、人文奥运”是北京奥运会的三大理念。绿色奥运强调对环境的保护，创造一个“绿色”、健康的环境；科技奥运注重在奥运会中广泛应用现代科学技术，推动奥林匹克运动乃至人类社会更快、更协调地发展；人文奥运强调不断提高人的素养，培育人文精神，促进人自身的全面、协调发展。将这三个理念互相结合，就是要在健康的环境中，依靠现代科技的推动，实现人的身心全面、和谐发展。

全球 45 亿观众见证了一场规模盛大的聚会：204 个国家和地区奥委会派出了代表团，10000 多名运动员参赛。

（二）成功申办 2022 年冬奥会

2015 年 7 月 31 日，在国际奥委会第 128 次全会上，北京获得了 2022 年冬奥会举办权。2021 年 2 月 4 日，国际奥委会主席巴赫表示：“一年后的今天，北京将书写历史，成为有史以来第一个既举办过夏季奥运会，又举办冬季奥运会的双奥之城”。

第二节　体育欣赏

一、体育欣赏的意义

体育欣赏在现实生活中所占的分量越来越重，人们的文化生活也越来越离不开它，体育比赛所独有的审美价值是任何文化娱乐活动所不能取代的。体育欣赏能调节情绪、娱悦身心，满足人们追求快节奏生活的要求，它能振奋民族精神，加强大众的体育意识，使人们积极全面地投入全民健身活动。具体来说，体育欣赏的意义在于以下几点。

（一）体验欣赏不同体育文化

体育比赛作为人类智慧的结晶，集中反映了不同国家、不同民族的风俗民情和意识观念。体育文化的外在表现，则反映在围绕体育比赛而进行的文化艺术活动中。它包括比赛期间的文艺演出、绘画展览、火炬接力、新闻报道、电视转播、发行邮票及纪念币等内容。这些活动的开展，使色彩各异的体育文化形式得以在世界各地传播。因此，通过欣赏体育比赛，人们除了可以了解各种人文景观外，还能欣赏到独具风采的文化艺术形式。

（二）陶冶美好情操

当代人把欣赏体育比赛作为社会文化生活中的一项重要的内容。因为在现实生活中，人们面对的是快节奏的生活，而体育比赛恰恰适应和迎合了现代人的这种要求。

任何一项比赛都是通过个人或集体，发挥其体格、体能、运动能力、心理和智慧等方面的潜能进行的角逐。通过体育比赛，观众不仅能欣赏到运动员健康、强壮、匀称、优美的体形，而且可以欣赏到运动员所展现出来的准确、干净、利落、新颖、洒脱的动作造型，给人以愉悦的享受，还能激发欣赏者热爱体育、追求美好生活的愿望。

（三）振奋民族精神

通过欣赏体育比赛，可以强化集体主义观念、激发爱国主义热情、振奋民族精神。参赛运动员在比赛场上，一要实现自己的价值，二要为所代表的群体争取荣誉。观赏者往往与运动员有着千丝万缕的社会关系，因此，运动竞技的成败、胜负荣辱都与欣赏者息息相关。例如，在美国洛杉矶举行的第 23 届奥运会上，中国体育健儿实现了奥运会金牌“零”的突破，此时，全国人民无不为之欢欣鼓舞，这激发了全国人民“团结起来，振兴中华”的热情，同时也感染了海外侨胞，他们把祖国体育健儿夺得金牌看作中华民族的光荣和骄傲。

（四）激发体育意识

体育意识是人们对体育这一社会现象及其功能、作用的认识和反映。体育比赛能激发人们的体育意识。

1．健康意识

举办各种体育比赛的主要目的是增强群众对体育意义的认识，激发群众参加体育活动的积极性，以提高其体质和健康水平。

2．拼搏意识

运动员在场上表现出的高超的技艺、灵活多变的战术和充沛的体力，都是多年进行大负荷运动训练，战胜身体上和精神上的疲劳及努力拼搏的结果。这种拼搏意识，是激发人们在各项事业中取得优异成绩的保证。

3．创新意识

一个运动员或一个运动队要在场上战胜对手，除了要靠自己真实的硬功夫外，还要根据自身的特点，不断改进和创新技术和战术。具有创新意识才能争得和保持冠军的称号，这种创新意识可以促进各项事业不断地向前发展。

4．道德意识

体育道德是运动员、教练员和裁判员在体育活动中应当遵循的道德规范。在赛场上胜不骄、败不馁，互相尊重，团结友爱，文明礼貌，遵守纪律，这些良好的道德规范，将成为观众学习的榜样，从而影响整个社会的风气。

5．规则意识

任何运动项目的比赛，都要求运动员严格遵守竞赛规则，服从裁判的裁决，否则就要受到惩罚。如果运动员服用了兴奋剂，更要受到严厉的制裁。规则意识能使比赛有序进行，同时也会对社会产生积极的影响。

6．竞争意识

体育比赛具有强烈的竞争性。双方对垒，毫不含糊，胜负立见分晓。这种竞争意识，对于当今社会中的每一个人来说都是一种不可缺少的宝贵素质。

二、体育欣赏的内容

（一）体育欣赏内容的界定

体育欣赏内容指体育美的内在要素总和。它主要是由身体美、运动美和精神美以及事物内部矛盾、本质和内部条件等方面组成。内容指事物内在要素的总和，即事物内部矛盾、本质及内部条件等方面。体育美是把人的思想感情和美的意志透过体育动作和活生生的机体而表现出来的一种特殊的艺术；是通过体育实践对健康体魄进行的美的创造过程，是人的本质力量的感性显现。体育美的内容极为丰富，种类繁多，主要由身体美、运动美和意志品质美（精神美）等方面组成，而它们又各自包含着不同层次的美。

（二）体育欣赏的基本内容

1．身体美

身体美是指人类健康的身体所呈现的美，它是由机体良好的生理状态和心理状态综合显示出的健康之美。体育充分展示了充盈着生命力的身体美。这种美主要通过运动过程表现出来。体育能创造出适应社会不断发展所需要的体力和脑力劳动的能力与体质。经常参加体育锻炼的人，其挺拔粗壮、比例匀称的骨骼，丰满凸现、刚劲有力的肌肉，功能强健、代谢旺盛的器官系统，以及灵活均衡、高度集中的大脑中枢神经，形成了一个直观而完整的富有健康美的人体。身体美由以下几个方面组成。

（1）身体素质美：主要是人体活动显示出的力量、速度、耐力、灵敏及柔韧性等能力。力量——身体运动时肌肉收缩的能力，可以表现出强大生命力之美；速度——速度美；柔韧——人体各关节、韧带、肌腱及皮肤等的伸展带来的身体曲线的变化，能表现柔和、弛缓和轻松的柔韧美（协调美）；灵敏——身体在紧急情况下的反应所能表现的灵敏美（机智美），常给人带来意想不到的愉快情绪；耐力——良好的耐力素质能充分地显示出身体的坚毅美。例如，伸肌与屈肌，正关节与反关节，作用力与反作用力等呈现的动态美。

（2）形体美：主要是指令人悦目的身体外表和优美的姿态。形体美往往可分为体型美——包括身体曲线美、匀称美、强壮美和肤色美；姿态美——包括坐姿美、立姿美和行姿美。

（3）体质美：包括身体各器官美、各系统功能良好美。美的身体将带来美的运动，体育的竞技运动在现代社会中的观赏性较强，更富于娱乐性，大量艺术性较强和充分显示身体美的新项目不断涌现，比赛时无疑有一定的“印象分”，如体操、跳水、花样游泳等项目最为明显。所以研究身体的形体美，有利于这些项目的发展，有助于提高表演效果，对提高竞技运动水平也具有举足轻重的作用。

（4）风度美：主要是指人的言谈、举止、态度的良好表现。其内容表现为气质美——指人的性格、修养、情操的外在表现；神态美——通过动作行为表现出来；魅力美——指在神奇力量的吸引下产生的美感。

（5）容颜美：主要是指人的外貌和神态，包括面容美——指外在集中反映；眼睛美——通过各种眼神反映出来，如喜悦、愤怒、恐惧、焦虑、旧额、绝望等；笑容美——指传达美的情感，如“回眸一笑百媚生”；青春美——指从年龄的角度来观察美的特征；朴实美——指质朴无华、淡雅大方之美。

（6）运动服饰美：主要是指身体着装之美。体现了个性美——正确选择和使用颜色，是突出服装个性的有效方法；表现美——与人的气质、修养有关；和谐美——指各因素之间的协调一致；平衡美——注重个性、共性和两者的整体联系。

2．运动美

运动美是身体的运动之美。它是人在体育中生命运动和思维运动的各种形式所产生的综合效应。

（1）动作造型美：表现在敏捷、协调、连贯、舒展、跳动、优美、富有节奏等方面。身体活动表现的运动美主要是在身体形态美和身体素质美的基础上的动作造型美。技术动作随着时代和社会的不断变化而发展，运动项目不断增加和更新，向着高、难、快、变、新、美方面发展，使动作造型越来越科学、惊险和复杂。运动中的各种动作主要表现姿势与结构上的美。这些优美的动作造型本身的效果，不仅仅在客观上给观众美的欣赏，而且运动员在完成这些动作之后，自己也会油然产生一种心满意足的情绪，产生美的享受和感触。这种感触的反馈，会加倍激发运动员进一步去掌握优美的技术动作，从而不断提高运动技术水平。

（2）技战术美：竞技是操纵身体的能力和充分发挥技巧的竞争活动，是提高运动技术水平的重要途径。运动形式的丰富，使得单纯地表现体力的方法和手段已不再适应现阶段的比赛，提高技术、战术的要求逐步跃居首位。竞技者不但要善于操纵自己的身体，还要注意身体与器械的配合，与同伴的默契，以及了解对手的情况。现代竞技运动训练由原来的经验、体力投入型转为科学、智力投入型，含有许多学科的知识体系笼罩着运动场，使各种比赛日益复杂化和立体化。这就要求运动员在运动过程中用熟练的技术把各种动作合理组合起来，表现出运动美。技术熟练，便显得轻松自如，完美无瑕。遵循运动训练规律，尽可能减少消耗多余的做功，才能充分表现训练有素的技术美，才能创造优异成绩。战术美是建立在娴熟的技术美和素质美的基础之上的：运动员在竞赛中能根据不同的变化而采取灵活的对策，并根据对手的实力及技术、战术的发挥和运用，而随时改变自己的战术形式。克敌制胜的战术就是美的，美的战术能使体育竞赛的艺术色彩更浓，如“田忌赛马”。

3．精神美

运动中的精神美（意志品质美）是运动员及相关人员在赛场上表现出来的伦理道德、风尚、意志、情操的美。

（1）道德美：运动员在进行技术表演和展示健美形体的同时所表现出的良好的社会公德、伦理道德和职业道德。

（2）意志美：为国争光的顽强拼搏精神和胜不骄、败不馁，机智勇敢，沉着果断的优良品质，是运动员意志美的体现，这会对观众产生美的熏陶，即运动员在精彩表演的过程中所表现出的意志美，感染着观众，引起观众的内心模仿。

（3）风尚美：人们参与到生动活泼的集体练习中，协调、默契配合、团结协作的集体主义精神，以及运动员在各类比赛中服从裁判、尊重观众、听从指挥，表现了人与人之间的关系美和社会风尚美。

（4）修养美：包括政治修养、体育修养、艺术修养等。体育中的审美教育不同于一般的思想政治教育，是通过对体育美的感受、认识、理解，从中感受愉悦，从愉悦中受到教育。

（5）情感美：由思想和感情综合形成。通过生动、鲜明、具体的形象感动人，以美感人，以情动人，不论是直接参加者还是观赏者，都能得到精神调节。它使人们认识到人的价值力量，感受到人类蓬勃向上的精神风貌。这就是精神美的巨大魅力所在。

三、大学生体育欣赏能力的培养

（一）体育课堂教学

体育课堂教学是培养大学生体育欣赏能力的主要途径。学生在体育课上学习体育理论知识和规则，培养运动能力，教师通过具体教学活动对学生进行潜移默化式引导，使学生理解运动员在练习或比赛过程中遇到的的种种困难，均可能导致运动员成绩不理想，乃至比赛失败，从而要求学生在欣赏比赛时应给予运动员以鼓励和支持，不要喝倒彩，做一个文明礼貌的欣赏者。

（二）参加体育课外活动

体育课外活动游戏成分大，在游戏中培养自信、体现价值、实践理论、获得快感，是培养大学生体育欣赏能力的重要途径。

（三）学校体育工作者的引导

教师通过引导学生观看体育比赛，接受体育信息，重视知识的积累，并结合平时的教学、训练、比赛进行全方位的体育教育，让学生了解任何一项体育运动都有自己完整的技术和战术体系以及特定的场地和竞赛规则，而且其技术、战术和竞赛规则也在不断演变和发展。例如，我们在欣赏世界排球锦标赛时，首先应知道排球竞赛规则中的计分方法和得分制，只有掌握了这些运动知识，我们才能跟着比赛的节奏起伏投入比赛中，从而达到体育欣赏的最佳效果。

（四）积极举办校园体育文化活动和参与社会体育文化活动

利用体育节开展体育知识讲座、体育知识竞赛、体育图片展览等活动；通过组织学生集中进行观看国内外一些重大比赛，让学生感受到体育的力与美，更感悟到体育发展的对抗与竞争，从而使体育精神、体育思想植根于学生的心底，使当代大学生从体育欣赏中终身受益。

第五章 职业综合素质拓展训练

第一节 职业综合素质拓展训练概述

职业综合素质拓展训练指在崇山峻岭、瀚海大川等自然环境中，通过精心设计的活动达到“磨炼意志、陶冶情操、完善人格、熔炼团队”的培训目的的活动。拓展训练对个体是一种体验式学习，对团体是一种有效的团队精神培训。拓展训练以体育活动为载体，以自然环境为训练场所，因此，从内容到形式上它都与户外运动紧密地结合在一起。

一、职业综合素质拓展训练的特点

（1）综合活动性。拓展训练的所有项目都以体能活动为引导，引出认知活动、情感活动、意志活动和交往活动，有明确的操作过程，要求学员全身心地投入。

（2）挑战极限。拓展训练的项目都具有一定的难度，具体表现在心理考验上，需要学员挑战自己的能力极限，跨越“极限”。

（3）在集体中展示个性。拓展训练实行分组活动，强调集体合作。力图使每一名学员竭尽全力为集体争取荣誉，同时从集体中汲取巨大的力量和信心，在集体中合理展示个性。

（4）高峰体验。在克服困难，顺利完成课程要求以后，学员能够体会到发自内心的胜利感和自豪感，获得人生难得的高峰体验。

（5）自我教育。教员只是在课前把课程的内容、目的、要求，以及必要的安全注意事项向学员讲清楚，活动中一般不再进行讲述，也不参与讨论，充分尊重学员的主体地位和主观能动性。在课后的总结中，教员也只是点到为止，主要让学员自己来讲，达到了让学员实现自我教育的目的。

（6）通过拓展训练，学员在以下方面有显著的提高：认识自身潜能，增强自信心，改善自身形象；克服心理惰性，磨炼战胜困难的毅力；启发想象力与创造力，提高解决问题的能力；认识群体的作用，增进对集体的参与意识与责任心；改善人际关系，学会关心他人，善于群体合作；学习欣赏、关注和爱护大自然。

二、职业综合素质拓展训练的基本环节

（一）团队热身

在培训开始时，团队热身活动将有助于加深学员之间的相互了解，使学员消除紧张，建立团队，轻松愉悦地参与各项培训活动。

（二）个人项目

本着心理挑战最大、体能冒险最小的原则设计拓展项目，每项活动对受训者的心理承受力都是一次极大的考验。

（三）团队项目

团队项目以增强学员的合作意识和受训集体的团队精神为目标，通过复杂而艰巨的活动项目，促进学员之间相互信任相互理解，做到默契和配合。

（四）回顾总结

回顾可以帮助学员消化、整理、强化训练中的体验，以便达到活动的具体目的；总结可以使学员将培训的收获迁移到工作中去，以实现整体培训目标。

第二节 职业综合素质拓展训练分类

一、按照项目特点分类

职业综合素质拓展训练按照项目特点可分为场地训练、野外训练和水上训练项目等课程。

（1）场地训练即在专门的训练场上利用各种设施，展开攀登、跳跃、下降和通过等活动，如空中抓杠、天梯、空中断桥、信任背摔、雷阵取水、模拟电网、硫酸池和毕业墙等。

（2）野外训练包括远足宿营、野外定向和户外生存课程等。

（3）水上训练包括游泳、跳水、扎筏和划艇课程等。

二、按照组织方式分类

职业综合素质拓展训练按照训练的组织方式可分为个人项目、双人项目和集体项目课程。

（1）个人项目的目标是通过个人项目使个人充分发挥出体能和心理上的潜力，经受一定

难度的考验，最大限度地完成活动指标，让学员认识到“真正的敌人是自己”这一人生真谛，将使受训者刻骨铭心，如空中抓杠和空中断桥等。

（2）双人项目是通过两人的互相合作来完成任务，让学员对“合作会产生双赢”有深刻的理解。双人项目包括盲人闯雷阵、巧解绳结、盲人指路、巨人梯和同心协力等。

（3）集体项目的目标是增进学员对团队力量的认识，培养学员的归属感，使其感受沟通与合作和融洽人际关系等的重要性。集体项目包括坐地起身、有轨电车、孤岛求生、卧式传递、人浪、人椅、连环手、众志成城、雷阵取水、电网、信任背摔、毕业墙、风中劲草、翻叶子、木人梯和齐眉棍等。

三、按照所需的场地和器材分类

职业综合素质拓展训练按照所需要的场地和器材的可分为不需要任何器材的项目、需要简单场地和器材的项目、需要较复杂的场地和器材的项目、训练基地的高空项目。

（1）不需要任何器材的项目：如面对面地介绍、坐地起身、连环手、卧式传递、人椅、代号接龙、大树与松鼠、大胆叫出来、好邻居、猜变化、交换名字、数字传递、千斤顶、风中劲草、信息传递、生日线、不用手游戏、默契报数和人浪等。

（2）需要简单场地和器材的项目：快速传球、众志成城、盲人走路、猜猜我是谁、盲人闯雷阵、撕纸、11 个球、解方程式、翻叶子、木人梯、巧解绳结、齐眉棍、橡皮筋、谁是胜利者、我是记者、信任百步行、呼啦圈、盲人看世界、呼啦圈游戏和盲人摸号等。

（3）需要较复杂的场地和器材的项目：泰坦尼克号、盲人方阵、雷阵取水、电网、有轨电车、信任背摔、毕业墙、孤岛求渡、袋鼠跳、罐头鞋、全体离地和修复计算器等。

（4）训练基地的高空项目：空中单杠、空中断桥、天梯、缅甸桥、同心协力、快速下降、巨人梯和攀岩等。

四、按照项目学习的目的分类

职业综合素质拓展训练按照项目学习的目的可分为团队课程，激励课程，沟通、交往课程和创新课程等。

（1）团队课程：众志成城、移花接木、翻叶子、木人梯、齐眉棍、呼啦圈、连环手、人椅、千斤顶、默契报数、雷阵取水、有轨电车、毕业墙、孤岛求生、龙腾虎跃、沼泽地、坐地起身、模拟电网、人浪、好邻居、交换名字、数字传递、巧解绳结、快速传球、盲人闯雷阵、撕纸、11 个球、解方程式、平结绳圈和谁是胜利者等。

（2）激励课程：空中单杠、空中断桥、天梯、同心协力、巨人梯、缅甸桥、快速下降、攀岩和大胆叫出来等。

（3）沟通、交往课程：面对面介绍、代号接龙、大树与松鼠、盲人方阵、风中劲草、信息传递、生日线、不用手游戏、盲人走路、猜猜我是谁和我是记者等。

（4）创新课程：如信任背摔、雷阵、盲人看世界、盲人摸号、信任百步行和卧式传递等。

第三节　职业综合素质拓展训练案例

一、诚信素质拓展训练案例

（一）文化导语

随着时代的进步，在21世纪的今天，我们已经深刻地意识到信任的重要性。在建设诚信的今天，让我们从自己做起，从小事做起，建立属于自己的诚信大厦。

（二）诚信案例之信任背摔

（1）项目类型：诚信素质提升项目。

（2）场地器材：① 基地综合训练架；② 背摔台1个，高约160厘米；③ 眼罩2只；④ 捆手布2～3条，长约60厘米；⑤ 体操垫1块。

（3）人员要求：10人以上。

（4）项目时间：70分钟。

（5）项目概述：这是最为经典的拓展训练项目之一，人们通常把它作为第一个训练项目。这个项目虽然是一个高风险项目，但只要操作规范，学生的安全是能够得到充分保证的。

（6）学习目的：① 克服心理恐惧，增强学生挑战自我的勇气；② 活跃集体气氛，发扬团队精神，互相帮助，增强团队凝聚力；③ 通过挑战懂得合理突破本能的重要意义；④ 增强相互信任和理解；⑤ 培养学生的换位思考意识。

（7）情景导入：公司一位员工在低空作业时，不慎脚打滑，背朝地面要掉下来，正在一楼施工的队长当机立断，火速召集底下数名工人用手臂搭起了一张结实的“席梦思”，平稳地救起了这名工人。

（8）项目布置：① 集合学生，介绍项目名称和活动要求。② 要求学生轮流站于高台上，两手握于胸前，直立向台下倒下，台下由全体学生保护其安全。③ 要求每位学生必须将身上携带的所有硬物放到指定的安全区域。④ 挑选10～12名下方保护人员，摆成保护姿势。要求保护人员1对1面对面排列，两臂向前平举，掌心向上，伸到对面学生胸前，形成手臂垫，腿要成弓箭步。台上学生倒下去时保护学生注意手臂用力，抬头看着倒下的学生。将倒下学生接住后，用“放腿抬肩法”将学生平稳放下。开始之前，教师应先用身体下压保护学生手臂，让学生感受到重量并表现出足够的托力。⑤ 上下口令呼应为：台上学生大声问下面：“准备好了没有？”台下学生齐声回答：“准备好了！”台上学生听到回应后大声喊：“一，二，三！”台上学生直挺身体向后倒下。⑥ 教师站在台上，用捆手布将学生的手捆住后，用手抓住捆手布，从捆上布条到喊完口号前教师必须用手握住布条，以防学生突然倒下。教师站在学生身侧，提醒下面学生注意后，可以开始让所有学生按顺序完成该项目。

（9）安全监控：① 要求全体学生摘去手表、胸针、发卡、眼镜和手机等可能造成伤害的物品；② 第一位背摔者可由学生自愿报名，但要确定一位体重较轻的人进行第一次背摔，体重较重的人应放在中间顺序做练习，并可适当增加保护人数；③ 有心脏病、脑血管病、高血压及严重腰伤者不能参加；④ 背摔台的四脚应稳固结实；⑤ 要注意台面木板是否结实；⑥ 防止台上学生倒下时将教师同时拉下；⑦ 教师在台上移动时注意防止摔下；⑧ 教师要检查背摔者身上是否有硬物等危险物品；⑨ 未经上下口令呼应不得操作；⑩ 下方保护学生接住上方学生后不得将其抛起；⑪ 禁止将接住的学生顺势平放在地上。

（10）回顾与分享：① 谈谈突破心理障碍瞬间的感受和挑战自我的意义；② 通过对比看和做之间的心理差别，体会换位思考和相互理解的重要性；③ 体会相互信任的重要意义；④ 理解按要求进行挑战是最安全的；⑤ 有些事情未能完成或未能做好，并不是能力不行而是心理素质不行，而心理素质是可以通过锻炼来加强的；⑥ 许多事情不是不能做，而是不敢做，这不是能力问题，是心理问题；⑦ 不断突破心理保护层是成功的关键；⑧ 成功的关键在于不断突破自己，走出第一步。

【人生感悟】心理的障碍远比事实的障碍来得强大！当你不愿意或缺乏勇气做某件事情的时候，并非因为事情本身很困难，而是你认为它很困难。不要因为没有100%的把握而放弃去做一件具有99%的把握的事情，哪怕只有1%的希望，它有时也是值得我们去尝试的！

二、励志素质拓展训练案例

（一）文化导语

犹豫，只会使人错失良机；面对困难果断出击，跨出的是一小步，跨越的是一大步；害怕只会使人失去更多，恐惧会让你失去未来。

（二）励志案例之高空断桥

（1）项目类型：个人挑战、励志类项目。

（2）场地器材：① 基地综合训练架；② 长25米，直径在10.5毫米以上动力绳3条（2条用于桥上保护，1条用于攀爬保护）、套绳2条、铁锁2副、快挂2副、钢锁2副、上升器1副、手套2双、安全帽2顶和安全绑带2套。

（3）人员要求：10人以上，最好不要超过16人。

（4）项目时间：120分钟。

（5）项目概述：高空断桥是一个以个人挑战为主的项目。它属于高空类高心理冲击的项目，整个过程需要学生独立完成。“断桥一小步，人生一大步”概括了这个活动的内容。

（6）学习目的：① 克服恐惧，克服心理障碍，勇往直前，认识自我，战胜自我；② 自我说服与自我激励，鼓励他人和获取鼓励的重要性；③ 建立自信心，增强判断力；④ 了解心态对行动的影响，学会缓解心理压力；⑤ 学习换位思考。

（7）情景导入：随着年龄的增长，我们的经验不断增加，我们的财富也在不断累积，但我们的锐劲却逐渐消退，我们已不再像当年那样满腹雄心，我们真的需要反省自己了。当困难来临的时候，我们往往会选择逃避、放弃，而正是这些逃避和放弃的想法在思想深处让我们失去了多少我们可以克服困难的勇气。今天，就让我们开始超越自己吧！

（8）项目布置：① 召集学生至场地并宣布项目名称和进行方式，要求学生果断跃出；② 讲解器材的使用方法，器材包括安全带、安全帽和上升器等；③ 要求全体学生都要完成，跃出前要将起跳脚脚尖探出，再将保护绳向前移动到断桥中间，然后准备跃出；④ 学生到桥上先站稳，然后由教师为其扣上保护绳铁锁，再摘去上升器铁锁；⑤ 开始前，全体鼓掌。

（9）安全监控：① 由于教师在桥上，故必须安排一名学生检查安全带穿戴情况；② 必须使用安全帽和上升器；③ 不可先摘上升器再扣保护绳；④ 如学生极度恐惧不敢跃出，教师可先跃到对面来增加学生的信心，甚至可以以手拉扶学生，但学生返回时一定要自己完成。

（10）回顾与分享：① 对比看别人做与自己站在桥上的感受；② 描述突破心理障碍瞬间的感受和过程；③ 懂得突破心理障碍与发挥自身能力甚至潜能，与抓住机遇、获得成功之间的关系以及相互理解和鼓励的重要性。

【人生感悟】勇于突破心理障碍，充满勇气，体会“高空一小步，人生一大步”的真谛。

三、笃行素质拓展训练案例

（一）文化导语

“笃”有忠贞不渝、踏踏实实、一心一意及坚持不懈之意。只有坚定的意志和有明确目标的人，才能真正做到“笃行”。

（二）笃行案例之雷阵取水

（1）项目类型：团队合作、笃行类项目。

（2）场地器材：9 ～ 10 米长，能承受一个人重量的辅绳 3 条，平整草地一块。

（3）人员要求：12 ～ 14 人。

（4）项目时间：60 分钟。

（5）项目概述：这个项目叫雷阵取水，能有效调动团队成员的积极性和创新意识，要求每个成员献计献策，利用有限资源帮助团队走出困境。

（6）学习目的：① 感受特殊情境下完成任务的分工与合作方式；② 了解团队特殊人才对完成任务的影响和重要作用；③ 培养全体成员各尽所能、共同努力完成任务的能力。

（7）情景导入：现在在我们的团队行进过程中，遇到了一个难题，有一名队员因极度干渴而出现脱水，作为他的亲密战友，我们要为他找到水源，但水源在雷区中间，我们现在面临的问题就是怎样在规定的时间内尽可能用最多的办法，在不接触地面的情况下取到水，而且水滴不能洒出。

（8）项目布置：① 用一根 10 米长的辅绳围成一个圆圈作为雷区，在雷区内放 3 ～ 5 瓶矿泉水；② 用另两根辅绳作为资源，在 20 分钟内要求成功将水取出 3 次以上；③ 取水过程中身体任何部位不允许接触雷区，同时不能弄倒水瓶；④ 可以利用两根绳索，在取水过程中水滴不得溅落出来，否则视为失败；⑤ 同样的取水方法只能使用一次。

（9）安全监控：① 平整没有碎石的草地；② 学生在使用辅绳爬越过程中，教师要控制辅绳高度；③ 教师时刻注意学生的取水行动，让安全隐患降低为零；④ 要求学生把身上带的所有硬质物品取下，放在安全的地方；⑤ 学生拉绳时不要将绳缠在手上；⑥ 如果取水的是女生，教师要提醒其将衣服扎入腰带，长发必须扎起。

（10）回顾与分享：① 细节决定成败；② 任何时候不要断了你的退路，特别是在未来的工作岗位上，未雨绸缪总没错。

【人生感悟】每个人成长的道路都不可能是一帆风顺的，但为什么有的人在不平坦的人生道路上摘取了迷人的桂冠，而有的人却碌碌无为呢？成功者之所以取得了成功，就在于他们在人生的旅程中选择将努力作为人生和生命的支点，直到登上了理想的高峰。

四、明理素质拓展训练案例

（一）文化导语

美好的人生态度就像软木，它能帮你浮起；不良的人生态度就像铅块，它会让你下沉。

（二）明理案例之“硫酸池”

（1）项目类型：明理类个人挑战项目。

（2）场地器材：专项训练设施。

（3）项目时间：40 分钟。

（4）项目概述：这是个人挑战项目，学生可以充分施展自己的手脚，发挥个人勇敢机智和战胜困难的精神，勇于挑战一切困难，战胜自我。

（5）学习目的：① 培养学生获取胜利的信心和勇往直前的精神；② 克服恐惧，勇往直前，认识自我，战胜自我；③ 以积极的态度去面对生活和工作。

（6）情景导入：我们的探险队跋山涉水，来到了 4 米宽的“硫酸池”旁，我们必须越过“硫酸池”到对面的山上探险。我们能不能通过齐心协力的行动保证团队的每一位成员都安全通过呢？准备好了就赶快行动！

（7）项目布置：① 学生按照顺序在“硫酸池”一端排好，接受其他学生的激励；② 尝试学生两脚前后开立，身体贴近悬挂铁链，两腿屈膝，两臂屈臂握紧铁链，顺势以钟摆形式荡过 4 米宽的“硫酸池”；③ 不许助跑、跳跃，以自然钟摆形式通过。

（8）安全监控：① 学生如有严重的外伤史，或有心脑血管疾病、精神疾病、慢性病及并发症或医生建议不适合做此类挑战项目的，可以不做此项目；② 前一位学生为后一位学生做保护，保护者站在硫酸池另一端，两脚前后成弓步站立，当尝试者荡过时，保护者一手臂托其腰部，另一手抓其衣服继续帮助他往前；③ 周围加油的学生要时刻留意周围同伴的安全，因为尝试者经过“硫酸池”后会把铁链甩掉，铁链摆动幅度过大就可能会打到同伴的脸上；④ 尝试学生握紧铁链防止下滑。

（9）回顾与分享：① 对所有完成任务的学生给予鼓励；② 鼓励每一位学生都讲讲挑战自我的感受，注意完成得不够出色的学生，让他联系平时的学习、生活来谈谈感受；③ 其实，有的时候自己不敢尝试某个项目，不是能力问题，而是心理问题；④ 分析团队的互相鼓励与相互帮助对集体完成挑战的影响。

【人生感悟】在危难中相信自己，也相信他人，这会让人在绝境的边缘找到一线生机，这就是相信的理由。

五、沟通素质拓展训练案例

（一）文化导语

在成功的公式中，最重要的一个因素是懂得如何跟别人相处。因此，学会沟通非常重要。

（二）沟通案例之“滚动的车轮”

（1）项目类型：团队沟通合作类项目。

（2）场地器材：15 米 ×28 米的平整篮球场一块，胶带两卷，报纸若干（1.5n张报纸，其中n代表人数）。

（3）人员要求：12 ～ 20 人。

（4）项目时间：80 分钟。

（5）项目概述：利用有限的资源自制“装甲车”，所有学生在不接触“装甲车”外的地面时，乘坐自制“装甲车”，同心协力到达目的地。

（6）学习目的：① 认同目标，就意味着认同方向，没有统一的方向，就没有一致的步骤；② 只有协调和规范，才有效率可言，要注重训练团队的纪律性和协调性；③ 领悟领队意图，学会换位思考；④ 将可以利用的资源的价值发挥到最大。

（7）情景导入：大部队在行军途中被沼泽地拦截无法前进，要求所有的学生身体的任何部位都不能接触到“沼泽地”，不能落下任何一名学生。在资源异常短缺的紧急关头，提供给团队的资源是有限的，通过有限资源加上队员的团结努力，在领队的带领下，全体学生集体穿过“沼泽地”以到达目的地。

（8）项目布置：① 按学生人数每人分 1.5 张报纸；② 学生利用胶带纸和报纸自制“装甲车”；③ 所有学生坐在“装甲车”里，想方设法让“装甲车”开动起来；④ 以资源使用数量，到达目的地的速度和“装甲车”的质量来判定胜负。

（9）安全监控：① 途中发现有人踩出车外，则“装甲车”停开 10 秒，对方继续前进；② 途中“装甲车”破损，可以选一位“修理工”，待修好“装甲车”后继续出发。

（10）回顾与分享：① 对待不同的意见你该如何做出判断？② 你能服从集体的管理吗？③ 你具有协作意识吗？

【人生感悟】一个家庭、一个企业乃至一个民族，要富强兴旺，要幸福美满，单靠某一个人去孤军奋战是绝不会成功的。让我们敞开心扉、张开双臂，彼此团结、相互扶持，共同创造一个美好的明天！记住：你的奉献确确实实帮助了别人，同样你的收获里也有别人的奉献。

第六章 职业体能

第一节 职业体能概述

一、体能的概念及内涵

体能是体质的重要组成部分，是人体各器官、各系统机能在身体活动中表现出来的能力，包括力量、速度、灵敏、耐力和柔韧等基本的身体素质，以及人体的基本活动能力（如走、跑、跳、投掷、攀登、爬越、悬垂和支撑等）。体能的发展程度是衡量体质水平的一个重要标志。”身体素质与身体活动能力是一个有机整体，身体素质是身体活动能力的基础和动力，身体活动是身体素质的外在表现，身体活动能力的强弱直接反映身体素质的优劣。

二、体能与身体健康

（一）体能在促进健康中的地位和作用

体能的促进作用可以从体能与体质和健康的相互关系中得到充分的体现。

体质与体能一样，也是评价健康的一个综合性指标。它是在遗传性和获得性的基础上，人体的表现出来的形态结构、生理机能和心理素质综合的相对稳定的特征。其内容主要包括体格、机能、身体活动能力、适应能力以及精神状态等。

从体质的内涵可以看出，体能是体质的核心内容。从一定意义上讲，增强体质就是提高体能。因此，体能就成了衡量体质水平的主要因素，而增强体质又是增进健康的更高阶段、更高标准。因为评定健康的水平，主要是看其各器官、各系统功能是否正常；而评定体质的水平，则是在各器官、各系统功能正常的基础上看其体能水平的高低。由此不难看出，加强体能锻炼，提高体能，是促进健康、增强体质的基本途径。

体能对于健康的促进作用，具体表现为：良好的体能有助于降低慢性疾病（如冠心病等）的危险性，以及预防慢性病的发生或发展，并能提高机体免疫机能，抵御病毒侵害及细菌感染；良好的体能还可以使人体拥有更多的生命激情，积极地享受生命和感受生活，有利于保持心理健康，促成健康的良性循环。

（二）与健康有关的体能

与健康有关的体能主要包括心肺机能、肌肉力量和肌肉耐力、柔韧性、身体成分以及身体代谢能力等。这些与健康有关的体能因素从不同角度反映了机体的健康状况。

1．心肺机能

心肺机能是心脏、血管与呼吸系统协同工作的能力，它直接影响肌肉长时间工作的能力。良好的心肺机能不仅能保证身体长时间高效工作，同时也能使机体在工作后快速消除疲劳，使肌肉得到有效恢复。

2．肌肉力量和肌肉耐力

肌肉力量指肌肉抵抗外力或移动重物的能力。一定的肌肉力量可使机体胜任那些需要消耗体力的工作与娱乐活动。肌肉耐力指肌肉重复工作的能力，肌肉耐力强的人可以长时间工作而不致过度疲劳。

3．柔韧性

柔韧性指关节活动的范围，受肌肉长度、关节结构及其他因素的影响。良好的柔韧性可使关节在工作、娱乐中全范围活动。

4．身体成分

肌肉、脂肪、骨骼及其他机体成分的相对百分比被称为身体成分。其中，体脂是评价身体成分的主要方面，理想的体能离不开合理的体脂百分比。

5．身体代谢能力

与身体代谢能力有关的体能主要包括血糖、血脂、血清胰岛素、骨密度等。身体代谢能力反映的是一种机能状态，它同许多慢性疾病的发生或发展直接相关，而且与运动锻炼的效果直接相关。通过运动锻炼降低血脂水平、控制血糖、提高骨密度等都能增强机体的代谢能力，降低各种运动不足性疾病的发生概率，并影响机体的体能水平。

三、体能与职业需要

（一）体能在职业中的地位和作用

体能不仅与健康息息相关，而且与职业联系密切。实践证明，经常参加健身活动且体能强的人，不仅工作效率高、缺勤次数少，而且患职业病或由于其他造成体力衰竭的疾病而导致提前退休的可能性都小得多。在履行工作职务时，身体如果能满足每天的能量需求，能处理各种意想不到的额外的需求，并能主动预防潜在的健康问题，那它就是健康的。

精力充沛、积极热情的人更容易被雇用，这一点在目前来说已是公认的事实。健身活动带来的良好的体能能够增进健康、陶冶性情以及保证安全，使那些精力充沛又热情积极的人有更多机会得以表现甚至得到晋升。因此，现代社会更应重视健康活动在工作领域的作用，重视体能对职业的积极影响。

（二）与职业有关的体能

一般来说，与健康有关的体能，与职业也有关联，但是职业的性质对体能还有特别的要求，与一些体能指标有着更为密切的关系。

（1）神经肌肉协调性与反应时。神经肌肉协调性主要反映一个人的视觉、听觉和平衡感与熟练的动作技能相结合的能力。反应时是速度素质的一种表现形式，指从给予刺激到开始发生动作之间的时间。反应时短，表示反应速度快。在职业方面，神经肌肉协调性与反应时对巩固技能定型、提高技能及判断力有明显作用。

（2）肌肉力量与耐力。良好的肌肉力量与耐力能有效地降低职业性损伤。

（3）灵敏性与平衡能力。灵敏性指在身体活动过程中，既快速又准确地改变身体移动方向的能力。平衡能力是指当运动或静止时，身体保持稳定的能力。对从事高空作业、交通运输等职业的人员来说，灵敏性与平衡能力是不可缺少的体能。

（4）柔韧性。良好的柔韧性对提高身体活动范围、预防肌肉紧张、改善服务类专业人员的体态有明显的作用。

（5）应激与心理调节。应激指个体对环境刺激的一种特异性生物学反应。积极的应激有助于职业人员更好地适应工作环境，并增强其心理调节能力与抗挫折能力。

第二节　坐姿类职业的体能改善

一、坐姿类职业的生理负荷特点

（一）坐姿的解剖学特征

1．头颈部

人们采用坐姿工作时，一般头部成前俯或后仰姿势。肩颈部肌肉是支持颈部活动的基础，其中以斜方肌、胸锁乳突肌为主要的受力肌。斜方肌位于颈部和背部，成扁平三角形，左右二肌合成斜方形，主要控制颈部的前屈、后伸，若头颈部过分下垂或颈椎前屈，会使斜方肌处于紧张状态。胸锁乳突肌属颈浅肌群，在颈阔肌的深层，起于胸骨柄和锁骨内侧的 1 / 3 处，斜向后上方，止于乳突。其作用是两侧同时收缩，头向后仰；一侧收缩，头颈向同侧倾斜，面部转向对侧并向上仰。

研究表明，人们采用坐位时，颈部肌肉受力与颈角大小有关，颈部受力随角度增大而增加，颈部损伤患病率随颈角增大而升高。坐位工作时，颈部前倾角度保持在 0° ～ 10° 较为适宜。

2．胸　部

坐位时，低头含胸，胸廓得不到充分的扩张。长期保持这种姿势，一方面影响肺的通气功能；另一方面会使胸廓变形，造成驼背。

3．背　部

坐位时，人体背部一般成弓起并向前微倾的状态。据报道，在该姿势下工作，脊椎骨和脊椎间盘的活动对背部（主要是背阔肌）造成的压力是不均匀的。人体背部的伸肌在一天的运动中几乎没有主动用力的动作，大多数时间在被动拉长中，起着维持人体运动平衡和协调的作用。相对于其他肌肉群，人体背部肌肉的工作时间最长，因此最容易感到疲劳。这种疲劳容易引起小肌肉纤维损伤，从而造成背部的多种不良反应，如酸、胀、痛、麻等。

背部与颈部、腰部有着“楼上、楼下”的密切关系。如果颈部或腰部的肌肉因不良姿势造成紧张或疼痛时，常易累及背部。此外，心理性紧张往往会造成背部肌肉的紧张与疼痛。

4．腰　部

人体在坐着的时候，腰椎承受着上体的重量。腰肌和腹肌像是一个夹板，保持着一定的张力以稳定腰椎。工作姿势对腰肌受力有很大的影响。有研究表明，腰部受力与躯干角度大小关系密切，躯干角小则腰部受力小。

据调查，从事电脑操作的人员，一般习惯于将电脑终端屏幕置于右前方或左前方，导致工作时成侧身或扭腰等不良姿势。为了维持身体平衡，腰部的某一处肌肉就需要特别用力，这可能导致受力肌肉疲劳。

5．手腕部

从事计算机行业或电子行业者，其腕部经常需要重复用力活动或反复弯曲、伸展。虽然参与活动的小肌肉群不足全身肌肉总量的 1 / 7，但这部分肌肉活动频率高于 15 次 / 分。当操作键盘输入汉字时，手指击键高达 100 次 / 分以上。频繁收缩活动的小肌群能耗不高却容易疲劳，甚至在用力时可能会直接压迫腕管内的正中神经而导致腕管综合征。

6．脊　柱

人的脊柱由 33 块形状不规则的脊椎骨组成，按所在位置不同可分为颈椎、胸椎、腰椎、骶椎和尾椎。从侧面看，脊柱有四个生理弯曲：颈椎、腰椎向前凸，胸椎、骶椎和尾椎向后凸。

久坐会使身体重心长时间地压在脊椎骨骶端，不符合人体脊柱的最佳受力状态。坐姿不良，脊柱两侧肌肉受力不均，易导致脊柱某区域肌肉骨骼负荷过重，久而久之可能引起脊柱侧弯。此外，工作节奏紧张时，人往往会不由自主地塌腰，这不仅增加了腰椎的负担，破坏了脊柱正常的生理弯曲，使腰椎部位后凸，还阻碍了血液循环，从而引起腰部肌肉酸痛，甚至引起腰椎病变。

（二）坐姿的生理学特征

1．血液循环

血液为全身输送氧和营养物质，以保证生命活动的正常进行。血液循环的动力器官是心脏，而心脏位于胸腔中，借助地心引力的作用可相对顺利地向心脏以下的部位输送营养物质和氧气，但心脏以下部位的血液要返回心脏，就必须克服地心引力的影响，而向上回流相对困难，由此易造成心脏部位以下的静脉回心血流受阻，故长期久坐的人，其下肢特别是足背容易发生浮肿，还会出现直肠、肛管静脉回流受阻，或因静脉扩张而发生痔疮。同时，位于心脏以上的部位（特别是大脑）的血液供应，须克服地心引力把血液泵入大脑。如果心脏功能不良，大脑血液供应不畅通，则人容易出现头昏、眼花、嗜睡、工作效率降低、失误率增加等现象。

久坐时，心脏工作量减少，长期下去可使心脏功能减退，心肌渐趋衰弱，血液循环减慢，导致代谢产物在血管中淤积，为心肌梗死、高血压、冠心病等心血管疾病埋下隐患。世界卫生组织明确指出：久坐是诱发冠心病的重要因素。医学专家调查发现，司机的冠心病发病率比售票员高 30%。据研究，坐位时，人的心脏功能（心率、心输出量、每搏输出量）都处于相对较低的水平。（图 6-2-1）

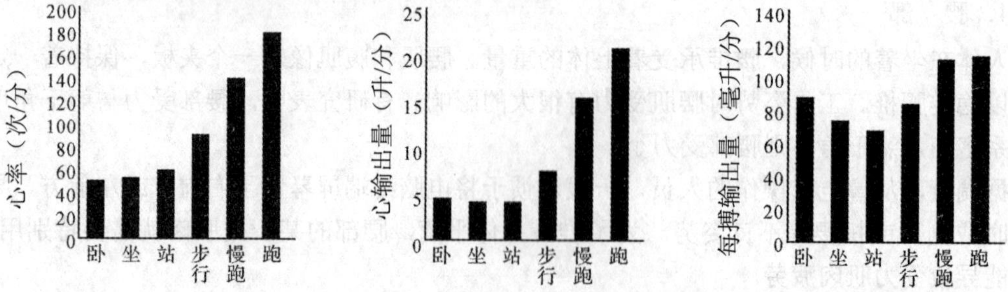

图 6-2-1

2．肺通气功能

长期处于坐位伏案状态，胸廓得不到充分扩张，会影响肺的通气功能。研究表明，坐位伏案对静息时通气量的影响不大，但是从提高体能和健康水平的角度出发，坐位伏案劳动（工作）的人，应加强扩胸动作的练习，以利于肺的充分扩张，加强通气和换气功能，使血氧饱和度始终保持在 96% ～ 98%。

3．骨骼肌

骨骼肌是人体维持各种姿势的基础。坐位姿势是一种静态姿势，维持坐位姿势的肌纤维长时间处于一定的静力性工作状态（即等长收缩状态）。虽然依靠中枢神经系统的调节，肌纤维的紧张活动可以交替进行，但这种调节交替是相对少而慢的。在取坐位姿势劳动（工作）时，肌纤维的紧张性收缩也限制了肌肉的血液供应，以致肌肉获取的氧和营养物质减少，而肌肉的代谢废物也不易排出，久而久之就会引起肌肉的僵硬、酸痛，甚至萎缩。坐姿工作两小时以上，骨骼肌即可产生疲劳感，使工作效率有所下降。医学专家指出，每坐一两个小时就起来走动 10 分钟，有益于身体健康。

4．眼的负荷

在现代办公条件下，人们长时间对着电脑工作，眨眼次数明显减少（由日常每分钟 10 ～ 20 次锐减到 4 ～ 5 次），眼睛特别容易干涩。电脑屏幕的闪烁会使眼睛不断进行调节，易导致睫状肌疲劳。此外，电脑屏幕是一个强发光体，再加上电脑页面内容繁多，使得人在用电脑时视觉负担很重，眼睛发胀。眼睛长期超负荷工作，将会导致视力下降，发生眼部炎症（如角膜炎等），同时还可能导致身心疲劳。

二、坐姿类职业的体能锻炼方法

从事不同的职业需要不同的体能。具体职业的身体活动部位是局部的、重复的、固定持续的，因此，完成各种动作时人体机能的表现形式有所不同，其素质要求也就不一样。针对本节中已谈及的坐姿类职业的生理负荷特点，下面介绍几种坐姿类职业所应具备的身体素质及其锻炼方法。

（一）力量的练习方法

人体的各种活动都是在身体各部位肌肉牵动关节和骨骼并克服各种阻力的情况下实现的。因此，肌肉是维持身体各种姿势的基础。坐位姿势是一种静态姿势，维持该姿势的肌纤维长时间处于一定的静力性紧张状态，腰背部肌肉是主要的受力肌。有目的地锻炼相应部位的肌肉，可使机体各部位的主要受力肌群的肌肉弹性增强，肌肉组织得到改善，促进血液循环，增强新陈代谢，防止或缓解组织疲劳。

针对坐姿类工作的体能要求，应主要发展以下部位肌肉群的力量和耐力。

1．颈肩部肌群力量的练习

（1）屈伸探肩。

【准备姿势】成坐立姿势，上背挺直，两手叉腰，两眼平视。

【动作方法】头缓缓地向左偏，努力接近左肩，保持 6 ～ 8 秒，还原；以相同的姿势换方向做，还原。（图 6-2-2）

【练习要求】动作过程缓慢进行，以防肌肉、韧带拉伤。

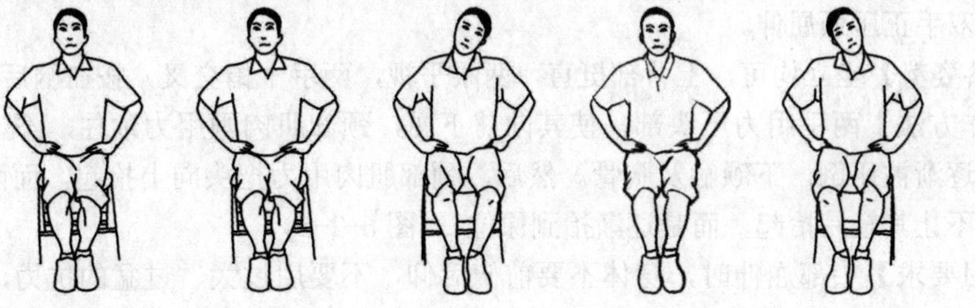

图 6-2-2

（2）摸耳屈伸。

【准备姿势】成坐立姿势，两手自然放于体侧，两眼平视。

【动作方法】右手叉腰，同时左手侧上举，越过头顶去摸右耳，头向左侧倾斜，还原；再用右手以同样的姿势去摸左耳，头向右侧倾斜，还原。（图 6-2-3）

【练习要求】动作过程应缓慢进行，以防肌肉、韧带拉伤。

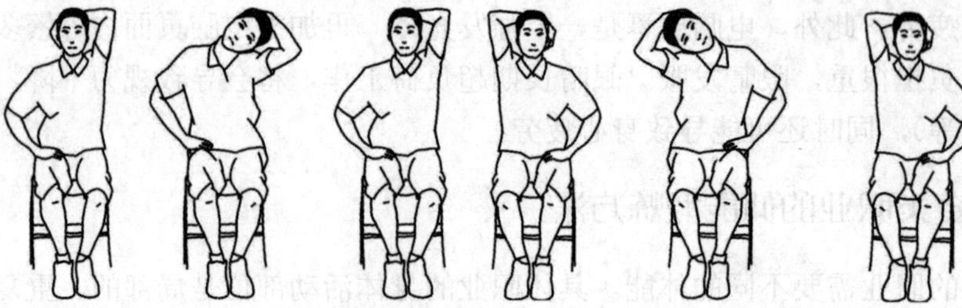

图 6-2-3

（3）手侧压颈屈伸。

【准备姿势】坐立均可，上背部挺直，两眼平视。

【动作方法】右手叉在右侧腰间，左手按压头部左侧，用力把头向右侧推压，而颈部肌肉则用力顶住，不让手将头部轻易压倒，使头逐渐被压倒。然后，颈部肌肉用力把头向上、向左抬起，而左手则用力压住头部，不让其轻易抬起，但使其逐渐完全竖直。练完一侧，换另一侧练习。（图 6-2-4）

【练习要求】不要用过大、过猛的抗力，前几次用力要小些，以后几次再逐渐加大力量，以避免颈部扭伤。切勿让颈部有任何旋转动作。

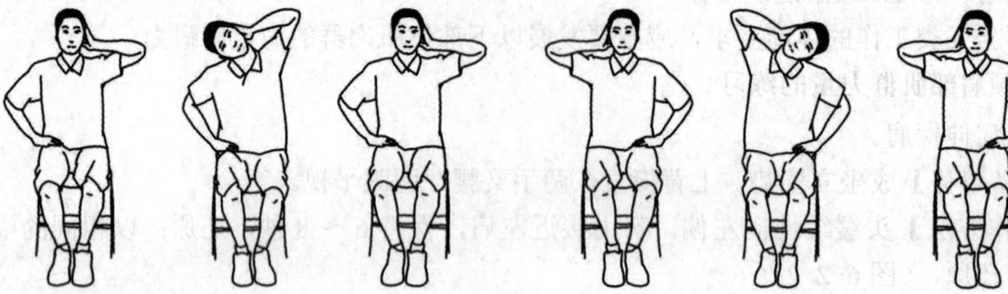

图 6-2-4

（4）双手正压颈屈伸。

【准备姿势】坐立均可，上背部挺直，两眼平视，两手十指交叉，按在脑后。

【动作方法】两手用力压头部，使其向前下屈，颈部肌肉则用力顶住，不让头部轻易被压倒，但逐渐被压倒，下颌触及胸骨。然后，颈部肌肉用力把头向上抬起，而两手则用力压住头部，不让其轻易抬起，而是逐渐抬到原位。（图 6-2-5）

【练习要求】头部屈伸时，身体不要前俯后仰，不要用过大、过猛的抗力，前几次用力要小些，以后几次再逐渐加大力量，以避免颈部扭伤。切勿让颈部有任何旋转动作。

（5）耸肩。

【准备姿势】坐立均可，上背挺直，两手叉腰，两眼平视。

【动作方法】两肩缓缓往上耸，尽力触碰耳朵，然后放下。（图 6-2-6）

【练习要求】动作过程应缓慢进行，尽最大努力完成动作。

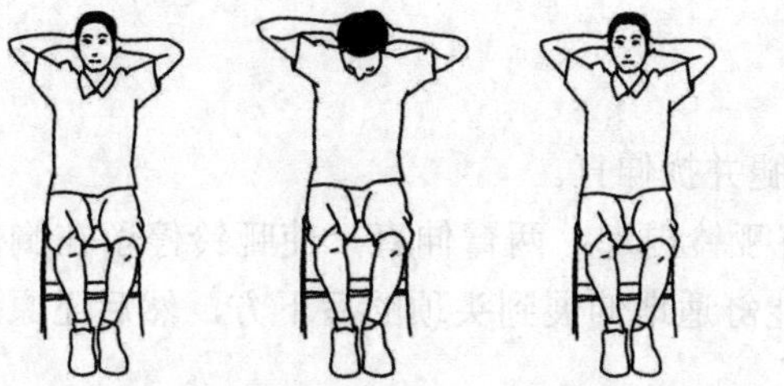

图 6-2-5

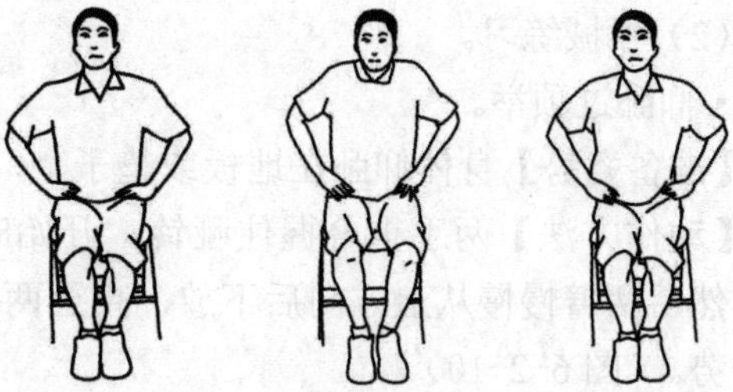

图 6-2-6

（6）肩绕环。

【准备姿势】坐立均可，上背挺直，两手叉腰，两眼平视。

【动作方法】两肩后展，做以肩关节为轴的绕环动作。（图 6-2-7）

【练习要求】两肩充分后展，不要拱背。

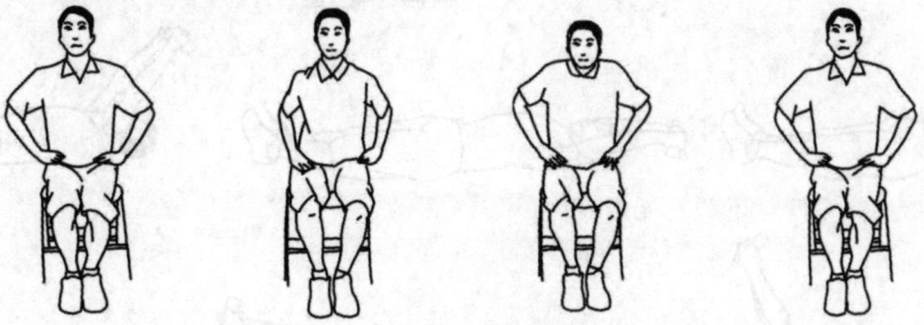

图 6-2-7

2．腰背部肌群力量的练习

（1）徒手练习。

·体后屈伸。

【准备姿势】身体俯卧在垫子或凳子上。

【动作方法】以髋部支撑，两脚固定，两臂前举，并连续做上体向后屈伸动作。（图 6-2-8）

【练习要求】上体后屈时尽量抬高。前几次动作幅度应小些，以防腰背肌拉伤。

图 6-2-8

·俯卧背腿。

【准备姿势】身体俯卧在地板或垫子上，两腿并拢伸直。

【动作方法】以髋部支撑，两臂自然伸直置于体侧，两腿连续做向上振起的动作。（图 6-2-9）

【练习要求】两腿尽量向上振起。前几次动作幅度应小些，以防腰背肌拉伤。

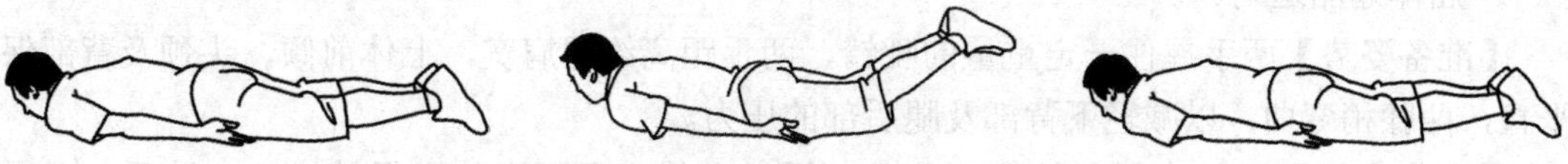

图 6-2-9

（2）器械练习。

· 仰卧过顶举。

【准备姿势】身体仰卧在地板或垫子上，两腿并拢伸直。

【动作方法】两手重叠握住哑铃。开始时将哑铃提起，两臂伸直，使哑铃停留在胸部上端，然后两臂慢慢从上方向后下放，直至两臂能舒适地伸展到头顶的后下方，然后还原成准备姿势。（图 6-2-10）

【练习要求】两臂开始下放时吸气，放至最低点肺部刚好充满气；开始上举时呼气，恢复成准备姿势时结束。

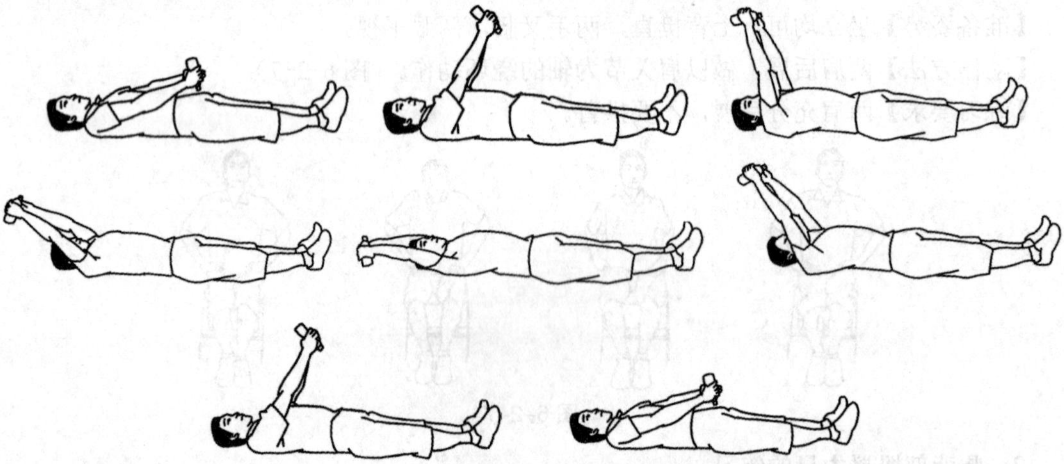

图 6-2-10

· 哑铃单臂划船运动。

【准备姿势】两脚左右开立，身体前屈，一只手支撑在矮凳上，另一只手提起哑铃（办公室内健身时可以用装满水的水瓶代替）。

【动作方法】吸气用力，持哑铃手向侧上提至胸部高度，停留 1 ～ 2 秒后呼气放下（图 6-2-11）。连续做 8 ～ 12 次之后，再换另一只手练习。

【练习要求】动作节奏不宜太快，切勿用力过猛。

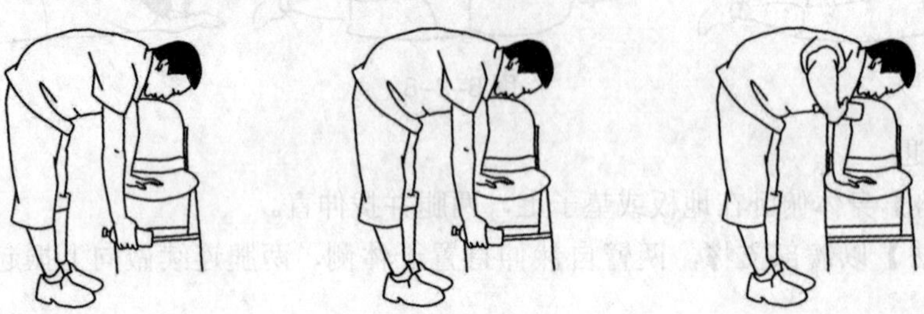

图 6-2-11

· 屈体划船运动。

【准备姿势】两手握住一定重量的哑铃，两手距离约同肩宽，上体前倾，头颈及背部保持平直，两膝稍弯曲，以减轻下背部及腿后部的压力。

【动作方法】吸气上拉哑铃至下腹部，同时身体成立正姿势，保持 3 ～ 5 秒后，再慢慢

放下，回到准备姿势，同时伴随呼气。（图 6–2–12）

【练习要求】动作节奏不宜太快，切勿用力过猛。

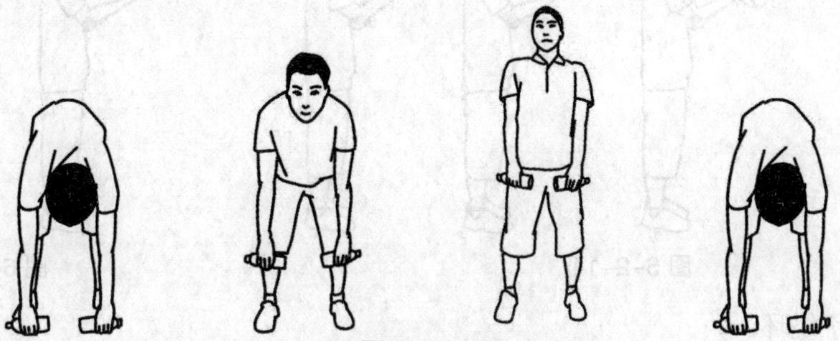

图 6–2–12

· 屈体提拉。

【准备姿势】身体前屈，两脚自然开立。

【动作方法】两膝稍弯曲，上体前屈，两手握住哑铃，握距约同肩宽，两臂伸直，调整好呼吸后，吸气，两臂用力慢慢提拉哑铃，此时头部及背部须保持平直，将哑铃至腹部再放下。（图 6–2–13）

【练习要求】臀部低于肩部，头部、背部保持平直，适应后可逐渐增加重量。

图 6–2–13

3．腕部肌群肌肉力量的练习

（1）屈伸腕动态练习。

【准备姿势】成立正姿势，一手持哑铃，掌心朝上。

【动作方法】一手持哑铃，另一手微托持哑铃手臂的肘关节，靠于腰部，持哑铃手紧握哑铃，以 2 秒 1 次的频率做屈伸腕运动。（图 6–2–14）

【练习要求】每个动作都要尽量做到最大的幅度，切记动作不要太快。

（2）屈伸腕静态练习。

【准备姿势】成立正姿势，一手持哑铃，手掌朝上。

【动作方法】一手持哑铃，另一手微托持哑铃手臂的肘关节，靠于腰部，持哑铃手紧握哑铃，充分屈腕，静止 15 秒，休息 5 秒（图 6–2–15）；再充分伸腕，静止 15 秒。

【练习要求】每个动作都要尽量做到最大的幅度，切记动作不要太快。

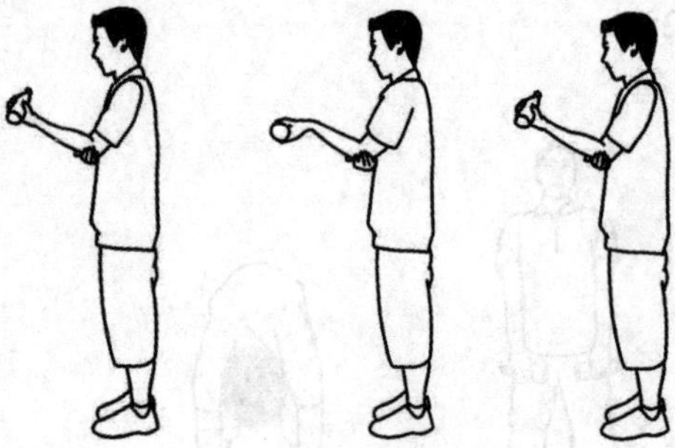

图 6-2-14

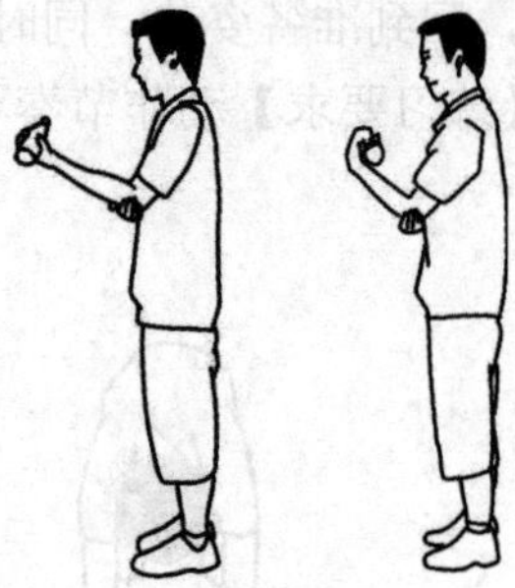

图 6-2-15

（3）“8”字绕环。

【准备姿势】成立正姿势，一手持哑铃（女生可以两手持哑铃），掌心朝上。

【动作方法】持哑铃手做“8”字绕环运动。（图 6-2-16）

【练习要求】每个动作都要尽量做到最大的幅度，切记动作不要太快。

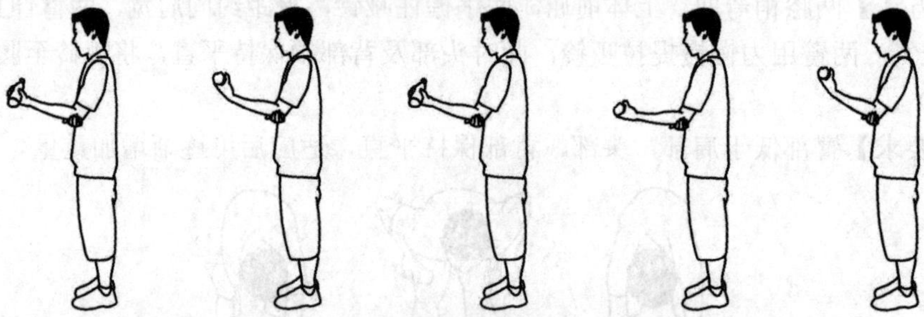

图 6-2-16

4．颈部、肩部、腰部、背部肌群的自我放松与相互按摩练习

（1）按揉颈肌。

【准备姿势】坐立均可，两眼微闭。

【动作方法】两手十指交叉置于颈后两侧，自下而上用掌根按揉颈肌。（图 6-2-17）

【练习要求】主要用两拇指大鱼际按揉颈肌，动作要有节奏，根据个人情况选择按揉力度。

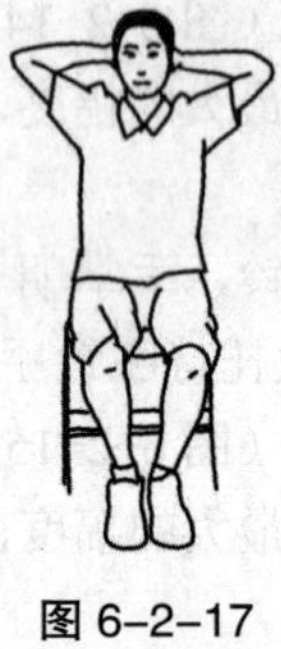

图 6-2-17

（2）点穴旋肩。

【准备姿势】坐立均可，屈肘，两眼微闭。

【动作方法】两手中指分别点按肩井穴，前后绕环各 4 拍。（图 6–2–18）

【练习要求】找准肩井穴，根据个人情况选择按揉力度。

图 6–2–18

（3）放松背部肌肉。

【准备姿势】两腿直立，与肩同宽。

【动作方法】两手在背后十指交叉握住，肩关节打开，两手尽量往后伸。（图 6–2–19）

【练习要求】肩关节尽量打开，动作幅度由小到大。

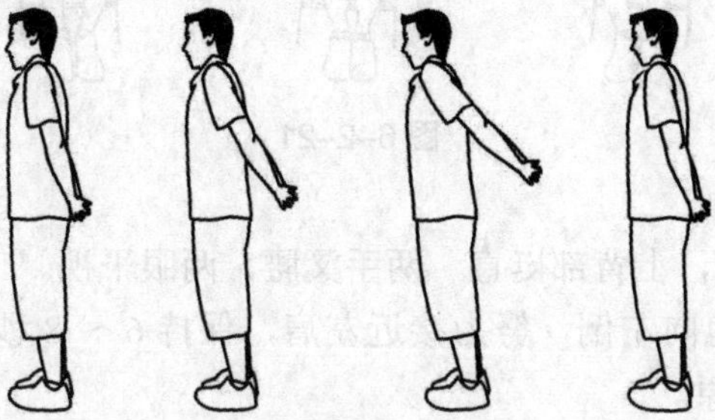

图 6–2–19

（4）轻揉腰肌。

【准备姿势】坐立均可。

【动作方法】先用两手轻揉腰部肌肉，至有发热感后再以两手掌根推拿腰肌 10 次，最后握空拳轻轻叩击腰部。（图 6–2–20）

【练习要求】力度均匀，由小到大。

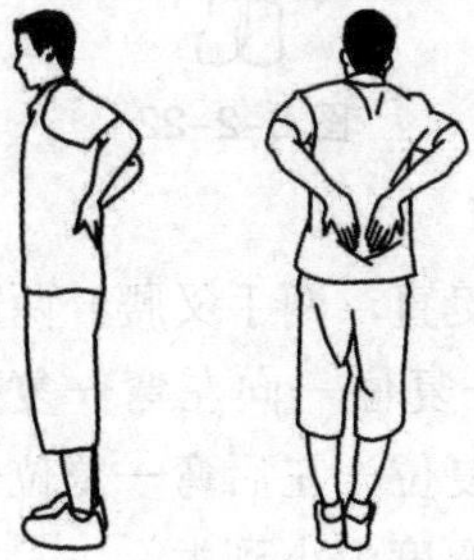

图 6–2–20

（二）柔韧性的练习方法

柔韧性练习对于坐姿类的职场人士尤为重要。例如，汽车驾驶员进行伸展性练习，有助于提高关节的灵活性，使头部转动自如，向后转越过肩部观察路况，从而有助于完成停车以及倒车等动作。

下面简单讲述发展颈部、肩部及腰背部柔韧性的方法。

1. 颈部柔韧性的练习方法

（1）扭转望月。

【准备姿势】坐立均可，上背部挺直，两手叉腰，两眼平视。

【动作方法】头缓缓地向左后旋转，目光注视前上方，尽最大努力保持 6 ～ 8 秒，还原；以相同的姿势换方向做，还原。（图 6-2-21）

【练习要求】动作过程要缓慢，切勿带动上体旋转。

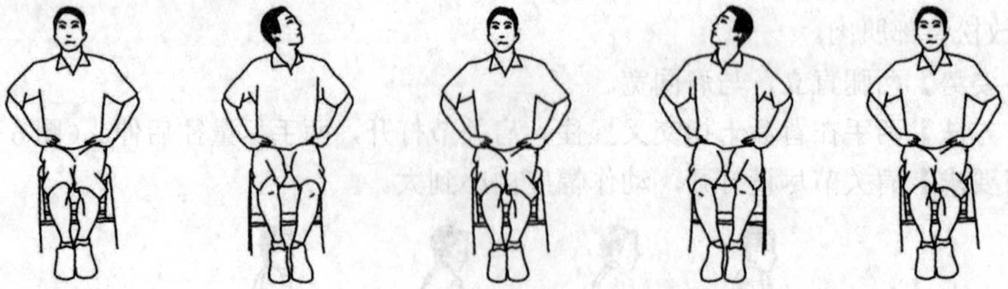

图 6-2-21

（2）屈伸探肩。

【准备姿势】坐立均可，上背部挺直，两手叉腰，两眼平视。

【动作方法】头缓缓地向左倒，努力接近左肩，保持 6 ～ 8 秒，还原（图 6-2-22）；以相同的姿势换方向做，还原。

【练习要求】动作过程要缓慢，以防肌肉、韧带拉伤。

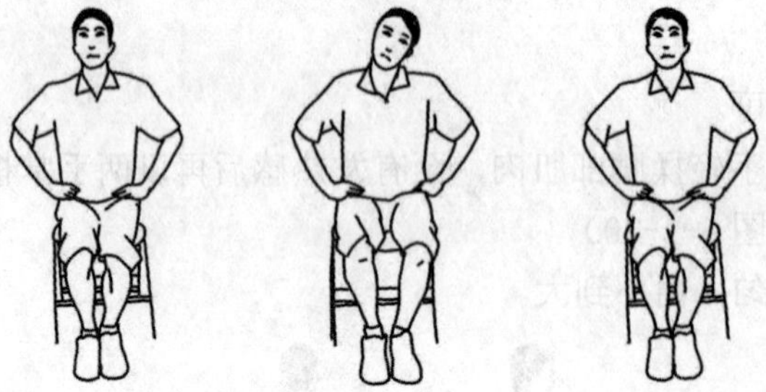

图 6-2-22

（3）米字形弯曲。

【准备姿势】坐立均可，上背部挺直，两手叉腰，两眼平视。

【动作方法】头部依次向前弯—复位—向左弯—复位—向后弯—复位—向右弯—复位（图 6-2-23）；然后依次做左前弯—复位—左后弯—复位—右后弯—复位—右前弯—复位。

【练习要求】动作过程要缓慢，幅度由小到大。

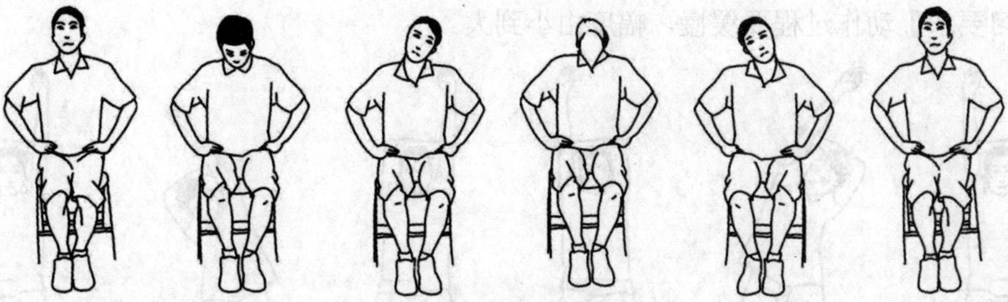

图 6-2-23

（4）前后摆头。

【准备姿势】成坐立姿势，上背部挺直，两手叉腰，两眼平视。

【动作方法】缓慢低头，下颌尽量靠近胸骨，以拉伸颈部肌肉，持续 30 秒，还原；头向后屈伸，保持 30 秒，还原。（图 6-2-24）

【练习要求】动作过程要缓慢，幅度由小到大。

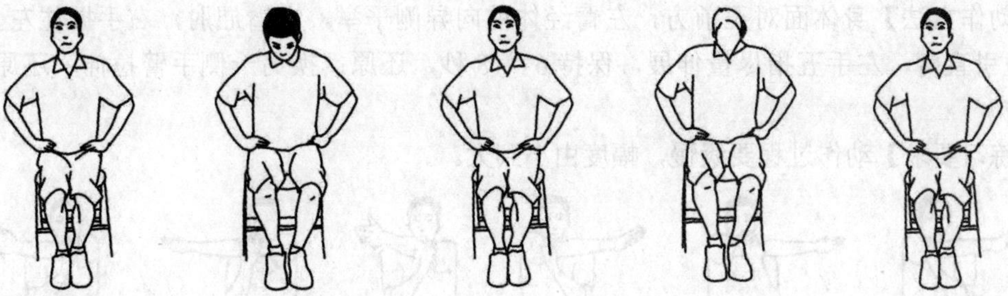

图 6-2-24

2．肩关节柔韧性的练习方法

（1）双肩绕环。

【准备姿势】坐立均可，上背部挺直，两眼平视。

【动作方法】左肩先向前绕环，重复 10 次；右肩再向前绕环，重复 10 次。（图 6-2-25）

【练习要求】动作过程要缓慢，幅度由小到大。

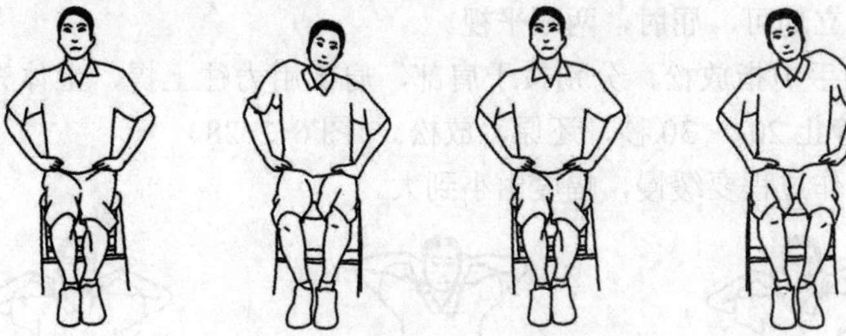

图 6-2-25

（2）拉伸肩部。

【准备姿势】坐立均可，上背部挺直。

【动作方法】左臂直臂内旋尽量往上抬，同时右臂屈肘，右手反手经头后握住左上臂，尽量往右侧拉，保持 6 ～ 8 秒，还原；换另一侧手臂拉伸，还原。（图 6-2-26）

【练习要求】动作过程要缓慢，幅度由小到大。

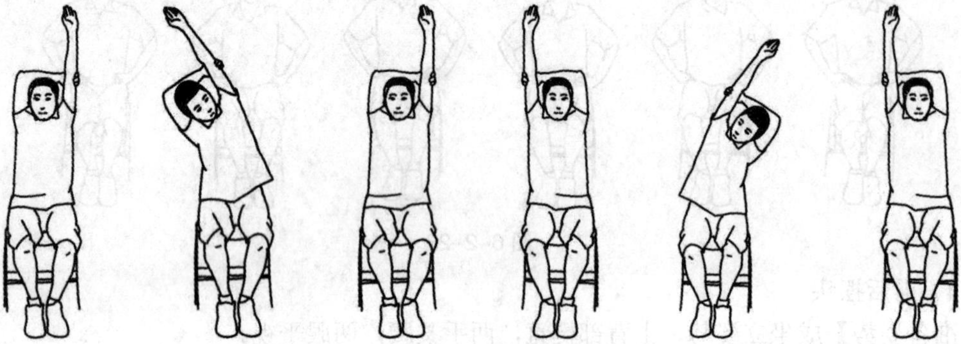

图 6–2–26

（3）体前拉伸。

【准备姿势】坐立均可，上背部挺直，两眼平视。

【动作方法】身体面对正前方，左臂经体前向异侧平举，右臂屈肘，右手握住左上臂并向内拉引直臂，左手五指尽量伸展，保持 6 ～ 8 秒，还原；换另一侧手臂拉伸，还原。（图 6–2–27）

【练习要求】动作过程要缓慢，幅度由小到大。

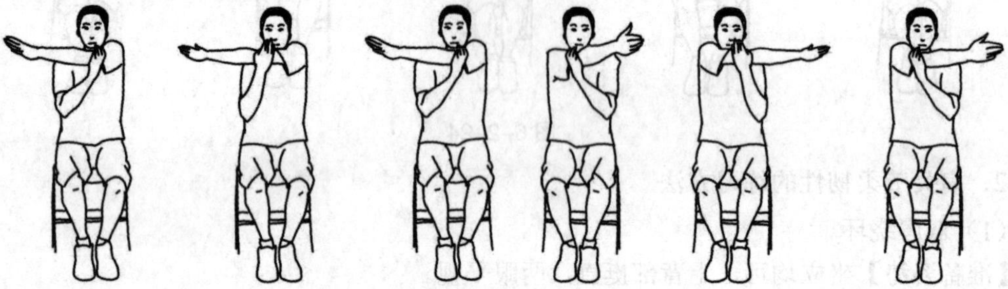

图 6–2–27

（4）肩部上提。

【准备姿势】坐立均可，屈肘，两眼平视。

【动作方法】两手中指放松，分别按于肩部，肩部用力往上提，上体充分舒展，在肩关节活动最大范围处静止 20 ～ 30 秒，还原，放松。（图 6–2–28）

【练习要求】动作过程要缓慢，幅度由小到大。

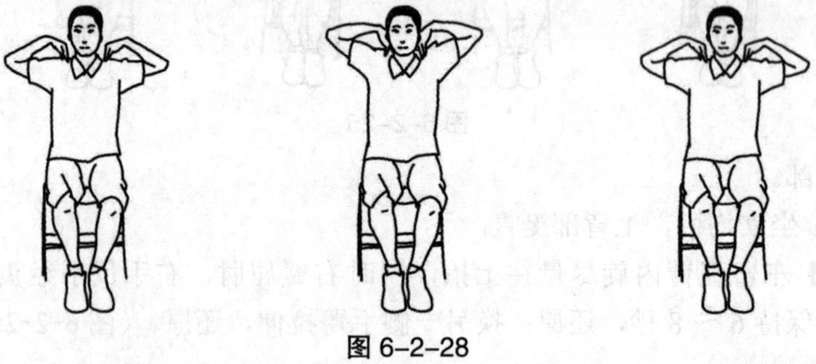

图 6–2–28

3．腰背部柔韧性的练习方法

（1）俯腰。

【准备姿势】并步站立，两腿直膝夹紧，两手十指交叉，两臂伸直上举，手心向上。

【动作方法】上体前俯，两手手心尽量向下贴紧地面，两膝保持挺直，髋关节屈紧，充分伸展腰背部，两手直臂分别握住同侧踝关节，使胸部贴紧两腿，充分伸展腰背部（图 6–2–29），持续一定时间后再放松起立；还可以在两手触地时向左侧或右侧转腰，用两手手心触及两脚外侧的地面，以增大腰部伸展时左右转动的柔韧性。

【练习要求】动作过程要缓慢，幅度由小到大。

图 6–2–29

（2）甩腰。

【准备姿势】并步站立，上体挺直。

【动作方法】练习时一腿支撑，另一腿向后上方直腿摆动。同时，两臂伸直，随身体向后弯曲做摆振动作，使腰背部被充分压紧，充分伸展腹部。（图 6–2–30）

【练习要求】动作过程要缓慢，幅度由小到大。

图 6–2–30

（3）体侧屈。

【准备姿势】并步站立，上体挺直。

【动作方法】右手叉腰，左臂伸直，上体尽量向左侧倾斜，保持 6 ～ 8 秒，还原，换方向做。（图 6–2–31）

【练习要求】动作过程要缓慢，幅度由小到大，上体不要有扭转动作。

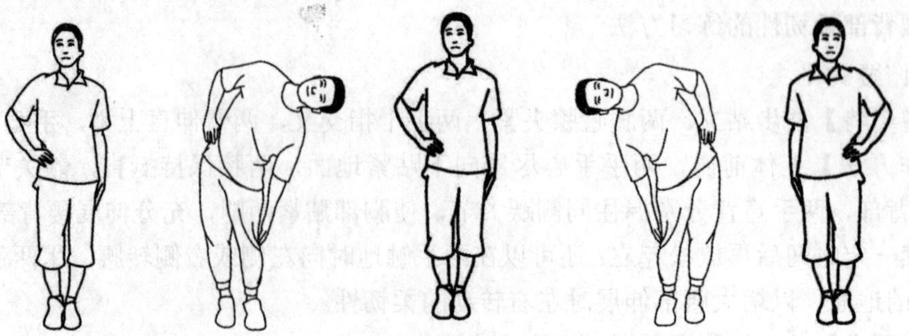

图 6-2-31

（4）转体。

【准备姿势】两脚开立，上身挺直。

【动作方法】左臂屈肘，反手经体后放至右侧腰部，向左转体的同时右臂屈肘，反手经体前绕至颈后部。上体尽量向左转，保持 6 ～ 8 秒，还原，换方向做。（图 6-2-32）

【练习要求】动作过程要缓慢，幅度由小到大。

图 6-2-32

（三）提高心肺功能的练习方法

工作时间长，且相对固定地保持一种姿势，易使人身心疲劳。此外，人保持坐姿时，常低头含胸，这会使胸部和心血管系统得不到发展。选择运动项目时，应充分考虑到坐姿类职业的特点，多选择有氧代谢的运动项目，如健美操、游泳、跳绳、步行、爬山等有大肌肉群参与的慢节奏运动，以弥补运动的不足，从而达到增强心肺功能、矫正体形的目的。

常用的增强心肺功能的锻炼方法有以下几种。

1. 慢　跑

跑步时，呼吸要深、长、细、缓，且有节奏。呼吸的节奏可为两步一呼、两步一吸，或三步一呼、三步一吸。呼吸时，要尽量用腹式呼吸，吸气时鼓腹，呼气时尽量将气吐尽。跑步时，步伐要轻快，全身肌肉放松，两臂自然摆动。

2. 健身走

健身走是在自然行走的基础上，伸直躯干、收腹、挺胸、抬头，随着走步速度的加快，两臂肘关节自然弯曲，以肩关节为轴自然前后摆臂，同时腿向前迈，脚跟先着地，再过渡到前脚掌着地，然后脚推离地面。健身走时，上下肢应协调运动，并配合深而均匀的呼吸。健身走速度的快慢，是决定锻炼效果的关键因素。健身走通常可分为慢步走（每分钟走70～90步）、中速走（每分钟走90～120步）、快步走（每分钟走120～140步）和疾步走（每分钟走140步以上）。

3．跳　绳

跳绳是一种比较剧烈的运动，锻炼者应根据自己的身体状况制订切实可行的计划和目标，通过一个阶段的系统锻炼后，再逐渐延长跳绳的时间和增加跳绳的次数。

4．游　泳

游泳和跑步很相似，不同之处是，人在以手臂和腿的运动推动身体在水中前进的同时，还必须消耗一定的能量使身体免于下沉。另外，人在游泳时，水的浮力减轻了人体承重关节的负荷。因此，游泳是一种较为安全和有效的健身方法。

5．登楼梯

（1）爬楼梯法。

弯腰、屈膝、高抬脚，两臂自然摆动，尽可能不抓扶手。每秒钟爬1级楼梯，爬4～5层楼，每次练习2～3趟，每趟之间可休息1～2分钟。开始阶段每次练5分钟左右，待身体适应后，可以加快速度，每秒钟爬2级楼梯，并增加趟数，练习时间为10分钟左右。这项运动比较适合中老年人。

（2）跑楼梯法。

先用30～60秒的原地跑作为准备活动，然后采用正常跑步的动作跑楼梯。脚步用力均匀，前脚掌着地，先跑2～3层楼，往返80～90级楼梯，再逐渐跑上4～5层楼。每趟3～4分钟，每次锻炼不超过5趟，时间为15～18分钟，每趟间歇时间不超过2分钟。跑楼梯的运动量比较大，适合中青年人。

6．有氧舞蹈

有氧舞蹈是一种以锻炼身体为目的、以徒手运动为主，结合舞蹈动作并在音乐的伴奏下进行的健身活动。职业人可根据自己的年龄特点、体能状况和锻炼目的等选择或自编有氧舞蹈进行锻炼。

三、坐姿类职业性疾病的预防与运动疗法

坐姿体位不符合人体脊柱的最佳受力状态，往往会出现脊柱某区域肌肉骨骼力学负荷过重，久而久之则会引发肌肉骨骼等组织劳损。因工作引起的慢性肌肉骨骼损伤是一种常见的职业性多发病。目前，这类疾病在一些国家已成为主要的职业健康问题。在发病的诸多因素中，因不良的工作体位所造成的局部肌肉骨骼静力负荷过重而导致的骨骼、关节、肌肉及韧带劳损，已是许多职业人群患上慢性肌肉骨骼损伤的主要因素之一。

本节主要讲解坐姿类职业中几种常见的职业性疾病及其预防与运动疗法。

（一）颈椎病的预防与运动疗法

1．什么是颈椎病

颈椎病是一种常见病，指由颈椎间盘退行性病变、颈椎骨质增生以及颈部损伤等引起颈段脊柱内外平衡失调，刺激或压迫颈部神经、血管而产生的一系列症状。其主要症状是颈部和背部的功能障碍和疼痛，表现为颈部、肩部、上肢的麻木和头晕等。

2．致病原因

长时间伏案工作，使颈椎长期处于屈曲位或某些特定体位，不仅会使颈椎间盘内的压力增大，而且也会使颈部肌肉长期处于非协调受力状态。颈部肌肉细长而不丰厚，易因受牵拉而劳损；椎体前缘相互磨损、增生，再加上过度扭转、侧屈，会导致损伤而引起各种病变。

3．运动疗法的作用

运动疗法可以松解因炎症而粘连的组织，牵伸肌肉，减轻痉挛，加强局部血液循环，缓解局部疼痛等症状。同时，运动疗法可以加强颈肩部肌肉力量，改善关节灵活性，使肌肉的收缩运动与放松运动有机地结合起来，还可明显改善运动功能。

4．预防与运动疗法

（1）预防。

• 在工作（劳动）中经常做几秒钟的抬头动作，活动颈部的肌肉。

• 在工间操的编制中要加强头颈部的活动内容，如颈部旋转或侧摆后动等。

• 在业余活动中要重视颈部的活动。

• 加强颈肩部肌群的力量和柔韧性练习。

（2）运动疗法。

• 引颈运动。

【预备姿势】成直立位，两脚分开与肩同宽，两手叉腰，拇指向后。

【动作方法】

向上引颈，同时头缓缓向左旋转至最大限度，目视左前上方，然后还原。

向上引颈，同时头缓缓向右旋转至最大限度，目视右前上方，然后还原。

向上引颈，同时抬头望天至最大限度，然后还原。

向上引颈，同时低头看地至最大限度，然后还原。

向上引颈，同时头向左侧屈至最大限度，然后还原。

向上引颈，同时头向右侧屈至最大限度，然后还原。

向上引颈，同时头前屈并向左环转一周，然后还原。

向上引颈，同时头前屈并向右环转一周，然后还原。

以上各节动作连续完成，重复做 4 ～ 8 次。

• 抗阻运动。

【预备姿势】直立位，两脚分开与肩同宽。

【动作方法】

左手手掌置于头左侧，头缓慢用力向左旋转至最大限度，同时左手用力对抗，然后手放下，头还原。

右手手掌置于头右侧，头缓慢用力向右旋转至最大限度，同时右手用力对抗，然后手放下，头还原。

两手交叉，掌面托头的枕部，头缓慢用力向后伸至最大限度，同时两手用力对抗，然后手放下，头还原。

两手手掌托下颌，头缓慢用力向前屈至最大限度，同时两手用力对抗，然后手放下，头还原。

左手手掌置于头左侧，头缓慢用力向左侧屈至最大限度，同时左手用力对抗，然后手放下，头还原。

右手手掌置于头右侧，头缓慢用力向右侧屈至最大限度，同时右手用力对抗，然后手放下，头还原。

以上各节连续完成，可重复做 4 ～ 8 次。每日锻炼 2 ～ 3 次，1 个月为 1 个疗程，至少锻炼 3 个疗程。

（二）腰肌劳损的预防与运动疗法

1．什么是腰肌劳损

腰肌劳损是由腰骶部的慢性损伤引起的，是腰部肌群及其附着点筋膜的慢性损伤性炎症。其主要症状为腰或腰骶部酸痛或胀痛，部分位置刺痛或灼痛。

2．致病原因

腰部肌肉超负荷做功，处于持续的紧张状态，使腰部周围的小血管受压，供氧不足，代谢产物堆积，刺激局部而形成损伤性炎症。此外，急性腰扭伤也是导致腰肌劳损的重要原因。

3．运动疗法的作用

运动疗法可以松解因炎症而粘连的组织，牵伸肌肉，减轻痉挛，加强局部血液循环，缓解局部疼痛等症状。同时，运动疗法可以改善腰骶部的活动功能，加强肌肉力量，改善和纠正由病变引起的腰部肌力平衡失调，保护脊柱和腰部。

4．预防与运动疗法

（1）预防。

• 工作时要经常变换体位，纠正不良姿势。编制工间操时要重视和加强腰部的活动内容。

• 平时要加强对腰背肌及脊椎间韧带的锻炼和保护，如在体育运动或搬抬重物前要做好准备活动，防止突然用力使腰部扭伤。

• 在业余体育活动中，可以每天倒走几次，每次 3 ～ 5 分钟。

• 经常参加太极拳、五禽戏、健身操的锻炼，这些健身方法对预防腰肌劳损很有益处。

• 加强腰部肌群力量练习和柔韧性练习。

（2）运动疗法。

• 转胯运腰。

【准备姿势】两脚开立，稍宽于肩，全身肌肉放松，两手叉腰，调匀呼吸。

【动作方法】活动时，胯先向左，再向前、向右、向后围绕腰的中轴做水平转圈动作。转胯一周为一次，可酌情做 15 ～ 30 次，再沿反方向做同样的动作，转圈的幅度可逐渐加大。上体要基本保持直立状态，腰随胯的旋转而转动，身体不能过分地前仰后合。

· 转腰捶背。

【准备姿势】两脚开立，与肩同宽，全身放松，两腿微弯曲，两臂自然下垂，两手半握拳。

【动作方法】活动时，先向左转腰，再向右转腰。两臂随腰部的左右转动而前后自然摆动，借摆动之力，两手一前一后，交替叩击腰部和小腹，力量大小可酌情而定。左右转腰为一次，可根据病情及自身情况，连续做 30 ～ 50 次。

· 双手攀足。

【准备姿势】全身直立放松，两腿可稍分开。

【动作方法】活动时，先两臂上举，身体随之后仰，尽可能达到后仰的最大限度，稍停片刻，随即身体前屈，两手下移，手尽可能触及两脚，稍停，恢复直立体位，如此为一次，可根据病情及自身情况，可连续做 10 ～ 15 次。身体前屈时，两腿不要弯曲。老年人或高血压患者，弯腰时动作要缓慢些。

以上三种运动疗法，可每天早晚各选择一种练习。

（三）腕管综合征的预防与运动疗法

1. 什么是腕管综合征

腕管综合征是腕部正中神经受到卡压而引起的一种神经病症。其主要症状为食指、中指疼痛、麻木和拇指肌肉乏力，一般夜间发病较重，最终可能导致神经受损和手部肌肉萎缩。

2. 致病原因

腕部的腕骨和屈肌支持带共同组成了一个管状结构，即腕管。正中神经穿过腕管，往往会因为受到卡压而导致感觉神经和运动神经功能的障碍。

3. 运动疗法的作用

运动疗法可以消除由于手腕反复进行相同姿势的频繁劳动而引起的组织水肿，加速血液循环，缓解局部疼痛等症状。同时，运动疗法可以加强肌肉力量和腕关节的柔韧性与灵活性，改善腕部肌肉的合成代谢，加大关节的活动范围，从而降低手腕发病的风险。

4. 预防与运动疗法

（1）预防。

· 平时应形成良好的坐姿，不论工作或休息，都应该使手和手腕保持正确姿势。例如，操作电脑时应将键盘正对着自己，如果斜摆在一边，可能会导致手腕过度弯曲紧绷；把椅子调整到最舒适的高度，坐下时两脚正好能平放在地面；让屏幕与视线持平或稍低；手腕伸直，不要弯曲，但也不要过度伸展；肘关节成 90° ；坐时背部应挺直并紧靠椅背，而且两脚不要交叉，以免影响血液循环。此外，一般每操作 30 分钟电脑，应暂停一会儿，让两手和眼睛适当放松或休息，每天打字不要超过 5 个小时。

· 加强腕部肌肉力量训练。

（2）运动疗法。

对于腕管综合征的治疗，虽然局部封闭能暂时缓解症状，但大多不能从根上上消除症状。应找出发病的原因，采取相应的治疗措施，如抗风湿治疗或手术松解等。病人自己也可以做局部热敷或按摩，在掌横纹中点用力按摩，每次 15 分钟，一日 3 次，往往可以收到良好的效果。具体方法如下。

• 病人取坐位。

• 按揉合谷穴、劳宫穴、内关穴、阳溪穴，每个穴位约 1 分钟。

• 推揉法，病人伸直患肢，掌心向内。医者一手托住患肢前臂，另一手的大鱼际、拇指、食指用力沿手太阴肺经、手少阴心经和手厥阴心包经的循行线，边推边揉，反复揉推 3 分钟，然后一手握住患肢腕部，另一手拇指轻柔、缓和地揉捏腕部及手掌桡侧 2 分钟。

• 拔伸法，医者一手握住患肢前臂远端，另一手握住掌指部，两手在缓慢、轻柔地向相反方向牵引的同时，握掌指的手将腕关节使患肢适当做背伸和屈腕活动 5 ～ 7 次。

• 震颤法，医者一手握住患肢前臂远端，另一手握住掌指部，两手在缓慢、轻柔地向相反方向牵拉的同时，握掌指的手反复进行震颤活动 1 ～ 2 分钟。

• 勒法，医者左手握住腕部，右手食指、中指的第二节挟持患肢手指末节远端，急拉滑开发出“嘎”声，第二指、第三指、第四指依次进行。

（四）肩周炎的预防与运动疗法

1．什么是肩周炎

肩周炎又称肩关节组织炎，是肩周肌肉、肌腱、滑囊和关节囊等软组织的慢性炎症，多发于 50 岁左右的人，其中女性多于男性，左侧较右侧多见，双侧同时发病者少见。

2．致病原因

肩关节是人体全身各关节中活动范围最大的关节。其关节囊较松弛，关节的稳定性主要靠关节周围的肌肉、肌腱和韧带的力量来维持。由于肌腱本身的血液供应较差，而且随着年龄的增长会发生退行性改变；办公室的工作人员由于长期伏案工作，肩部的肌肉韧带处于紧张状态，加之肩关节在生活中活动比较频繁，周围软组织经常受到来自各方面的摩擦挤压，因而易发生慢性劳损。

3．运动疗法的作用

改善局部血液循环，促进新陈代谢，缓解肌肉痉挛，达到消炎止痛的目的。同时，可松解肩关节周围肌肉、韧带及关节囊的粘连，恢复肩关节的运动功能。

4．预防与运动疗法

（1）预防。

• 耸肩旋肩，向前向后旋肩各 20 ～ 30 次。

• 两臂轮流伸直前推 20 ～ 30 次。

• 两手相握提起至头上，超过头顶放下，做 30 次。

• 两臂用力向前后有节律地摆动，做 30 次。

（2）运动疗法。

• 甩手站立，两脚同肩宽，两臂轻轻前后摆动，并逐渐增大摆动幅度，每天早晚各一次，每次 50 ～ 100 下。

• 提物站立，两脚同肩宽，上身向前弯曲，患侧前臂向下做捞物动作，每天早晚各一次，每次 30 ～ 50 下。

• 画圆圈站立。两脚开立同肩宽，身体不动，两臂分别由前向后画圆，画圆范围由小到大，每天两次，每次 50 ～ 100 下。

• 按摩与被动运动。按摩肩部能达到改善血液循环、减轻肌肉痉挛和松解关节粘连的作用。按摩配合被动活动，可增大肩关节的活动范围。但要注意按摩力度，手法一定要轻柔，以免症状加重。

• 爬墙。站在墙前，患侧手扶住墙，由低向上爬，直到最高点为止，然后放下手，每次 20 ～ 30 下。

• 冲天炮。坐位或立位，两手握拳，先放在头顶，然后逐渐向上伸展，直到最大限度，每次 30 ～ 50 下。

• 摸高。在上方悬吊一物为标志，用患侧手臂尽量上摸，并逐渐增加悬吊物的高度，每次 50 ～ 100 下。

• 展翅。立位，两臂伸直，向两侧抬起，与身体成 90°，约停 1 分钟再放下，每次 30 ～ 50 下。

• 扶颈。坐位或立位，双手扶颈，使双肘后伸，每次 50 ～ 100 下。

第三节　站姿类职业的体能改善

一、站姿类职业的生理负荷特点

现代社会分工精细，有些职业需要长时间站立工作，如教师、迎宾员、售货员、厨师、护士等，都需要在工作期间长时间站立。站姿是一种静力性工作，分为立正式站立（如解放军站岗）和任意式站立（如超市的收营员）。立正式站立是一种强度极大的静力性工作，而任意式站立，因在一定程度上可以活动身体某些部位，并有机会在较小范围内做一些移动性活动，所以相对于立正姿势而言，其静力负荷的劳动强度较小。职场站姿绝大多数属于任意式站姿。

（一）站姿的解剖学特征

1．腰腹部

自然站立时，躯干部位的重量经过腰椎向下传导，需要腰部肌肉力量予以支撑，以保持腰椎的正常生理前凸。腹肌力量较弱的人，如肥胖者，特别是腹部肥胖者，由于大量脂肪组织堆积在腹部，腹部肌肉组织相对较少，且较松弛，因而对腹部的支撑较弱，进而加重了腰部肌肉的负荷；肚子越往前凸，腰部肌肉的负担便越大，久之，就可造成腰部肌肉紧张。

2. 脊 柱

脊柱的负荷为某段以上的体重、肌肉张力和外在负重的总和。不同部位的脊柱节段承担着不同的负荷。由于腰椎处于脊柱的较低位，因而负荷相当大。

当人体处于静态任意式站位时，因为要维持正常的站姿，即保持躯干的相对竖直，所以腰椎相对静态坐位时只能有很小程度的前屈或后伸。但站姿时，脊柱能保持自然弯曲度。挺腹便是人们常见的站姿，此时腰椎处于后伸位，腰椎将承受很大的压力负荷。据报道，站立时，腰部肌肉张力始终维持在 6.5 ～ 11.6 千克，而且第三腰椎间盘、第四腰椎间盘的压力达到 8.9 ～ 12.3 千克，并且得不到缓解，因此，患背痛的概率比较高，且随着工龄的延长，这种症状的出现频率也相应增高。

3. 下 肢

人体某种姿势的维持，均需要一定的肌张力。人体走动或站立时，小腿肌肉等紧张收缩，以维持身体姿势并保持身体平衡。但长时间保持站立不动，会影响下肢血液循环，从而导致下肢肿胀，甚至导致静脉曲张。

人体在正常的站姿下，全身的体重均匀地从脊柱、骨盆传向下肢，再由两下肢传至两脚，因此，人类的两脚具有负载体重的重要功能。另外，从解剖学观点来看，人体共有 206 块骨头，其中两脚就占了 52 块，俨然是全身的支柱。在长时间站立工作以及过度负重状态下，如搬运工作、长途步行和体重骤然增加等，可诱发平足症。

（二）站姿的生理学特征

1. 血液循环

由于站姿也是一种静力性工作，其对于血液循环的影响与坐姿相同。但因为维持站姿比维持坐姿肌肉的静力性紧张更大，即有更多的肌纤维处于静力性等长收缩状态，肌张力一般超过该肌肉最大随意收缩时的 15% ～ 20%。研究表明，一旦肌张力超过最大随意收缩的 15%，很容易导致肌肉疲劳。静力性肌肉收缩持续时间和肌肉收缩力的关系如图 6-3-1 所示。

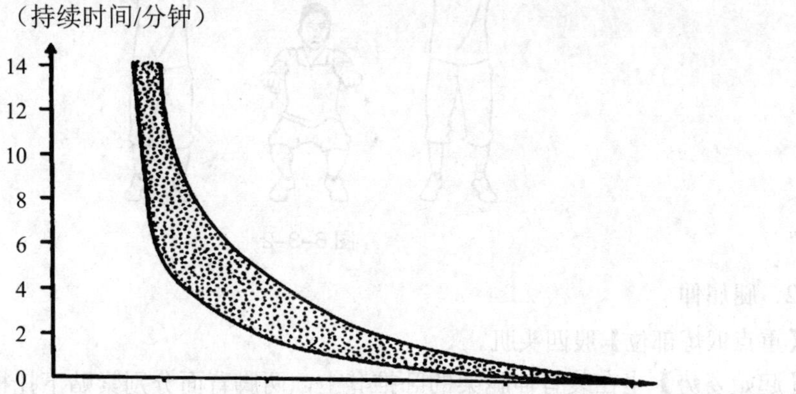

图 6-3-1

直立体位时，因血液重力的流体静力学作用，在心脏以下的血管中，由于静脉管壁薄而易于扩张，其容积大为增加，因而滞留了大量血液，致使静脉回流量下降。故站立时间较长，血液回心受阻，会出现脚背浮肿、趾关节炎或静脉曲张等症状。发病工龄一般为6～8年，妇女更易发生。位于心脏以上部位的颈、脑部也易血供不足，从而出现头痛、头昏等症状。

2．骨骼肌肉

人体的肌肉在平时会维持一定的张力以维持一定的身体姿势。站立时，大腿、小腿、腰背部、臀部的肌肉处于等张收缩状态，比坐姿时有更多的肌纤维参与静力性工作且维持相对较高的紧张性。尽管静力性工作能量消耗水平不高，但很容易产生腰背部疲劳和下肢疲劳。

二、站姿类职业的体能锻炼方法

从事站立工作，身体常处于立姿状态，对下肢的力量与耐力要求较高，为此在体能锻炼中应以发展下肢和腰腹肌的力量为主，并练习一些形体操、健美操，形成合理的站立姿势与优美的形态。同时可考虑参与野外生存训练、轮滑等项目，这对发展下肢、腰腹部力量，改善身体的平衡能力和灵敏素质都具有良好的效果。

（一）腿部肌肉的训练方法

1．深　蹲

【重点锻炼部位】大腿肌群、臀大肌和下背肌群。

【起始姿势】两手紧握前平举。足趾稍向外撇，身体伸直。

【动作方法】屈膝下蹲到大腿和地面平行或稍低于膝，静止1秒钟，大腿和臀部用力使两脚蹬地，使身体恢复直立。按规定次数和组数重复练习。也可以负重完成练习。（图6-3-2）

【练习要求】在做整个动作的过程中，背部要平直，上体勿前倾，臀部不要后凸，后腰要下塌，动作要稳定，腿部快伸直时，用力挺直膝关节。

图6-3-2

2．腿屈伸

【重点锻炼部位】股四头肌。

【起始姿势】坐在装有伸腿架的卧推凳上，两脚背面分别紧贴下托棍的下沿。双手握住凳的两边，使上体挺直。

【动作方法】用股四头肌的收缩力慢慢使两腿伸直，保持静止收缩状态 1 ～ 2 秒，然后慢慢还原。

【练习要求】可以绷直脚背，也可以把脚后跟内旋或者外转来体会不同的受力方式。

3．腿弯举

【重点锻炼部位】股二头肌。

【起始姿势】俯卧于卧推凳上，使膝盖正好抵住凳沿，两腿伸直使脚跟紧贴于上托棍的下沿，双手握住凳的前端。

【动作方法】集中收缩股二头肌，使小腿彻底收紧，保持静止状态 1 ～ 2 秒，然后慢慢还原。

【练习要求】可以绷直脚背，也可以把脚后跟内旋或者外转来体会不同的受力方式。

4．踮脚跳跃

【重点锻炼部位】小腿后侧肌群。

【起始姿势】两脚脚尖踮起并拢站立，两手叉腰。

【动作方法】双脚前脚掌起跳，下落时前脚掌先着地，然后脚跟着地，再踮脚起跳。（图 6-3-3）

【练习要求】原地向上纵跳，膝盖绷直。为提高锻炼者兴趣，可以采用足跟不着地的跳绳。

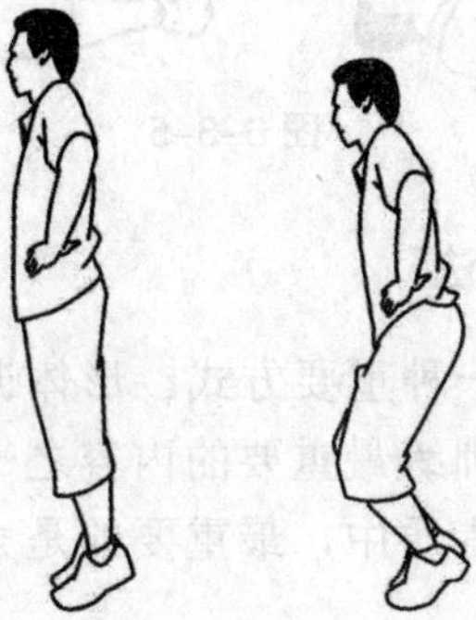

图 6-3-3

（二）腰腹部肌肉力量的训练方法

1．搁腿仰卧

【重点锻炼部位】上腹部。

【起始姿势】仰卧于垫子上，两小腿平行搁于凳缘，双手交叉抱于头后。

【动作方法】慢慢使双肩向膝部弯曲，直至肩胛骨离地 3 ～ 5 厘米即可，保持这个姿势 1 ～ 3 秒，然后还原。（图 6-3-4）

【练习要求】屈体收腹时，下背部必须紧贴垫子，使腹部有较强的收缩感。

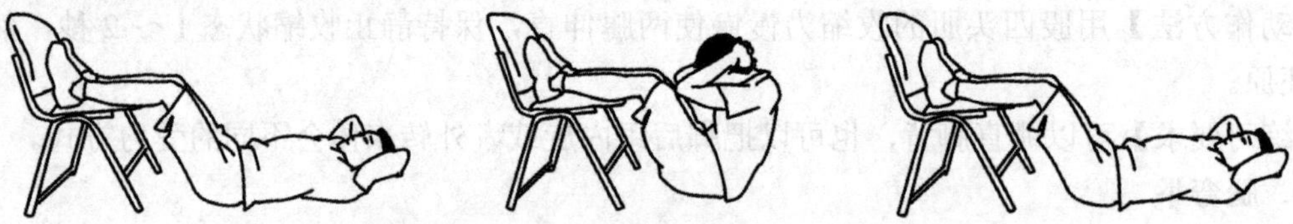

图 6-3-4

2．直腿上举

【重点锻炼部位】下腹部。

【起始姿势】仰卧于垫子上，两腿并拢伸直，双手放于体侧。

【动作方法】双腿并拢伸直，靠腹部的力量将腿慢慢举起，保持躯干与大腿成 120° 左右的夹角，静止 5 ～ 10 秒，然后还原。（图 6-3-5）

【练习要求】直腿并拢。

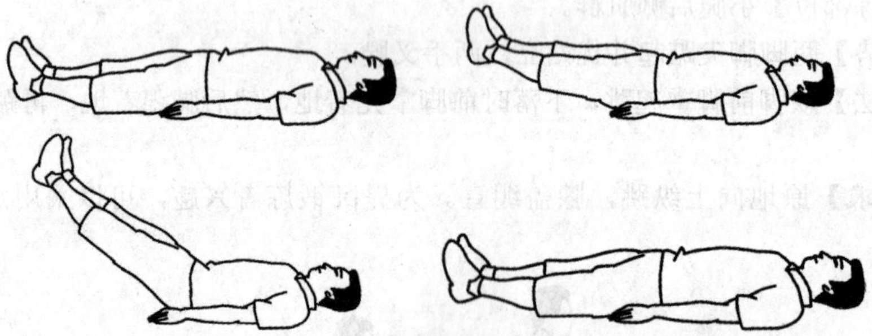

图 6-3-5

（三）改善身体姿态的训练方法

形体训练是身体姿态训练的一种重要方式。形体训练多是静力性活动和控制能力的练习。形体基本素质练习是形体训练最重要的内容之一。在练习中可采用单人练习和双人配合练习两种形式。形体基本素质中，最重要的是力量和柔韧性。它们的好坏涉及形体的控制力和表现力。

形体训练的主要肌群如下。

1．颈肌群

重点锻炼部位：胸锁乳突肌。

2．肩部肌群

重点锻炼部位：三角肌、肱二头肌。

3．胸部肌群

重点锻炼部位：胸大肌。

4．背部肌群

重点锻炼部位：背阔肌。

5．腹部肌群

重点锻炼部位：腹肌。

6．**臀部肌群**

重点锻炼部位：臀大肌。

7．**腿部肌群**

重点锻炼部位：股四头肌。

三、站姿类职业性疾病的预防与运动疗法

这里主要讲解站姿类职业中几种常见的职业性疾病的预防与运动疗法。

（一）扁平足的运动疗法

1．**什么是扁平足**

扁平足就是足弓塌陷。长期取站立姿势，足部负担过大，加之鞋子不合适，容易引起足部疼痛，严重时可引发扁平足，也有先天性扁平足。

2．**运动疗法的作用**

通过运动疗法，可改善与加强小腿、踝关节、足部的血液循环，增强胫骨前肌、腓肠肌、胫骨后肌、屈指长肌及足部肌肉韧带的力量与弹性，以维持足弓的正常生理曲度，加强足弓对生理负荷的承受能力。

3．**运动疗法**

防治扁平足的主要方法是做矫正体操。矫正体操主要是锻炼胫骨前肌、腓骨长肌、胫骨后肌、趾长屈肌肌及足部肌。其锻炼形式有足尖走、足跟走、足外侧走、踢毽子等，以及坐位时进行足内翻、足趾屈伸和分开并拢、足趾钳物等。每日锻炼 1 ～ 2 次，每次 20 ～ 30 分钟。

（1）立位矫正体操的练习方法。

- 在斜坡上步行。
- 走足尖步。
- 用足外侧缘步行。
- 在屈趾状态下用足外侧缘步行。
- 在鹅卵石、沙滩或凹凸不平的路上行走。

（2）注意事项。

- 痉挛性扁平足有明显疼痛时，不宜做操。
- 有些患者不仅足部肌肉软弱，而且臀肌、股四头肌甚至腹肌和背肌也较软弱，因此应配合进行下肢和躯干运动，相应地训练这些部位的肌肉。

（二）下肢静脉曲张的预防与运动疗法

1．**什么是下肢静脉曲张**

下肢静脉曲张指下肢浅静脉系统处于伸长、蜿蜒而曲张的状态。

2．**致病原因**

除个别因患先天性静脉壁薄弱病变外，多因长时间站立或重体力劳动而导致腹压增大，

加重了下肢静脉内的压力，久而久之引起静脉扩张、延伸，甚至曲张，最终导致静脉瓣膜机能不全。

3．运动疗法的作用

从血流动力学的角度进行观察，通过体育锻炼，肌肉规律性收缩，可使深部静脉血液回流加速，减轻皮下静脉的压力。根据国外研究，运动可增加踝关节的柔软度，而踝关节的柔软度增加，有助于减轻下肢静脉曲张。可见，体育锻炼有助于预防和改善下肢静脉曲张。

4．预防与运动疗法

（1）预防。

• 平时要多做双腿的上下摆动或蹬夹练习，多做腿部按摩。

• 站立时，不要总用两条腿一起支撑全身重量，可有所侧重，让两条腿轮流休息；要经常踮起脚尖，让脚后跟一起一落活动，或经常进行下蹲练习。上述动作都能引起小腿肌肉的强烈收缩，减少静脉血液的积聚。

• 挑担负重或军人行军前，可先将腿脚垫高，用弹性绷带将小腿绑扎，防止下肢静脉瘀血扩张。绑扎时，应从踝部向上绑扎，并尽量扎得稍紧一些。

• 每晚睡觉前，要养成用热水洗脚的习惯，忌用冷水洗脚。用热水洗脚，可消除疲劳，有利睡眠，更能活血化瘀。

（2）运动疗法。

下肢静脉曲张的患者，因为静脉瓣膜有损坏，应避免参加举重、跳远、短跑、投掷等可引起腹压增高的活动，但是可以进行游泳、慢跑、自行车、跳绳等运动。各种呼吸练习有助于调节胸腔、腹腔的压力，所以在运动中应注意调节呼吸。运动后可抬高肢体或做向心性按摩，促进下肢静脉的血液回流。平时可做一些医疗操，如平卧于床，抬高患肢约45°，保持1～2分钟，或直抬腿向上、向下运动数分钟，每日练习2～3次，以促使下肢静脉血液回流加快。

（三）下背痛的预防与运动疗法

1．什么是下背痛

下背痛又称腰背痛，是指以下背、腰骶和臀部疼痛为主要症状的综合征。

2．致病原因

下背疼痛是现代人的文明病。下背痛的致病原因较多，病理机制复杂，但是各种原因的下背痛，均在不同程度上与腰部肌肉疲劳和收缩能力下降有着互为因果的关系。长时间的站、坐或躺，例如，因肌肉、韧带等组织长时间支持腰椎处于同一个姿势，久之将过度耗损，导致肌肉等组织僵硬、疲劳。此外，长时间保持不正确的姿势，导致腰椎和骨盆的肌肉组织僵硬、腰椎与骨盆关节长期错位，从而会造成脊椎关节组织的退化变形。

3．运动疗法的作用

运动可增加背部肌肉的柔软度与关节的灵活度，同时增强肌肉的强度和耐力，进而增进全身的气血循环和缓解身心压力，是治疗下背痛行之有效的方法。

4. 预防与运动疗法

（1）预防。

预防下背痛的方法，主要是保持正确的姿势。站立时尽量使头部、颈部、胸椎及腰成直线，不要驼背，也不要过度前挺腹部。腹肌的收缩也有助于保持正确的姿势。从事适度的运动，增加肌肉的力量及耐力，也可预防下背痛。选择运动项目时，可考虑太极拳、气功等运动项目。此外，应注意适度休息。如果工作需要较长的时间，20分钟左右便要起身做些简单的伸展操，以免肌肉长期处于紧张的状态。

（2）运动疗法。

• 放松运动：先仰卧，闭上双眼，再做深而慢的吸气，然后慢慢将气呼出。做动作时，要让全身放松。

• 骨盆斜抬运动：仰卧，双膝弯曲，然后臀部用力夹紧，收缩腹部，压迫下背部紧贴在地板上，再抬高臀部3～6厘米。

• 单侧抱膝运动：仰卧，双膝弯曲，然后夹紧臀部，收缩腹部，再双手抱单膝靠近胸部，静止3～5秒后还原。重复做5次，再换膝做。

• 双侧抱膝运动：平躺屈膝，抱双膝触胸，慢慢抱紧，直到感觉背部被伸展为止，重复5次。

第四节　变姿类职业的体能改善

一、变姿类职业的体能锻炼方法

变姿类职业从业人员，静力性工作与动力性工作交替进行，所以这类人群劳动（工作）时的解剖学、生理学负荷特征与坐姿、站姿类职业有许多相同之处，但又不完全等同，因为这类工种工作姿势变化没有一定的规律。有些工种（如园艺工作者）姿势变化频率快，肌肉交替休息不易疲劳；有些工种（如机械工）工作时需要承受一定静力紧张的负荷，因此，肌肉一直处于紧张性收缩状态，很容易造成肌肉紧张、僵硬。变姿类职业工种繁多，因此，要针对不同的工种进行区别分析。

变姿类岗位职工常在高温、高湿、高寒、辐射和噪声等恶劣环境下工作，且工业自动化程度相对较低，体力消耗大，且存在不良姿势、过度用力和振动等诸多职业性疾患危险因素。因此，这类职业对人体健康提出了特殊要求：不但需要具备良好的心肺功能，同时也需要身体各部位具备良好的协调性和灵活性。这就要求选择运动项目或开展针对性的体能训练时，应考虑发展身体各部位的素质，使全身各部位都得到运动，以适应工作的需要。

（一）增强心肺功能的练习方法

在现场作业时，要求心脏功能随工作强度的改变而进行适当地调整，以满足工作的需要。据对建筑工地现场技术员的心肺功能调研发现，有些员工在烈日下工作，常出现因心脏功能不能适应高温环境而昏厥的现象。因此，对室外工作的人员加强心肺功能的训练是必要的。

（二）提高肌肉耐力的练习方法

肌肉耐力是肌肉长时间维持工作的能力。高抬举作业，如手举焊枪、紧固螺丝和打孔等，需要保持长时间的肌肉收缩状态。如果肌肉耐力不好，将导致肌肉供血不足，肌肉代谢废物不能及时排出，引起局部肌肉疲劳，工作效率降低，甚至出现工伤事故。提高肌肉耐力的练习应采用小负荷、重复多次的练习方法。

1．上肢肌肉耐力的练习方法

（1）侧弯举。

【重点锻炼部位】主要发展前臂伸指肌群，同时发展上臂前侧肌群。

【动作要求】两手或一手侧握重物（办公室内可用装满水的饮料瓶代替），上臂紧贴体侧，向上弯起至肩前，缓慢下放还原。（图 6-4-1）

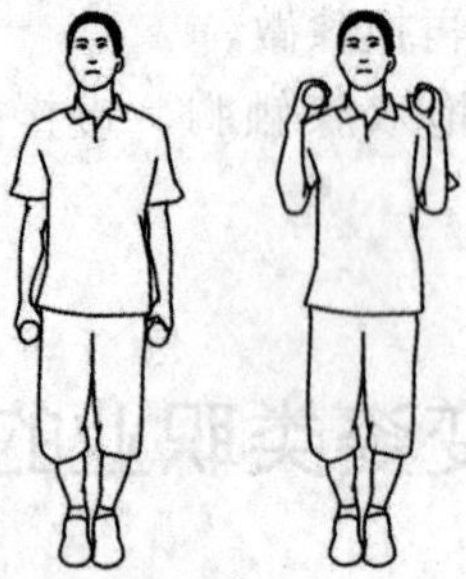

图 6-4-1

（2）正握腕弯举。

【重点锻炼部位】前臂伸肌群和上臂外侧肌群。

【动作要求】双手正握重物（掌心朝前），握距与肩同宽，上臂紧贴体侧，前臂持物向上弯举，举至极限后缓慢下放还原。动作过程中，前臂肌群始终保持紧张用力的状态。（图 6-4-2）

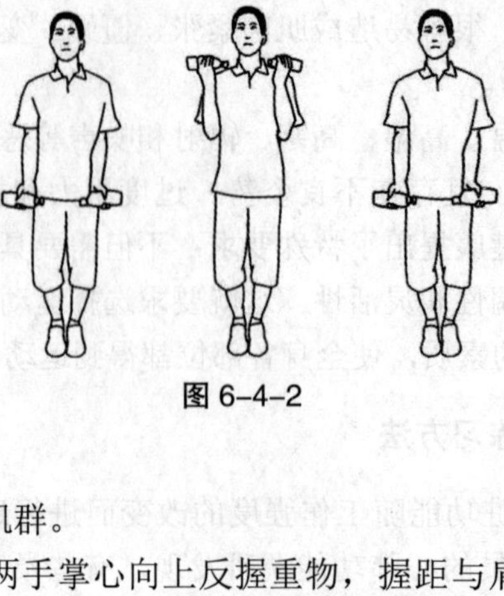

图 6-4-2

（3）反握腕弯举。

【重点锻炼部位】前臂屈肌群。

【动作要求】坐在凳端，两手掌心向上反握重物，握距与肩同宽，前臂贴放于大腿上，

手腕放松。前臂用力将重物向上弯起至不能再弯时为止，然后放松还原。（图 6-4-3）

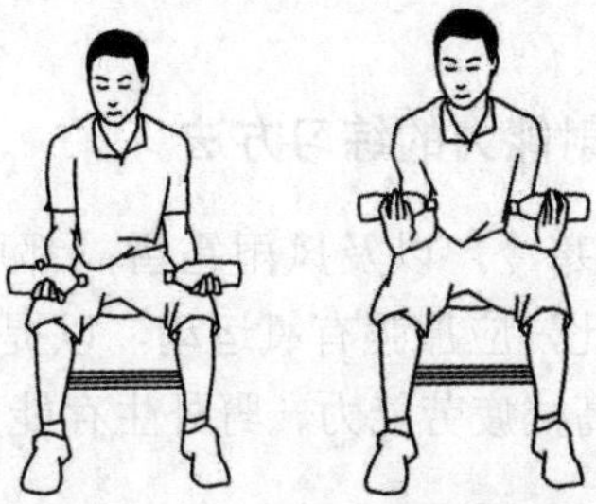

图 6-4-3

（4）手内旋弯举。

【重点锻炼部位】前臂肌群。

【动作要求】坐姿，一手持重物一端，另一手支撑，持重物手前臂贴于平凳或斜板上。做手的内旋外转动作。可加大重量快速进行，以提高前臂肌的力量和灵敏性。（图 6-4-4）

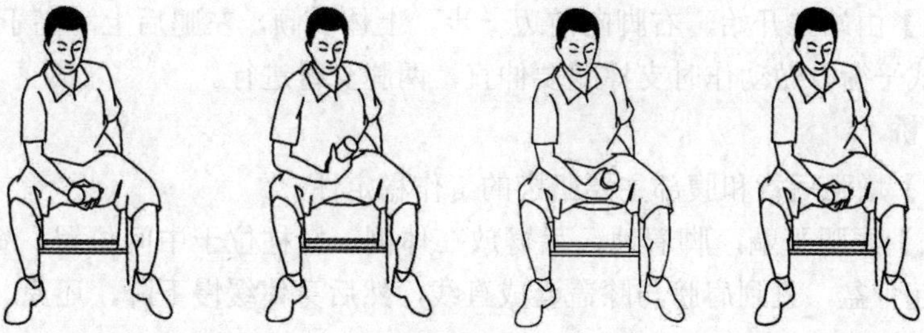

图 6-4-4

（5）仰卧后撑。

【重点锻炼部位】肱二头肌、胸大肌、三角肌和大圆肌等。

【动作要求】身体仰卧，两手背后撑在稍高的凳子上，两脚放在较矮的凳子或平地上，身体其他部位挺直、悬空，呼气，两肩放松，两臂慢慢屈肘，身体尽量下沉（尤其要沉臀），稍停 2 ～ 3 秒，然后吸气，用力伸直两臂撑起身体还原。（图 6-4-5）

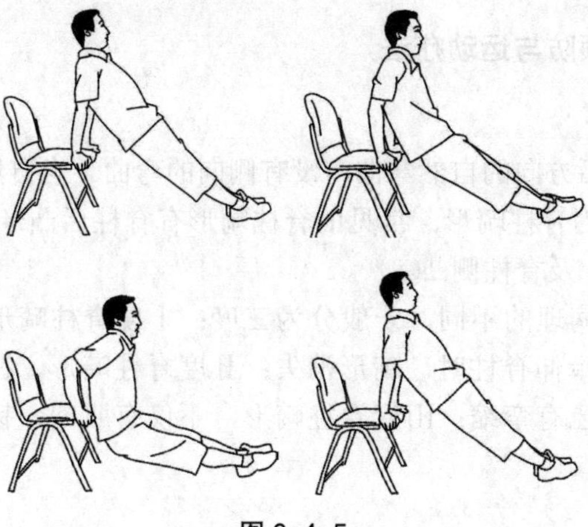

图 6-4-5

2．下肢肌肉耐力的练习方法

详见本章第三节。

（三）抗热、抗寒、抗风雨、抗辐射能力的练习方法

室外工作时，夏天的炎热，冬天的寒冷，以及风雨霜雪，都可引起人体免疫能力的降低，导致机体不适，进而引起疾病。对此，应加强有氧运动，以提高免疫力。同时，可参加定向越野、野外素质拓展等项目，以提高抗疲劳能力、野外生存能力和环境适应能力等。

（四）提高平衡能力的练习方法

良好的平衡能力，依赖于柔韧性、躯干主要肌肉的力量，以及良好的肌肉协调性。下面重点介绍提高平衡能力的几种方法。

1．燕式平衡

【锻炼目的】增强小腿、后背和腹部主要肌肉的工作稳定性。

【动作方法】由站立开始，右脚向前迈一步，上体前倾，左腿后上举高于头，抬头挺胸，两臂侧举成燕式平衡。做动作时支撑腿要伸直，两腿交替进行。

2．静止搭桥

【锻炼目的】增强后背和腹部主要肌肉的工作稳定性。

【动作方法】屈腿平躺，脚着地，手臂放在体侧，脊柱位于中间位置，臀部、大腿和躯干肌肉用力提起骨盆，直到肩膀与膝盖连成直线，然后身体缓慢下降，还原。

3．借球搭桥

【锻炼目的】这项训练比较有挑战性，专门增强躯干的主要肌肉、腘绳肌、臀部和股四头肌的工作稳定性。

【动作方法】平躺，双脚放在健身球上，膝关节微屈，手臂置于体侧。做搭桥练习时，脚后跟用力压球面，以保持身体平衡，双手向上伸直，慢慢放下身体，还原。

二、变姿类职业性疾病的预防与运动疗法

（一）脊柱畸形的预防与运动疗法

1．什么是脊柱畸形

正常脊柱有几个前后方向的自然弯曲，没有侧向的弯曲。当自然弯曲度过大、过小或出现不应有的弯曲时，即为脊柱畸形。常见的脊柱畸形有脊柱后凸（即胸椎过于后凸）、脊柱前凸（即腰椎过于前凸）及脊柱侧凸。

脊柱畸形因病期和病理的不同，一般分为三度：Ⅰ度脊柱畸形，是由于肌肉无力和疲劳所致，在主动或被动牵伸脊柱时，畸形消失；Ⅱ度脊柱畸形，在牵伸身体和悬吊时，畸形不消失，韧带、肌肉已有挛缩；Ⅲ度脊柱畸形，不仅有肌肉、韧带的形态变化，而且有骨和软骨的形态改变。

2．致病原因

引起脊柱侧弯的原因较多，少数人是由于先天性脊柱发育不良或脊柱本身病变（如脊柱结核）所致；多数人是因长期姿势不正确，如不良坐姿、站姿或劳动姿势等引起的脊柱侧弯；另外，一些疾病也可以造成脊柱畸形。变姿类职业人员由于长期倾斜、弯曲的立位或负重行走作业容易导致脊柱弯曲，以驼背多见，也常表现为脊柱侧凸和脊柱关节变形。

3．运动疗法的作用

Ⅰ度脊柱畸形因肌肉和韧带还没有形态和结构上的改变，因此，运动疗法是在增强全身肌肉力量的基础上，重点锻炼畸形部位的肌肉，以增强肌肉的力量及恢复脊柱周围肌肉力量的协调平衡；对Ⅱ度脊柱畸形者，通过运动疗法，加强脊柱的活动性，拉长凹入侧原已挛缩的韧带和肌肉，增强凸出侧原已被拉长及变弱的韧带和肌肉的力量，逐渐恢复脊柱周围肌力平衡，使畸形逐渐得到矫正；对Ⅲ度脊柱畸形者，通过运动疗法，可以控制畸形的发展，增强肌力，防止劳损，减轻或缓解疼痛。

4．预防与运动疗法

（1）预防。

要保持良好的坐姿和站姿。劳动（工作）时如果有不良的姿势要注意及时纠正。经常参加体育锻炼，保持肌肉力量。

（2）运动疗法。

做矫正体操，主要是做与畸形方向相反的躯干运动，以便有选择地加强肌肉力量，牵伸挛缩组织。准备姿势多用卧位或匍匐位，这些姿势可减轻脊柱的静力负荷，松解脊柱关节，利于脊柱运动，同时可利用体重作为负荷，提高躯干肌肉锻炼的效果。用上肢在肋木或单杠上悬挂，有助于牵伸挛缩组织。矫正体操的动作应严格根据畸形的部位及方向来选择：脊柱后凸患者，应着重做挺胸及扩胸练习；脊柱前凸患者，应着重做增强腹肌和臀肌、牵伸腰骶部肌肉、韧带的活动；脊柱侧凸患者，应着重做节段性侧弯练习，使动作中形成的侧弯与畸形侧弯部位一致而方向相反。当一臂上举，肩带向对侧倾斜时，胸椎即向同侧凸出；当一腿提起，骨盆向对侧倾斜时，腰椎即向对侧凸出；一侧的上下肢同时举起时，即产生一个胸椎凸向同侧、腰椎凸向对侧的“S”形侧凸，可用来矫治方向相反的“S”形侧凸，避免在矫正一个侧凸时使另一个侧凸加重的现象发生。

（二）网球肘的预防与运动疗法

1．什么是网球肘

肱骨外上髁炎俗称网球肘，是肱骨外上髁部伸肌总腱处的慢性损伤性肌筋膜炎。

2．致病原因

肱骨外上髁部是前臂伸肌群的起点，由于肘、腕反复用力，长期劳累或用力过猛或过久，使前臂伸肌总腱在肱骨外上髁附着点处受到反复的牵拉刺激，造成该部位组织部分撕裂、出血、扭伤而产生的慢性无菌性炎症。有时还可以导致外上髁伸腕肌腱变性，出现钙化、骨化，腱周围筋粘连、血管增生，腱下疏松组织肉芽增生，外上髁骨膜炎，肱桡关节处局限性滑膜炎等。除网球选手外，家庭主妇、砖瓦工、木工等长期反复用力做肘部活动者也易患此病。

3．运动疗法的作用

滑润肘关节，改进上肢软组织血液循环和神经体液调节，防治组织的粘连和痉挛，提高组织的抗病能力。

4．预防与运动疗法

首先，应在平时的工作和生活中，尽量减少或避免肘部和腕部长久的活动，需较长时间活动时应定时休息，一般1小时左右休息1次，1次休息10分钟左右。休息时，可轻轻按摩肘部，在家中还可用热毛巾对肘部进行热敷。

此外，应避免反复过度压腕、翻腕等大力扣杀动作。应加强腕、肘、肩部的力量配合，防止单纯用腕力。运动前后在前臂伸肌处及外上髁处按摩，使伸肌放松，肩部温度升高，血液循环加快，防止劳损发生。

第七章 魅力无穷的篮球运动

第一节　篮球运动概述

一、篮球运动的起源与发展

1891 年，美国马萨诸塞州斯普林菲尔德市的一位体育教师詹姆斯·奈史密斯为了解决冬季室外寒冷，橄榄球、棒球无法正常开展而发明了篮球。为了纪念奈史密斯博士发明篮球的功绩，在春田学院校园内修建了美国篮球名人馆——詹姆斯·奈史密斯纪念馆。

最初的篮球比赛，对上场人数、场地大小、比赛时间均无严格限制，只需双方参加比赛的人数相等即可。1892 年，奈史密斯制定了 13 条比赛规则，主要规定是不准持球跑，不准有粗野动作，不准用拳击球，否则即判犯规，连续 3 次犯规判负 1 分；比赛时间规定为上下半时各 15 分钟；对场地大小也进行了规定。上场比赛人数逐步缩减为每队 10 人、9 人、7 人，1893 年定为每队上场 5 人。

1904 年，在第 3 届奥林匹克运动会上进行了篮球表演赛。1908 年，美国制定了全国统一的篮球规则，并用多种文字出版。1936 年，第 11 届奥运会将男子篮球列为正式比赛项目，并统一了世界篮球竞赛规则。此后到 1948 年的 10 多年间，规则进行了多次修改。人员的变化、技战术的发展引起了规则的改变，而规则的改变又促进了人员和技术、战术的进一步发展变化。特别是 20 世纪 50 年代后期以来，规则的改变对篮球比赛的攻守速度，对运动员的身体、技术、战术以及意志、作风等各方面都提出新的更高的要求，促进了篮球技术水平的迅速提高。女子篮球在 1976 年第 21 届奥运会上被列为正式比赛项目。

二、篮球运动在中国的发展

篮球运动在1896年前后传入中国，男子篮球被列为1910年第1届全国运动会的表演项目，1914年被列为正式比赛项目；女子篮球于1930年被列为正式比赛项目。1949年中华人民共和国成立后，篮球运动在中国的传播、普及、发展，进入了一个新阶段。20世纪50年代初期，政府主管部门建立了篮球管理机构，倡导“狠、快、准、灵”的技术风格和“以我为主，以攻为主，以快为主”的战术指导思想。随后，中国篮球运动确立了“勇猛顽强、积极主动、快速灵活、全面准确”的训练指导思想。20世纪70年代中后期，中国恢复了在国际篮球组织的合法席位，从此走上国际竞技舞台，特别是20世纪80年代中期至20世纪90年代中期，中国篮球事业得到了全面的普及和发展。

中国篮球协会于1996年首先改革传统的竞赛体制，先后举办了甲A、甲B和乙级队主客场制联赛，逐步向职业化过渡，形成中国职业篮球联赛，进而有序地推动了篮球运动产业化进程。1997年，国家体委正式批准成立篮球运动管理中心。1998年，中国大学生体育协会推出了中国大学生篮球联赛。这些无疑给中国篮球事业带来了新的生机和活力，中国篮球运动进入新的发展阶段。中国男子篮球队在2004年第28届奥运会和2008年第29届奥运会上获得第八名；中国女子篮球队在1992年第25届奥运会上获得亚军，在2008年第29奥运会上获得第四名，在2021年第32届奥运会上获得第五名。2021年7月28日，在东京奥运会女子三人篮球比赛中，中国队击败法国队，夺得铜牌。

三、篮球运动的特点

篮球运动与其他球类运动项目的区别在于它的运动形式是围绕篮球和球篮而展开，由此不断创造、发明、更新、完善、修订与发展了各种篮球专门技术、战术、规则、裁判法并对参与者提出了身体、形态、素质、素养的特殊要求，其活动都是围绕着激励活动者将篮球更快、更准、更多地投进篮筐和破坏对手投进篮筐而展开的。自篮球运动创建以来，篮球界人士不断研究探索，提出了种种新观点，出现了多种新技术、新战术，使篮球运动内容更丰富，活动更富于魅力。后出现围绕空间展开的对抗，使篮球运动巨人化，被称为“巨人运动”、巨人们的“空间游戏”等。现代篮球运动的特点可概括为以下几个方面。

（一）特殊的空间对抗规律

篮筐悬于空间篮板上，篮球向篮圈内投射，因此主动控制球与控制高空性、瞬时性，促进篮球竞赛的双方将空间与时间有机地结合，展开多元素构成的不同战术阵型与技术手段的立体型进攻、防守，并不断在瞬间转换对抗，构成了自身的运动系统工程，从而体现出现代篮球的独特规律。

（二）专项内容结构的多元性

现代篮球运动内容结构的多元性综合化，使它形成了自己独特的理论体系和技术、战术体系。

（三）竞赛的多变性和综合性

篮球竞赛过程较其他球类复杂，技术动作繁多，战术形式多样，优秀运动队和明星队员掌握与运用技术已达到技艺化、艺术化程度，从而使篮球竞赛的过程充满生机活力。

（四）健身性、增智性

篮球运动属综合性的集体活动，这是由其运动内容结构多元性和竞赛过程多变性、综合性特征而决定的，从事篮球竞赛和各种篮球活动，有助于增进健康、愉悦身心，对人体的机能起到积极的影响。

（五）社会性、群众性

篮球运动在世界众多国家非常流行，凝聚世界各国数以亿计人观赏和参与，是一项开展广泛、有广大群众基础和具有特殊社会影响的体育项目。

（六）竞赛的商业化

国内外重大篮球竞赛组织者以电视转播、广告、饮料、运动服装、体育器材及出售彩票、转让队员和球队等各种形式开展营利性经营，这种商业化的发展趋势已经成为现代篮球运动的特点。

第二节　篮球基本技战术

一、篮球运动基本技术

（一）传接球

1. 传球技术

（1）持球。

两手手指自然分开，拇指相对成八字形，用指根以上部位握住球的两侧后下方，手心空出，两臂弯曲，肘关节下垂，持球于胸前。

（2）双手胸前传球。

【动作要点】持球后两肘自然弯曲于体侧，将球置于胸腹之间，身体成基本站立姿势，传球时后脚蹬地，身体重心前移，手臂伸向传球方向，拇指用力下压，手腕前屈，用食指和中指用力将球传出。（图 7-2-1）

【运用】常用于快速传球推进、阵地进攻时外围队员转移球以及不同距离的传球。

（3）双手头上传球。

【动作要点】两手握球于头上，前臂稍前摆，手腕和手指快速地抖动将球传出。（图 7-2-2）

【运用】多用于高大队员转移球给内线队员或传给切入篮下的队员。在抢到后场篮板球后，为避免对方封堵，可跳起用双手头上传球。

（4）双手反弹传球。

【动作要点】与双手胸前传球基本相同，两臂向前下方用力，手腕和手指快速抖动将球传出。球击地点的远近和传球力量的大小要以球反弹后接球队员能顺利接到球为宜。（图7-2-3）

图 7-2-1

图 7-2-2

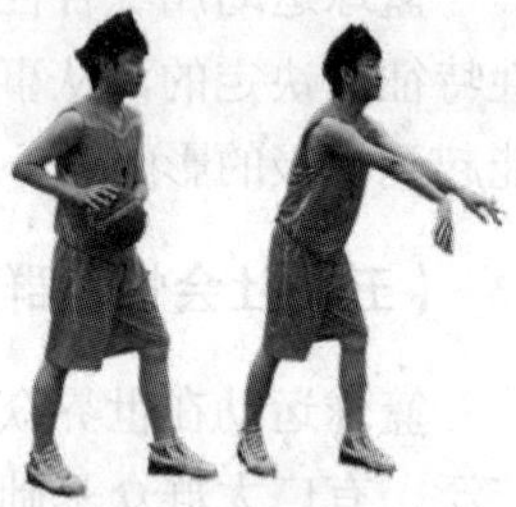

图 7-2-3

（5）单手肩上传球。

单手肩上传球是单手传球中最基本的方法。这种传球的特点是力量大、速度快，常用于中远距离的传球。

【动作要点】传球时，右脚蹬地，上体向左转动并带动肩、肘，右前臂迅速向前挥摆，手腕前屈，食指、中指用力拨球将球传出。（图 7-2-4）

（6）单手胸前传球。

【动作要点】持球方法与双手胸前传球相同。传球时，传球手的前臂快速将球送出，手腕用力前扣，手指拨球将球传出。（图 7-2-5）

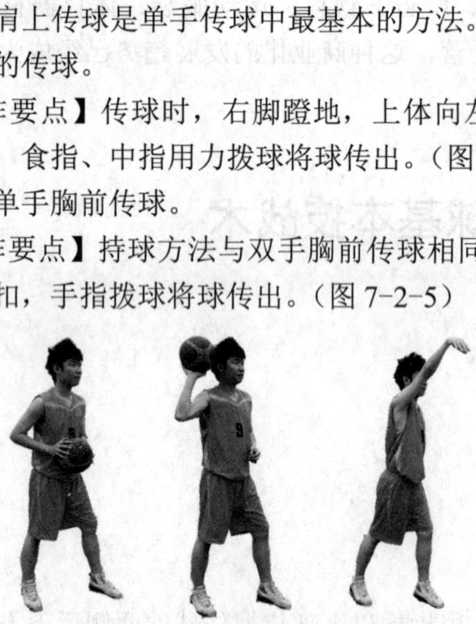

图 7-2-4

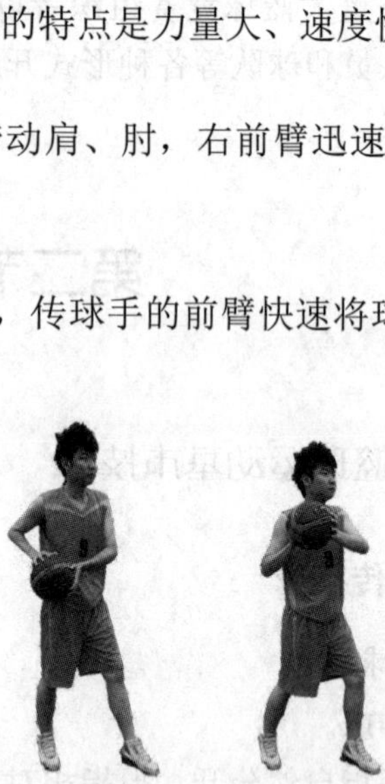

图 7-2-5

（7）单手反弹传球。

【动作要点】单手反弹向前传球的手法与单手胸前传球基本相同，只是手臂向前下方用力，球击地后，反弹给同伴。

【运用】当小个子队员面对高大队员时，通常采用单手反弹传球。向内线队员和空切篮下队员传球时，也多采用这种传球方法。

2．接球技术

（1）双手接球。

【动作要点】接球时，两眼注视来球，双臂伸出迎球，手指自然分开，两拇指成八字形。手指触球后，双臂后引，缓冲来球力量，两手持球于胸腹之间，同时保持身体平衡。（图 7-2-6）

（2）单手接球。

【动作要点】如果来球离身体较远，移动后不便于双手接球，可用单手接球。以右手接球为例，左脚向来球方向迈出一步，两眼注视来球，手掌呈勺形，手指自然分开，右臂伸向来球方向迎球。手指触球后，手臂顺势将球引至体前或体侧，左手立即扶球，保持身体平衡。（图 7-2-7）

图 7-2-6

图 7-2-7

（二）运　球

1．高运球

【动作要点】以肘关节为轴，前臂自然弯曲，手腕和手指柔和地按拍球的右侧上方，球反弹的高度在腰胸之间，将球拍至脚的侧前方，运球时目视前方。（图 7-2-8）

2．低运球

【动作要点】降低身体重心，弯腰屈腿、伸腕，用手指指根部位向前短促地按拍球，将球触地反弹后达到的最高高度控制在膝关节。（图 7-2-9）

图 7-2-8

图 7-2-9

3．运球急停急起

【动作要点】快速运球过程中运用两步急停，同时按拍球的前上方，迅速制动。急起时，后脚突然用力蹬地，上体迅速前倾，手按拍球的后上方，快速启动，整个过程中始终保持目

视前方。（图 7-2-10）

图 7-2-10

4．体前变向运球

【动作要点】在行进中运球时，右手按拍球的右上方，使球弹向身体左侧，右腿迅速向左侧前方跨步，上体左转，侧肩贴近防守者，左手拍球的后侧上方，突破防守者。（图 7-2-11）

【运用】当防守队员堵截运球队员的进攻路线时，或运球队员运球接近防守队员时，为了摆脱、突破对手，可运用体前变向运球。

图 7-2-11

5．运球后转身

【动作要点】（以右手运球为例）转身时左脚向右前方跨出一步，重心移至左脚，屈膝。此时，运球手随球上弹的同时，右脚掌向后蹬地并积极向后转跨，肘关节贴身，身体后转的同时将球后拉，身体后转到位后继续运球前进。

（三）投　篮

1．原地双手胸前投篮

【动作要点】持球时，两手五指自然分开，持球的两侧稍后部位，将球置于胸前，肘关节自然下垂，上体稍前倾，两膝微屈，双脚前后或左右开立。投篮时，两脚蹬地，两臂向前上方伸展，手腕同时外翻，最后拇指、食指、中指用力将球投出。

2．原地单手肩上投篮

【动作要点】右手五指自然分开，持球的后半部，向后屈腕、屈肘，持球于肩上；左手扶球，右脚在前，两腿微屈。投篮时两脚蹬地，自下而上发力，同时提肘并且手臂向前上方充分伸展，最后通过食指、中指发力将球投出。球出手后，手腕前屈，手指向下。（图 7-2-12）

图 7–2–12

3．行进间单手肩上投篮

【动作要点】接球和运球上篮时，在右脚跨出一大步的同时，双手持球，左脚紧接着跨出一小步，用力蹬地起跳。当身体接近最高点时右臂向前上方伸直，手臂弯曲，食指、中指用力将球投出。（图 7–2–13）

图 7–2–13

4．行进间单手低手投篮

【动作要点】动作方法同行进间单手肩上投篮。当身体接近最高点时，左手离球，右手托球，并充分向球篮方向伸直，屈腕，食指、中指、无名指上拨将球投出。（图 7–2–14）

图 7–2–14

5．急停跳起投篮

急停跳起投篮

【动作要点】移动中跳起腾空接球后，两脚同时或先后落地，脚尖朝向球篮方向，两膝弯曲，迅速跳起投篮，投篮出手动作同原地跳起单手肩上投篮的

出手动作。（图 7-2-15）

图 7-2-15

（四）持球突破

1．原地持球交叉步突破技术

原地持球交叉步突破技术

【动作要点】突破时，左脚内侧蹬地，并向右前方迈出一大步，同时上体右转，左肩向前下压，将球引至右侧，在右脚离地前用右手推拍球于身体的右前方。同时，右脚用力蹬地，加速超越对手。（图 7-2-16）

图 7-2-16

2．原地持球同侧步突破技术

原地持球同侧步突破技术

【动作要点】突破时，左脚向外侧蹬地，右脚迅速向右前方跨出，上体稍微右转，同时左肩向前下压，重心前移；在左脚离开地面前，用右手推拍球于右脚的侧前方，同时右脚用力蹬地，加速超越对手。（图 7-2-17）

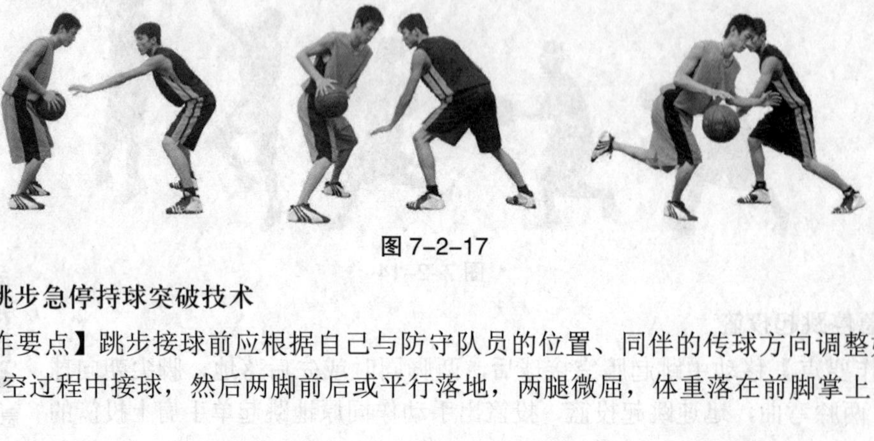

图 7-2-17

3．跳步急停持球突破技术

【动作要点】跳步接球前应根据自己与防守队员的位置、同伴的传球方向调整好准备姿势。在腾空过程中接球，然后两脚前后或平行落地，两腿微屈，体重落在前脚掌上。根据防守队员的防守情况，用交叉步突破或同侧步突破超越对手。

二、篮球运动基本战术

（一）进攻战术

1．传切配合

传切配合是进攻队员之间利用传球和切入技术所组成的简单配合，它包括一传一切配合和空切配合。配合的要点是切入队员要把握好切入时机，持球队员要及时准确地将球传出。

传切配合

（1）一传一切配合。

⑤传球给④后，迅速摆脱对手的防守，向篮下切入，接④的回传球投篮。（图 7-2-18）

（2）空切配合。

④传球给⑤后，⑥立即摆脱对手的防守向篮下切入，接⑤传来的球投篮。（图 7-2-19）

2．突分配合

突分配合是持球队员运用突破打乱对方的防守部署或吸引防守队员，及时将球传给获得空位的同伴，使同伴获得进攻机会的配合方法。

突分配合

⑤从防守队员左侧突破，吸引对方两名防守队员同时封堵⑤的突破路线，此时④及时跑到有利的进攻位置，接⑤的传球投篮，或接球后做其他配合。（图 7-2-20）

图 7-2-18

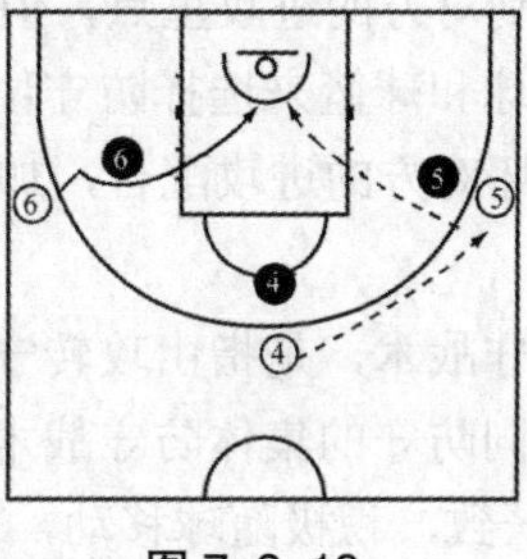

图 7-2-19

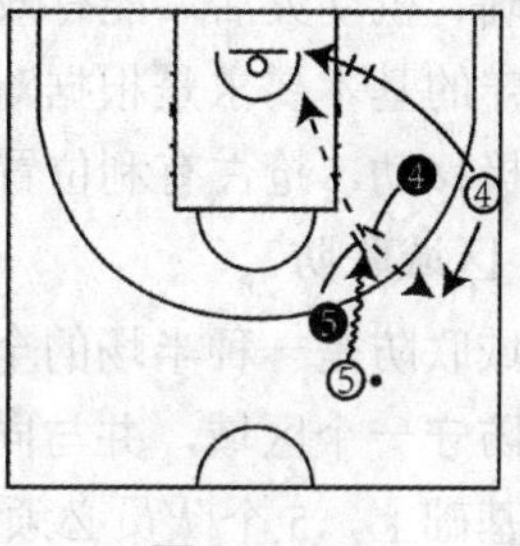

图 7-2-20

3．策应配合

策应配合是指进攻队员背对或侧对球篮接球后，以持球队员为枢纽，与同伴相互配合而形成的一种里应外合的配合方法。

策应配合

④摆脱防守后插到罚球线进行策应，⑤将球传给④，摆脱防守空切篮下，接④的策应传球投篮。（图 7-2-21）

4．掩护配合

掩护配合是进攻队员有目的地去选择适当的位置，运用合理的技术动作，用自己的身体挡住防守同伴的对方队员的移动路线，使同伴借以摆脱防守队员的一种配合方法。

掩护配合

（1）给持球队员做掩护。

⑤传球给④后跑到④的防守队员的侧面做掩护，④接球后做投篮或突破动

作，吸引防守，当⑤达到掩护位置后，④在⑤的掩护下持球从左侧突破投篮，⑤完成掩护后迅速移动到有利位置去接球或抢篮板球。（图 7-2-22）

（2）给无球队员做掩护。

⑤传球给④后跑去给同伴⑥做掩护，当⑤到达掩护位置后，⑥利用⑤的掩护切入篮下接④传来的球投篮。④接到⑤的传球后要做投篮、突破的假动作吸引防守，⑥切入篮下时，④要及时将球传给⑥。（图 7-2-23）

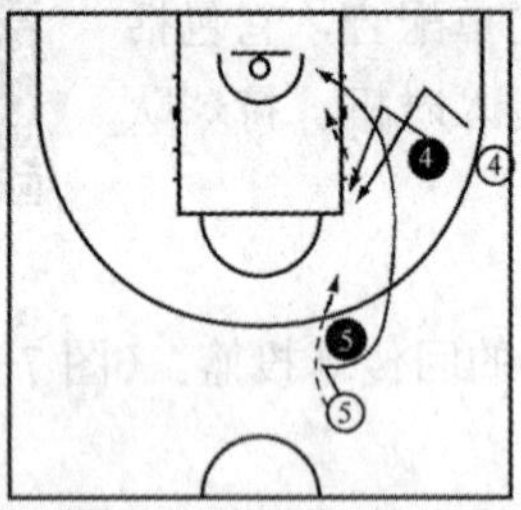

图 7-2-21

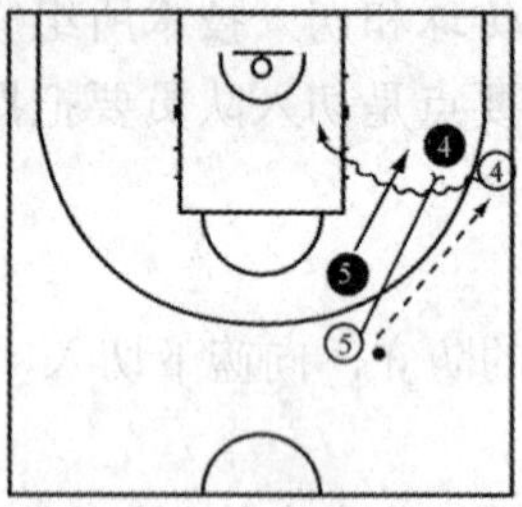

图 7-2-22

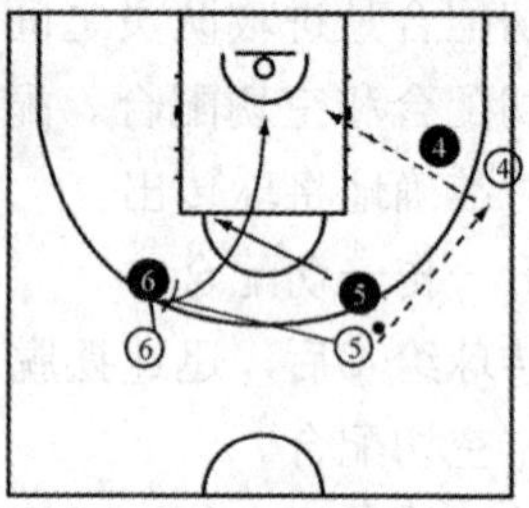

图 7-2-23

（二）防守战术

1．半场人盯人防守

半场人盯人防守是由攻转守时，全队有组织地退回后半场的防守战术。它的特点是防守任务明确、机动灵活，能有效地控制对方的进攻重点，但它容易被对方在局部击破。

防守的基本要求是根据对手、球和球篮来选择防守位置，以人盯人为主，近球紧，远球松，积极移动，抢占有利位置，破坏对方的进攻配合，加强防守的协同性。

2．区域联防

区域联防是一种半场的全队防守战术，是指由攻转守时，防守队员退回后半场，每人分工负责防守一个区域，并与同伴协同防守的集体防守战术。它的基本要求是在防守分工负责区域的基础上，5 个队员必须协同一致，积极随球移动，以防球为主，人球兼顾。

“2-1-2”联防是区域联防的基本形式。5 个队员的位置分布均匀，移动距离短，便于相互协作。联防适用于防守外围运球突破和夹击中锋，同时也便于控制后场篮板球发动快攻（图 7-2-24 ①）。防守的薄弱环节是防区的衔接处，即图 7-2-24 ②中的阴影部分。

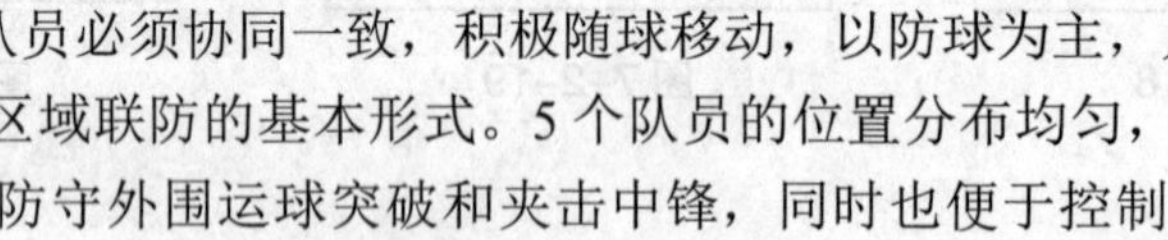

① ②

图 7-2-24

第三节　篮球竞赛规则与裁判法

一、违例

（一）球出界

当球触及了在界外的队员或任何其他人员时；界限上方、界限上或界限外的地面或任何物体时；篮板支撑架、篮板背面或比赛场地上方的任何物体时，是球出界。

（二）3 秒钟

某队在前场控制活球并且比赛计时钟正在运行时，该队的队员不得在对方队的限制区内停留超过持续的3秒。

3 秒钟

（三）8 秒钟

每当：一名在后场的队员获得控制活球时；在掷球入界中，球触及后场的任何队员或者被后场的任何队员合法触及，掷球入界队员所在队仍拥有在后场的球权，该队必须在8秒内使球进入该队的前场。

8 秒钟

（四）24 秒钟

每当：一名队员在场上获得控制活球时；在掷球入界中，球接触场上的任何队员或被场上的任何队员合法触及，并且掷球入界队员的球队仍然控制球时，该队必须在 24 秒内尝试投篮。

（五）球回后场

在前场控制活球的球队不得使球非法地回到他的后场。

球回后场

（六）运球

当在场上已获得控制活球的队员将球在地面上掷、拍、滚、运或弹在地面上，并在球触及另一队员之前再次触及球，为运球开始。当队员两手同时触及球或允许球在一手或双手中停留时运球结束。队员第一次运球结束后不得再次运球，除非在两次运球之间由于下述原因他已在场上失去了控制活球：投篮；球被对方队员触及；传球或漏接，然后球触及了另一队员或被另一队员触及。

（七）干涉得分

在一次投篮中，当一名队员触及完全在篮圈水平面之上的球时，并且球是下落飞向球篮中或在球已碰篮板后，干涉得分发生。

二、犯规

（一）侵人犯规及其罚则

1. 侵人犯规

队员侵人犯规是：无论在活球或死球的情况下，攻守双方队员发生的非法身体接触的犯规。

队员不应通过手、臂、肘、肩、髋、腿、膝、脚或将身体弯曲成“不正常的姿势”（超出他的圆柱体）去拉、阻挡、推、撞、绊对方队员，或阻止对方队员行进；也不得放纵任何粗野或剧烈的动作去这样做。

2. 侵人犯规的罚则

如果对没有做投篮动作的队员发生犯规：由非犯规的队在最靠近违犯的地点掷球入界重新开始比赛；如果犯规的队处于全队犯规处罚状态，则应运用“全队犯规：处罚”的规定。

如果对正在做投篮动作的队员发生犯规，应按下列所述判给投篮队员若干罚球：如果出手投篮成功，应计得分并追加一次罚球；如果从2分投篮区域的出手投篮不成功，则2次罚球；如果从3分投篮区域的出手投篮不成功，则3次罚球。

（二）技术犯规及其罚则

1. 技术犯规

技术犯规是没有身体接触的犯规，行为种类包括但不限于：无视裁判员的警告；与裁判员、技术代表、记录台人员、对方队或允许坐在球队席的队员讨论和/或交流中没有礼貌；使用很可能冒犯或煽动观众的粗话或手势；戏弄或嘲讽对方队员；在对方队员眼睛附近挥手或手保持不动妨碍其视觉；过分挥肘；在球穿过球篮之后故意地触及球，阻碍迅速地掷球入界或罚球以延误比赛；伪造被犯规。

2. 技术犯规罚则

如果判罚队员技术犯规，应作为队员的犯规登记在该队员名下，并计入全队犯规中。如果判罚球队席人员，应登记在主教练名下，并不计入全队犯规次数中。

应判给对方队员1次罚球。罚球后，由宣判技术犯规时，控制球队或拥有球权队在比赛停止时距离球最近的地点执行掷球入界。

（三）违反体育运动精神的犯规及其罚则

1. 违反体育运动精神的犯规

违反体育运动精神的犯规是一起队员身体接触的犯规，并且根据裁判员判定，包含：与对方发生身体接触并且不在本规则的精神和意图的范畴内努力比赛；在尽力抢球或在与对方队员尽力争抢中，造成与对方队员过分的严重身体接触；一起攻防转换中，防守队员为了中断进攻队的进攻，与进攻队员造成不必要的身体接触。

2．违反体育运动精神的犯规罚则

应给犯规队员登记1次违反体育运动精神的犯规。应判给被犯规的队员执行罚球，以及随后在该队前场的掷球入界线处掷球入界或在中圈跳球开始第1节。如果对没有做投篮动作的队员发生犯规，进行2次罚球；如果对正在做投篮动作的队员发生犯规，中篮则应计得分并追加1次罚球，球未中篮则应进行2次或3次罚球。

（四）取消比赛资格的犯规及其罚则

1．取消比赛资格的犯规

队员、替补队员、主教练、助理教练、出局的队员和随队人员的任何恶劣的违反体育运动精神的行为是取消比赛资格的犯规。

2．取消比赛资格的犯规罚则

应给犯规者登记1次取消比赛资格的犯规。每当犯规者依据这些规则的各个条款被取消比赛资格，他应去该队的休息室，并在比赛期间留在那里，或者如果他愿意，也可以选择离开体育馆。

二、裁判员主要手势

（一）违例手势

违例手势如图 7-3-1 所示。

带球走　非法运球：两次运球　非法运球：携带球　3 秒

5 秒　8 秒　24 秒　球回后场

图7-3-1

比赛方向

图7-3-1（续）

（二）犯规手势

犯规手势如图 7-3-2 所示。

阻 挡

过分挥肘

拉 人

推人或不带球撞人

带球撞人

控制球队犯规

双方犯规

违反体育道德犯规

取消比赛资格

图 7-3-2

第八章 众志成城的排球运动

第一节 排球运动概述

一、排球运动的起源与发展

1895 年 7 月，美国马萨诸塞州（又称“麻省”）霍利约克城来了一位名叫威廉·摩根的体育干事，从事指导人们进行娱乐和体育锻炼的工作。当时，美式足球、篮球和网球运动在美国已经比较盛行。但美式足球和篮球运动的身体接触和冲撞较多，过于激烈，较适合青年人，而网球运动对参加活动的人数又有限制。因此，摩根希望找到一种运动负荷适当、身体接触和碰撞较少、参加人数多且富于趣味性的娱乐活动方式，以满足不同年龄和性别的人参与体育活动的需要。

摩根从网球运动受到启发，他将网球的球网升高，让多人隔着球网用手直接拍击球进行游戏，并先后用网球、篮球和篮球胆进行了试验。结果，网球太小不易拍击，篮球太重容易挫伤手指、手腕，篮球胆又太轻不易控制。后来摩根制作了世界上第一批排球：这种球外表为皮制，内装橡胶球胆，圆周为 63.5 ～ 68.6 厘米，重量为 252 ～ 336 克，与现代排球近似。

起初，摩根将这种隔网用手拍击球的游戏叫作 minitonette，意为小网子。1896 年，美国马萨诸塞州体育指导大会在霍利约克城举行，大会期间举行了“小网子”表演。来自斯普林菲尔德市的哈尔斯戴特在观看了表演后认为，“小网子”这个名字没能充分表明游戏的本意。他提议根据游戏特点将 minitonette 改名为 volleyball，volley 是网球运动术语，意为“截击”，即“在球落地前将球击回”。这一提议形象地概括了“小网子”游戏的特点和性质，即“双方隔网击球使其不在本方场区内落地”，得到了大家的一致同意。从此，volleyball 就成为排球运动在国际上的正式名称，并一直沿用至今。

排球运动诞生后，很受美国民众的欢迎，学校纷纷开展了排球运动。

1905 年，排球运动传入中国。最初，中国开展排球运动采用的是 16 人制的比赛。每队 16 人上场，分别站成 4 排，每排 4 人，故中国人称此项运动为排球。

排球在中国的发展先后经历了 16 人制、12 人制、9 人制和 6 人制的演变。

中国国家女子排球队（简称“中国女排”）曾在 1981 年和 1985 年的排球世界杯、1982 年和 1986 年的世界排球锦标赛、1984 年洛杉矶奥运会排球比赛上夺得冠军，成为世界上第一支获得“五连冠”的女子排球队伍。此后，中国女排又在 2003 年排球世界杯、2004 年雅典奥运会排球比赛、2015 年排球世界杯、2016 年里约热内卢奥运会排球比赛、2019 年排球世界杯上五度夺冠，极大地振奋了中国人的精神。中国女排所体现出来的顽强奋斗、勇敢拼搏的精神激励着一代代中国人不断前行。2021 年 9 月，党中央批准了中央宣传部梳理的第一批纳入中国共产党人精神谱系的伟大精神，其中就包括“女排精神”。

二、排球运动的特点

（一）广泛的群众性

排球场地设备简单，比赛规则容易掌握。既可在球场上进行比赛和训练，亦可在一般空地上活动，运动量可大可小，适合于不同年龄、不同性别、不同体质、不同训练程度的人。

（二）技术的全面性

规则规定，每个队员都要进行位置轮转，既要到前排扣球与拦网，又要轮到后排防守与接应。要求每个队员必须全面地掌握各项技术，能在各个位置上比赛。

（三）高度的技巧性

规则规定，比赛中球不能落地，不得持球、连击。击球时间的短暂，击球空间的多变，决定了排球的高度技巧性。

（四）激烈的对抗性

排球比赛中，双方的攻防转换始终是在激烈的对抗中进行。高水平的比赛中，对抗的焦点在网上的扣拦上。在一场比赛中，夺取一分往往需要经过六七个回合的交锋。水平越高的比赛，对抗争夺也越激烈。

（五）攻防技术的两重性

排球是各种技术都可以得分，也能失分的项目，这种情况在决胜局比赛中更加突出，所以说每项技术都具有攻防的两重性，因此，要求技术既要有攻击性，又要有准确性。

（六）严密的集体性

排球比赛是集体比赛项目，除发球外，都是在集体配合中进行的。没有良好的集体配合，再好的个人技术也难以发挥，更无法发挥战术的作用。水平越高的队，集体配合就越严密。

第二节　排球基本技战术

一、排球运动基本技术

排球技术是指运动员在比赛规则允许范围内采取的各种合理的击球动作和配合动作的总称。排球的基本技术包括：准备姿势与移动、传球、垫球、发球、扣球和拦网六大类。

（一）准备姿势与移动

排球比赛是在激烈和快速的对抗中进行的，场上的情况千变万化，要求场上队员能在瞬间根据临场的变化，做出相应的技术动作。因此，掌握正确的准备姿势和具备快速移动的能力是必要的。

准备姿势

1．准备姿势

两脚左右开立，比肩稍宽（或一脚稍前），两脚尖适当内扣，脚跟稍抬起，膝关节弯曲，上体自然前倾，重心稍靠前，两臂放松，弯曲置于腹前，眼看球，两脚始终保持微动。此准备姿势主要用于一般的垫球、接发球等，当接扣球和接拦回球时膝关节弯曲的程度要更大。按照身体重心的高中低，准备姿势可分为稍蹲、半蹲和低蹲。（图 8-2-1）

图 8-2-1

2．移　动

移动是为了迅速接近球。保持好人与球的位置关系，以保证击球动作的合理性，便于击球。迅速的移动可占据有利的位置，争取时间和空间的优势。比赛中常用的移动步法有并步、滑步、交叉步、跨步、跑步和后退步。

移　动

（1）并步与滑步。

当身体距来球一步左右的距离时采用并步，主要用于传球、垫球和拦网等技术。当向左移动时，首先右脚蹬地，左脚先向左侧跨出，右脚迅速并上成击球前的准备姿势。当来球距离身体较远时，可连续快速并步接近来球，连续并步称为滑步。

（2）交叉步。

当身体距离来球 2 ～ 3 米的距离时采用交叉步。当向左移动，身体稍向左侧转动，右脚先向左脚前方交叉跨出一步，然后左脚再向左跨出，同时身体转向来球方向，保持击球前的姿势。（图 8-2-2）

图 8–2–2

（3）跨步。

当来球较低，距离身体 1 米左右时采用跨步。跨步可单独使用，也可与滑步、交叉步和跑步的最后一步结合使用。采用跨步移动时，一脚用力蹬地，另一脚向来球方向跨出一大步，同时膝部弯曲，上体前倾，身体重心下降并移至跨出腿上。（图 8–2–3）

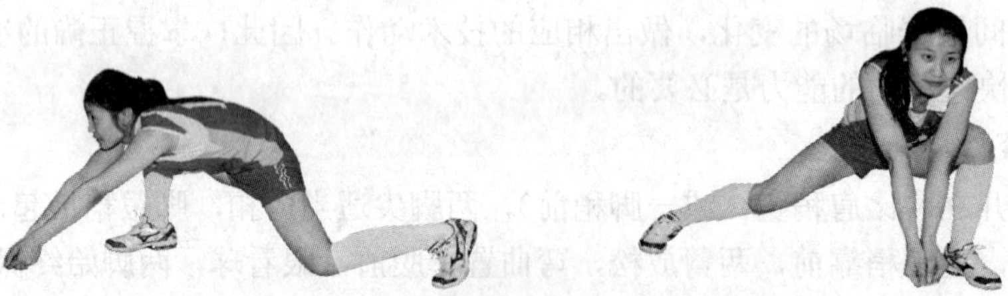

图 8–2–3

（4）跑步。

当身体距离来球较远时采用跑步。首先判断好来球的方向，两臂用力迅速摆动，逐步加大步幅，加快步频。在接近来球时，降低重心并减速制动，做好击球准备。

（5）后退步。

当来球在身体背后，来不及迅速转身时采用后退步。移动时，身体重心适当降低，两脚迅速交替向后退步，上体不要后仰。

（二）传　球

传球是排球比赛中的一项重要技术，也是排球比赛中的防守与反攻的衔接技术，它的好坏直接影响战术配合的质量，关系到扣球效果。传球技术有正面传球、背向传球、侧向传球和跳起传球四种。这四种传球技术的传球手型基本相似，都是在额前上方击球。传球主要运用于二传。

传　球

1．正面传球

正对来球，两脚开立，两膝稍弯曲，上体挺起，仰头看球，两手自然抬起，屈肘，两手成传球手型。两手自然张开微屈成半球形，手腕后仰，拇指相对成近似“一”字形置于额前，以拇指内侧、食指全部、中指的二三指节触球的后下部，无名指和小指在球的两侧辅助控制球的方向。传球时，主要以蹬地、伸膝、伸臂的协调动作和手指、手腕的弹力将球传出。击球点在额前上方一球距离处。（图 8–2–4）

图 8-2-4

2. 背向传球

背对传球目标的传球称为背向传球，主要用于组织进攻。传球前背对传球目标，上体保持正直或稍后仰，击球点比正面传球要高；迎球时，微仰头挺胸，在下肢蹬地的同时，上体向后上方伸展；击球时，手腕适当后仰，掌心向上，拇指击球的下部，利用抬臂、送肘的动作和手指、手腕的弹力将球向后上方传出。（图 8-2-5）

图 8-2-5

（三）垫　球

垫球技术是接发球、接扣球以及后排防守的主要技术动作，是组织反攻战术的基础。垫球技术的熟练程度和运用能力，是争取胜利的重要条件。垫球有正面双手垫球、体侧双手垫球、背向双手垫球、单手垫球、前扑垫球、鱼跃垫球、侧倒垫球、滚翻垫球、挡球等。其中正面双手垫球是各种垫球技术的基础，适合接速度快、弧度平、力量大、落点低的各种来球，在排球比赛中运用较多。用于接发球、接扣球、接拦网球，有时也用来组织进攻。

垫　球

1. 正面双手垫球

正面双手垫球是最基本、最常用的垫球技术。垫球时，两手臂对准垫球方向伸直插向球下，两手交叉重叠合掌互握（图 8-2-6），两拇指平行向前，两手根靠紧，两臂夹紧，手腕下压，两前臂外旋，使前臂腕关节以上 10 厘米处形成垫击球的平面。击球时，借助蹬地、提腰、提肩、抬臂、压腕的力量将球击出（图 8-2-7）。

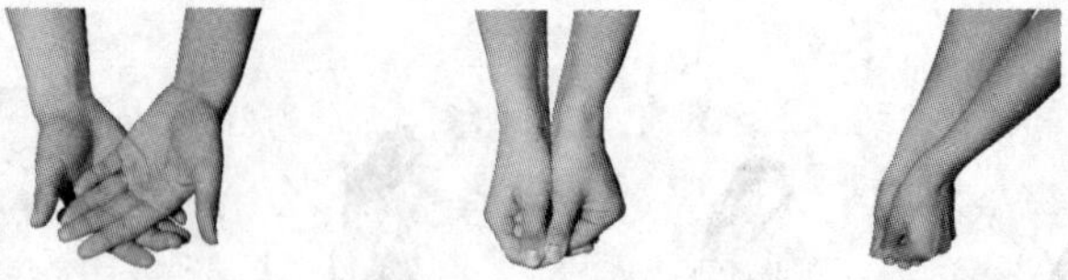

图 8-2-6

图 8-2-7

2．体侧双手垫球

当来球在体侧时，可采用体侧垫球技术。右侧垫球时，先以左脚前脚掌内侧蹬地，右脚向右跨出一步，重心移至右脚，并保持两膝弯曲。与此同时，两臂伸直向右侧伸出，使右臂高于左臂，左臂微向下倾斜，击球时用左转和收腹的动作，配合提肩、抬臂，在身体右侧稍前的位置截住球，两臂垫击球的后下部。来球在左侧时，以相反方向的动作击球。（图 8-2-8）

图 8-2-8

3．背向双手垫球

常在接应同伴来球，或第三次处理过网球时采用背向双手垫球。背垫时要判断好球的飞行方向，迅速移动到球的落点处，背对出球方向，两臂夹紧伸直，插在球下。击球时，蹬腿抬头挺胸，展腹后仰，直臂向后上方摆动抬送球。（图 8-2-9）

图 8-2-9

4．单手垫球

当来球快速飞向体侧较远的距离，来不及用双手垫球时可采用单手垫球。单手垫球动作快，手臂伸得远，击球范围大。但由于触球面积小，控制球的能力比双手垫球差，所以能用双手垫球时，尽量不用单手垫球。运用单手垫球时，可用前臂内侧、掌根或掌心击球后下部。如来球低，也可用手背插入球下做铲球动作将球垫起。

5．双手挡球

当来球高、速度快、力量大，不便于垫球和传球时，可用双手或单手在胸部以上挡击来球。双手挡球的手型有抱拳式和并掌式两种。抱拳式是两肘弯曲，一手半握拳，另一手外抱，两手掌外侧所形成的平面朝前；并掌式是两肘弯曲，两手虎口交叉，两手掌外侧合并成勺形的击球面朝前。挡球时，手臂屈肘上举，肘部朝前，手腕后屈，以手掌外侧和根部所组成的平面挡击球的后下部。手腕要紧张，用适度的力量将球向前上方挡起，击球点一般在额部或两肩的前上方。

（四）发　球

发球是比赛的开始，进攻的开始，也是重要的得分手段。准确而有攻击性的发球，可以直接得分或破坏对方进攻战术的组织，还可减轻本方防守压力，为防守反击创造有利条件。发球技术包括正面下手发球、侧面下手发球、正面上手发球、正面上手发飘球、勾手发飘球、勾手大力发球、跳发球等。

1．正面下手发球

正面下手发球动作简单，容易掌握，准确性高。但球速较慢，力量小，攻击性较差，一般适用于初学者和女生使用。

发球时面对球网，两脚前后站立，左脚在前，两膝微屈，上体前倾，左手持球于腹前右下方。左手将球平稳抛起在体前右侧，球离手约一球的高度，同时右臂伸直，以肩为轴向身体后方摆动，右脚蹬地，身体重心随右臂由后向前摆动而前移，在腹前用全掌或掌根击球的后下方。（图 8-2-10）

正面下手发球

图 8-2-10

2．正面上手发球

正面上手发球便于观察对方，发球的准确性大，易控制落点。发球时，可利用身体动作加大发球的力量和速度，具有较强的攻击性。

面对球网站立，左脚在前，左手托球于体前。将球平稳地抛向右肩前上方，高度适中，同时，右臂抬起屈肘后引，肘与肩平，上体稍向右转，抬头挺胸展腹，手掌自然张开。利用蹬地转体收腹带动手臂向前上方快速挥动，在右肩前上方伸直手臂的最高点处，用全掌击球的中下部。击球时，手指和手掌要张开与球吻合，手腕要迅速做推压动作，使球上旋飞行。击球后，随着重心前移，迅速入场。

正面上手发球

3．正面上手飘球

由于正面上手飘球的击球力量通过球体的重心，使发出的球不旋转且不规则地飘晃飞行，接球者难以判断其飞行路线和落点，所以攻击性和准确性较高，在各类比赛中广泛被男女队员采用。

准备姿势近似上手发球，但左手持球的位置较高，约在胸前，左手将球平稳地抛至右肩前上方，高度应稍低于正面上手发球，并稍靠前些。同时右臂屈肘抬起并后引，肘高于肩，当球上升至最高点时，收小腹带动手臂快速挥动，以掌根坚硬平面击球的后中下部，使作用力通过球体重心（图 8-2-11）。击球时，五指并拢，掌心向前，手腕紧张并稍后仰，用力快速、突然、短促，击球后要有突停动作（图 8-2-12）。

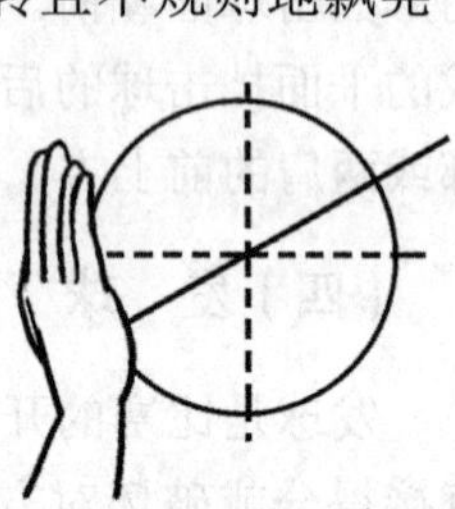

图 8-2-11

图 8-2-12

（五）扣　球

扣球是进攻中最积极、最有效的得分手段，也是衡量一个球队进攻能力和比赛能否取胜的重要因素之一。一个球队攻击力的强弱，往往取决于该队的扣球技术水平。现代排球中扣球的威力主要体现在速度、力量、高度、变化和技巧诸方面。扣球由准备姿势、助跑、起跳、空中击球和落地动作衔接而成。扣球主要有正面扣球、扣快球、单脚起跳扣球、调整扣球、自我掩护扣球。现代排球运动的扣球技术，已打破位置分工的限制，更多地运用各种变步、变向的助跑起跳，充分利用网长和纵深，采用立体进攻。

1．正面扣球

正面扣球是扣球技术中基本的一种技术。初学者必须掌握好正面扣球后，再学习其他扣球技术。

扣　球

助跑前采用稍蹲姿势，两臂自然下垂，在离网 3 米左右处，观察判断，做好向各个方向助跑起跳的准备。助跑的步数要视球的远近和个人习惯采用一步、两步、三步等不同的步法。扣球助跑可采用并步起跳、跨跳法起跳。一般采用两步助跑，助跑时，左脚先向前迈出第一步，紧接着右脚跨出一大步，左脚及时并上，踏在右脚前，两脚尖稍内扣，准备起跳，再助跑跨出最后一步，左脚并上踏地制动的同时，两臂自后积极向前摆动，随着双腿蹬地向上起跳，两臂配合起跳有力地向上摆动。

起跳后，挺胸展腹，上体稍向右转，右臂屈肘上举后引，置于头的右侧后方，身体成反弓形。挥臂时，以迅速转体、收腹动作发力，依次带动肩、肘、腕向前上方成鞭甩动作挥动。击球时五指微张，以全手掌包满球在手臂伸直的最高点前上方击球的后中部，同时主动用力屈腕、屈指向前推压球，使球产生上旋飞行。

击球后，顺势收臂以免触网。落地时，双脚前脚掌先着地，然后过渡到全脚掌。着地的同时，顺势屈膝、收腹，缓冲下落力量。（图 8-2-13）

图 8-2-13

2．单脚起跳扣球

单脚起跳扣球比双脚起跳扣球要快 0.2 秒左右，还能充分利用助跑速度，比双脚起跳扣球冲得更远、跳得更高，兼有位置差和时间差的特点，对突破和避开拦网有较大作用。

单脚起跳扣球可采用一步、两步或多步助跑，助跑的路线与球网的夹角宜小，以免造成前冲力过大而碰网或过中线犯规。助跑的最后一步以左脚向扣球点位置跨出一大步，身体重心稍后仰，在右脚向上摆动时，左脚用力蹬地起跳，两臂积极配合上摆，起跳后的扣球动作与正面扣球基本相似。

（六）拦　网

拦网是防守的第一道防线，也是反攻的重要环节。成功的拦网可以直接拦死或拦回对方的扣球，直接得分或使本方由被动变为主动，削弱对方的进攻力量，减轻本方防守的压力。目前，随着扣球技术朝着力量、高度、速度等方面发展，更加突出了拦网的重要性。

拦　网

拦网有单人拦网和集体拦网。拦网由准备姿势、移动、起跳、空中击球和落地动作衔接而成。

1. 单人拦网

面对球网，两脚左右开立，约与肩同宽，距网 30～40 厘米，两膝微屈，两臂屈肘置于胸前。通常采用沿中线平行的平行并步或交叉步移动，在距球较远时可采用跑步法移动。

起跳时重心降低，两膝弯曲，用力蹬地，使身体垂直起跳，两臂以肩发力贴近身体向上摆动，帮助身体跳起。两手从额前沿球网向上方伸出，两臂伸直并平行，肩上提。

拦网时，两臂应伸过网去接近球。两手自然张开，屈指、屈腕成勺形。当手触球时，两手要突然张开，手腕下压盖在球的前上方。拦网后要做含胸动作，以保持身体平衡。

手臂要先后摆或上提，从网上收回至本方上空，再屈肘向下收臂，以免触网。同时屈膝缓冲，双脚落地。随即转身面向后，做下一个动作的准备。（图 8-2-14）

图 8-2-14

2. 集体拦网

集体拦网有双人和三人拦网两种。集体拦网技术动作除要求拦网者具备个人拦网技术的要求外，还应注意互相配合。以双人拦网为例，双人拦网是集体拦网的主要形式，常由 2 号位、3 号位或 3 号位、4 号位队员组成双人拦网。针对中路进攻，则可能组成 2 号位、3 号位与 4 号位队员的 3 人拦网。

二、排球运动基本战术

（一）阵型配备

排球阵型配合是排球战术运用的基础，阵型配备应最大限度地符合本方队

排球基本战术

员的特点，使队员特点合理搭配，同时还要考虑对手的情况。

1．四二配备

四二配备是两个二传手，四个进攻队员。四个进攻队员为两个主攻，两个副攻。中等水平球队通常采用四二配备，两个二传手前后排始终保持一致，便于接应传球。

2．五一配备

五一配备是一个二传手，五个进攻队员。五个进攻队员为两个主攻，两个副攻，二传对角为接应二传的队员。由于目前比赛中引入了自由人，五一配备更加灵活。这种战术的配备对二传手要求较高，一般在中高水平的球队中运用较多。

3．三三配备

三三配备是由三名传球队员和三名进攻队员间隔站立，使每一次轮换位置时都有传有扣。这种配备是初学者采用的战术配备。

（二）排球进攻战术

1．中一二进攻

前排三个人中一人在 3 号位担任二传，将球传给 2 号位、4 号位进攻。二传在 2 号位、4 号位时，球发出后可以置换到 3 号位，这种情况称为边“一二换中一二”，“反边一二换中一二”。这种进攻简单，便于组织。

2．边一二进攻

前排三个人中 2 号位担任二传，将球传给 3 号位、4 号位进攻，二传在 3 号位、4 号位时，在发球后换到 2 号位。这种方式对右手扣球的主攻手比较顺手，而左手扣球的主攻手比较别扭。但是一传如果传偏到 4 号位，则很难接应。

（三）排球防守战术

1．接发球的站位阵型

接发球的阵型，要利于接球，也有利于本方进攻的战术，同时要依据对方发球的特点来布阵。

（1）5 人接发球。

除 1 名二传在网前站立或后排插上外，其余 5 名队员均担负起一传的任务，通常为一三一或三二站位。这种方式便于队员分布，但缺点是二传插上距离较远或者进攻变化较少。

（2）4 人接发球。

二传和上快球队员站在网前不接发球，后场 4 人“一”字或弧线站立。这种方式便于二传传球和进攻跑动，但容易造成空当，对接发球判断和移动要求高。一般用来针对发球较差的对手时采用。

2．防守阵型

（1）不拦网的防守阵型。

在没有拦网必要时，二传在网前，既可接网前球，又可以组织进攻。前排队员后撤，准备防守和进攻。

（2）单人拦网防守阵型。

该阵型用于对方进攻力量较弱、扣球以中线为主、吊球较多的情况。单人拦网应以中线为主，阻止球吊入中场，前排不拦网队员后撤防前区。

（3）接拦回球的保护阵型。

拦回球的保护，一般应掌握在后排留一个人准备接反弹较远的球，其他队员尽量多地参加前排保护。在只有一点进攻时，应采用 4 人保护。在有战术变化时，进攻队员跑动或跳起后，如未扣球应争取保护，但二传和后排队员应尽量组成 2 ～ 3 人的保护阵型。

第三节　排球竞赛规则与裁判法

一、发　球

（一）发球规则

发球规则

球被抛起或持球手撤离后，必须在球落地前，用一只手或手臂的任何部分将球击出；发球队员在击球时或发球起跳时，不得踏及场区（包括端线）和发球区以外地面；发球队员必须在第1裁判员鸣哨允许发球后8秒内将球发出。

（二）比赛场地

比赛场地为对称的长方形，包括比赛场区和无障碍区。比赛场区为18米 × 9米的长方形。其四周至少有3米宽的无障碍区。比赛场区上空的无障碍空间从地面量起至少高7米，其间不得有任何障碍物。国际排联、世界和正式比赛，比赛场区边线外的无障碍区宽应5米，端线外的无障碍区宽应6.5米。比赛场地上空的无障碍空间至少高12.5米。

（三）球网与网柱

1. 球网高度

球网架设在中线上空，高度为男子2.43米，女子2.24米。球网的高度应从场地中间丈量，球网两端（边线上空）的高度必须相等，并不得超过规定网高2厘米。

2. 构造

球网为黑色，宽1米，长9.50～10米（每边标志带外25～50厘米），网眼直径10厘米。球网上沿的全长缝有7厘米宽的双层白帆布带。帆布带的两端留有孔，用绳索系在网柱上使网上沿拉紧。用一根柔韧的绳索穿过帆布带，拉紧球网上沿固定在网柱上。球网下沿的全长缝有另外一条构造与球网上沿相同的5厘米宽帆布带，用绳索系在网柱上使网下沿拉紧。

3. 标志带

两条宽5厘米、长1米的白色带子为标志带，分别系在球网的两端，垂直于边线。标志带被认为是球网的一部分。

4. 标志杆

标志杆是有韧性的两根杆子，长1.8米，直径10毫米，由玻璃纤维或类似的材料制成。两根标志杆分别设置在标志带外沿球网的不同侧面。标志杆高出球网80厘米。高出部分每10厘米应涂有明显对比的颜色，最好为红白相间。标志杆被认为是球网的一部分，并视为过网区的边界。

5. 网柱

两根网柱分别架设在两条边线外0.5～1米处，高2.55米，最好可以调节高度。国际排联、世界和正式比赛，网柱应架设在边线外1米处，其外部必须进行柔软包裹。网柱应为光滑的圆形，并无拉链。一切危险设施和障碍物都必须清除。

（四）队的组成

（1）一个队最多有12名队员，另加：1名教练员，最多两名助理教练员；1名理疗师和1名医生。只有登记在记录表上的运动队成员才可以进入比赛控制区，参加赛前的正式准备活动和比赛。

（2）除自由防守队员外的1名队员担任队长，队长在记录表上被注明。

（3）只有登记在记录表上的队员才可以进入场地和参加比赛。教练员和队长在记录表上签字以后，已登记在记录表（和电子记录表）上的队员名单不得更改。

二、裁判员主要手势

排球裁判员主要手势如图 8-3-1 所示。

发　球　　允许发球　　发球延误　　发球踩线

发球未过　　界内球　　界外球　　持　球

连　击　　四次击球　　触　网　　过网击球

图 8-3-1

图 8-3-1（续）

第九章 激情奔放的足球运动

第一节　足球运动概述

一、足球运动的起源与发展

足球运动是一项古老的体育活动，源远流长，其发展历程分为古代足球运动和现代足球运动两大历史阶段。

中国古代把踢球叫作“蹴鞠”。在我国两千多年以前的文字记载中，当时的足球就叫作“蹴鞠”。“蹴”就是踢的意思，“鞠”就是球。当时的球是用皮子做成，里面装有毛发。蹴鞠活动在我国经历了汉、唐、宋、元、明、清多个朝代。

10世纪以后，法国、意大利、英国等一些国家有了足球游戏，到15世纪末有了“足球”之称，后逐渐发展成现代的足球运动。1863年10月26日，英国的11个足球俱乐部在伦敦成立了世界上第一个足球运动组织——英格兰足球总会，并统一了足球规则，人们称这一天为现代足球的诞生日。1904年5月21日，国际足联在巴黎成立。从1908年的第4届奥运会开始，足球被列为奥运会正式比赛项目，但不允许职业运动员参加。1930年起，每4年举办一次世界足球锦标赛（又称世界杯足球赛），比赛取消了对职业运动员的限制。现代足球运动是世界上开展得最广泛、影响最大的运动项目，有人称它为“世界第一运动”“运动之王”，深受人们喜爱。

2004年，中国男足获得亚洲杯亚军。中国女足于1986年首次参加亚洲杯就获得冠军，自此开创了女足亚洲杯七连冠。中国女足迄今为止共晋级世界杯决赛圈8次，参加女足世界杯7次，并于1996年在美国亚特兰大奥运会上获得亚军。2022年，中国女足在2022印度女足亚洲杯决赛中3-2击败韩国队，时隔16年再夺女足亚洲杯冠军。

二、足球运动的特点

足球运动是以脚支配球为主，两个队在同一场地内进行攻守的体育运动项目。它是世界上最受人们喜爱的体育运动项目，足球运动有以下几个特点。

（一）参加比赛的人数多、集体性强

足球比赛由两队共 22 人参加，每队有 11 名队员。场上的 11 人思想要统一，行动要一致，攻则全动，守则全防，整体参战的意识要强。只有形成整体的攻守，才能取得比赛的主动权及良好的比赛结果。

（二）争夺激烈，对抗性强

足球运动是一项竞争激烈的对抗性项目，比赛中双方为取得比赛胜利，达到将球攻进对方球门，而又不让球进入本方球门的目的，在两个罚球区附近的时间、空间的争夺十分激烈，扣人心弦。

（三）比赛场地大、时间长，运动负荷大，技战术复杂，难度大

足球比赛中，运动员要在场上奔跑 90 分钟，跑动距离少则 6000 米，多则 10000 米以上，而且还要伴随完成上百个有球和无球的技术动作，因而运动员的体能消耗很大。足球运动在技术上种类繁多、战术上变幻莫测，比赛中运用技战术时要受对方直接的干扰、限制和抵抗。技战术应依临场具体情况而灵活机动地加以运用和发挥。

（四）趣味浓厚，容易开展

除正规比赛外，场地和球门可大可小，参加比赛的人数可多可少。足球竞赛受季节和气候变化的影响较小，因而是一项十分易于开展的群众性的体育运动项目。

第二节　足球基本技战术

一、足球运动基本技术

足球技术是指运动员在足球比赛中所采用的合理行动和动作方法的总和。其主要包括踢球、运球、停球、头顶球、抢截球、假动作、掷界外球和守门员技术等。

（一）踢　球

踢球动作一般都由助跑、支撑脚站位、踢球腿的摆动、踢球脚的触球部位和踢球后的随摆等动作组成。这里主要介绍踢球脚的触球部位。

1．脚内侧踢球

脚内侧踢球常用于踢定位球、直接踢各方向来的地滚球和空中球，也可用脚内侧蹭球。

踢定位球时，直线助跑，支撑脚落在球的侧后方 15 厘米处，膝微屈，踢球腿以髋关节为轴，膝外转约 90°，脚尖翘起与地面平行，同时踢球脚不得高过于球，由后向前摆动用脚内侧（三角面）触球的后中部。踢空中来球时，大腿抬起，小腿拖后，脚内侧对准出球方向，利用小腿的向前摆动平敲击球的后中部。（图 9-2-1）

图 9-2-1

2．脚背内侧踢球

脚背内侧踢球用于踢定位球、过顶球、远距离传射和转身踢球。

脚背内侧踢球

踢定位球时，助跑与出球方向成 45°角。支撑脚的脚掌外沿积极踏在球的侧后方 25 ～ 30 厘米处，膝弯曲，支撑脚的脚尖指向出球方向，并踏在球的横轴（与出球方向垂直的轴）的延长线上，身体向支撑脚一侧稍倾斜。在支撑脚着地的同时，踢球腿以髋关节为轴，以大腿带动小腿由后向前挥摆。当身体转向出球方向、膝盖大约摆至球的正上方时，小腿加速前摆，脚尖稍外转并下压，以脚背的内侧踢球的后中部。踢球后，摆动腿继续向出球方向摆动。（图 9-2-2）

图 9-2-2

转身踢球时，在助跑的最后一步蹬离地面时，身体转向出球方向。支撑脚以脚掌外沿着地，脚尖指向出球方向，上体侧前倾，膝弯曲，后面的动作与脚背内侧踢球相同。

3．脚背外侧踢球

脚背外侧踢球用于踢定位球、弧线球、弹拨球等。

踢定位球时，助跑、支撑脚的位置和踢球脚的摆动，基本与脚背正面踢球相同，只是用脚背外侧接触球。在踢球腿膝盖大约摆至球的正上方时，小腿加速前摆的一刹那，膝盖与脚尖内转，脚面绷直，脚趾扣紧，以脚背外侧踢球的后中部。踢球后腿继续前摆。（图 9-2-3）

脚背外侧踢球

图 9-2-3

（二）运　球

1．脚背正面运球

脚背正面运球常用于快速前进。

跑动时，身体自然放松，上体稍前倾，两臂自然摆动，步幅不宜过大。运球脚脚跟提起，趾尖下压，用脚背正面推拨球前进。（图 9-2-4）

脚背正面运球

图 9-2-4

2．脚背外侧运球

脚背外侧运球用于快速奔跑和向外改变方向。

与脚背正面运球相似，不同的是运球脚的脚尖稍内转，用脚背外侧触球。

脚背外侧运球

3．脚背内侧运球

脚背内侧运球用于变向和用身体掩护球。

助跑时，身体自然放松，步幅不宜过大，上体稍前倾并向运球方向转动。运球脚提起时，膝微屈，脚跟提起，脚尖稍外转。在迈步前伸着地前，用脚背内侧推拨球。

4．脚内侧运球

脚内侧运球是运球技术中速度最慢的一种运球方法，常结合身体掩护球使用。

运球时，支撑脚向前跨出一步，踏在球的前侧方，膝微屈，上体稍前倾并向里转。随着身体向前移动，运球脚提起，用脚内侧推球的后中部。

脚内侧运球

（三）停　球

停球是指队员有目的地用身体的合理部位，把运行中的球停或接到所需要的控制范围内。停球是为了更好地理顺球，为传球、运球、过人和射门服务。

1．脚内侧停球

脚内侧停球易掌握，触球的面积大，易停稳，便于变向和结合下一个动作，多用于停地滚球、空中球和反弹球。

（1）停地滚球的动作要领：支撑脚对正来球，膝微屈，停球脚膝外转并前迎，在球与脚接触前的一刹那开始后撤，在后撤过程中用脚内侧接触球，把球停在需要的位置上。（图 9-2-5）

（2）停反弹球的动作要领：支撑脚踏在球的落点的侧前方，膝微屈，上体稍前倾并向停球脚方向微转，同时停球脚提起，并放松，用脚内侧对准球的反弹路线。当球落地反弹刚离地时，用脚内侧触球的中上部。（图 9-2-6）

图 9-2-5

图 9-2-6

（3）停空中球的动作要领：一种方法是根据来球的高度，将停球脚举起，脚内侧对准来球路线，在脚与球接触前的一刹那开始后撤。在后撤过程中用脚内侧接触球，把球控制在下个动作需要的地方（图 9-2-7）；另一种方法是将脚提起，稍高于选择的停球点，在脚与球接触前的一刹那开始下切的过程中用脚内侧切球的侧上部，把球停在地面。用切压法停球往往不稳，需要及时调整。

图 9-2-7

2．脚底停球

脚底停球用于停地滚球和反弹球。

停地滚球时，支撑脚站在球的侧后方，膝微屈，脚尖对正来球，同时将停球脚提起，膝关节自然弯曲，脚尖翘起，脚跟不得高于球，踝关节放松，用脚前掌触球中上部。（图 9-2-8）

脚底停球

图 9-2-8

停反弹球时，支撑脚踏在球落点的侧后方。在球着地的一刹那，用前脚掌对准球的反弹路线，触球的中上部。

3．胸部停球

胸部面积较大，有弹性，位置高，可停高球和空中平球。胸部停球有收胸式和挺胸式两种。

胸部停球

（1）收胸式停球动作要领：一般用来停胸部高度的平直球。停球时，面对来球，两脚开立，两臂自然张开，挺胸迎球。当球运行到与胸部接触前的一刹那，迅速收胸、耸肩、收腹，缓冲来球力量，将球停在身前。如果要把球停向左（右）侧，则在接触球的同时向左（右）侧转体，并用同侧胸部触球。（图 9-2-9）

（2）挺胸式停球动作要领：一般用于停高于胸部的下落球。停球时，面对来球，两脚开立，两膝微屈，正对来球，在球与胸部接触前的刹那间，收下颌，挺胸，上体后仰成反弓形，以缓冲来球力量，使球弹起再落于身前。（图 9-2-10）

图 9-2-9

图 9-2-10

（四）头顶球

头顶球是争取时间和取得空中优势的主要技术，在攻防中都起着重要作用。头顶球可分为前额正面顶球和前额侧面（额侧）顶球两种。这两种部位都可以原地、跳起和鱼跃顶球。

1．前额正面顶球

前额正面顶球（原地）时，身体正对来球，两侧开立，膝关节微屈，上体后仰，两臂自然分开，两眼注视来球。在球运行到身体正前方的一刹那，脚用力蹬地，收腹，身体迅速前摆。当球运行到身体正前方顶球时，颈紧张，收颌甩头，用前额正面顶球的后中部。然后上体随球继续前摆。

前额正面顶球

2．前额侧面顶球

前额侧面顶球（原地）时，两脚前后开立，两膝微屈，上体和头部稍向出球方向异侧转动，身体重心放在后脚上，两臂自然张开，双眼注视来球。头部触球时，后脚用力蹬地，上体迅速向出球方向扭转，同时甩头。当球运行到与出球方向同侧肩的前上方时，用前额侧部位击球的后中部。

（五）抢截球

抢球是把对方控制的或将要控制的球夺过来或破坏掉的技术。截球是将对方队员传出的球堵截住或破坏掉。

1．正面抢截球

正面抢截球有正面跨步抢截球和正面铲球。

（1）正面跨步抢截球动作要领：两脚前后开立，双膝微屈，身体重心下降，重心落在两脚之间，面向对方。对方运球前进，当脚触球即将着地或刚着地时，一脚用力蹬地，抢球脚以脚内侧对正球并向球跨出一步，膝关节弯曲，上体前倾，身体重心移至抢球脚上，另一只脚立即前跨成支撑脚。如双方的脚同时触球时，则要顺势向上提拉，使球从对方的脚背滚过。身体要迅速跟上，把球控制住。（图 9-2-11）

正面跨步抢截球

（2）正面铲球动作要领：两脚前后开立，两膝微屈，身体重心下降，重心落在两脚之间，面向对手。对手运球前进，在脚触球的一刹那，一脚用力后蹬，另一脚前伸，然后将球踢出。

图 9-2-11

2．侧后铲球

侧后铲球是抢截技术中难度较大的技术动作。侧后铲球有同侧脚铲球和异侧脚铲球。

（1）同侧脚铲球的动作要领：在控球者拨出球的一刹那，抢球者的后脚用力后蹬成跨步，前脚（同侧脚）以脚外侧沿地面向前外侧滑出，用脚背或脚尖将球踢出或捅出，然后小腿外侧、大腿外侧和臀部依次着地。

（2）异侧脚铲球的动作要领：在控球者拨出球的一刹那，抢球者后脚（同侧脚）用力后蹬成跨步，前脚（异侧脚）以脚外侧沿地面向前内侧滑出，用脚底将球蹬出去，然后小腿外侧、大腿外侧和臀部依次着地。

（六）掷界外球

掷界外球不受越位限制，是组织进攻的好机会，如果掷球既远又准就能加快进攻速度。

1．原地掷界外球

面对出球方向两脚前后（左右）开立膝弯曲，上体后仰成背弓，重心移到后脚上（左右开立时，重心在两脚间），两手自然张开，拇指相对成“八”字形，持球侧后部，屈肘将球置于头后。掷球时，后脚用力蹬地，两腿迅速伸直，身体重心由后脚移到前脚，收腹屈体，同时两臂急速前摆，当摆到头上时用力甩腕将球掷入场内。掷球时，后脚可沿地面滑动向前，两脚均不可离地或踏入场内（但允许踏在线上）。（图 9-2-12）

图 9-2-12

原地掷界外球

2．助跑掷界外球

双手持球于胸前，在助跑迈出最后一步时，上体后仰成背弓，同时将球举至头后。掷球的动作与原地掷球相同。

助跑掷界外球

二、足球运动基本战术

足球比赛攻守过程中采取的个人行动和集体配合，被称为足球的战术。足球战术可分为进攻战术和防守战术两大类。进攻战术和防守战术中都包含着个人和集体的战术。

（一）比赛阵型

比赛阵型是指比赛场上队员的基本位置排列，是本队攻守力量分配和分工的形式。选择阵型要以本队队员的特长、体能与技术水平的特点为依据。

人们根据队员的职责和排列的层次把阵型分为后卫线、前卫线和前锋线。阵型的人数排列原则是从后卫数向前锋，守门员不计算在内。

目前，世界上普遍采用的阵型有“4-3-3”“4-4-2”“4-1-2-3”“3-5-2”等。在以上阵型中，除“4-4-2”阵型以防守为主，反击为辅外，其他阵型均以进攻为主，尤以“3-5-2”阵型最突出进攻。

（二）进攻战术

1．个人进攻战术

个人进攻战术包括摆脱、跑位、运球过人等。个人进攻战术指的是在对方紧逼防守的情况下，采取有效措施，摆脱自己的对手，跑到有利的位置，与控制球的同伴进行巧妙的传球配合，以达到组织进攻的目的。

2．局部进攻战术

局部进攻战术是指两人以上的战术配合行动。此战术可以丰富和完善全队的进攻战术，是实施全队战术的基础。

两人的局部配合是集体配合的基础。常用的两人配合如下。

（1）斜传直插二过一，如图 9-2-13 所示，⑦ 横传给 ⑨，⑨ 斜线传球，⑦ 直线插入接球；⑥ 斜线传球给 ⑩ 后直插接 ⑩ 的斜传。

（2）直传斜插二过一，如图 9-2-14 所示，⑦ 横传给 ⑨ 后立即斜线插上接 ⑨ 的直传；⑩ 运球过人后传给 ⑧ 再斜线插上接 ⑧ 的直传。

（3）反切二过一，如图 9-2-15 所示，⑦ 回撤接 ⑨ 的传球，如防守跟上紧逼时，⑦ 回传给 ⑨ 并转身切入，接 ⑨ 传至对手身后空当的球。

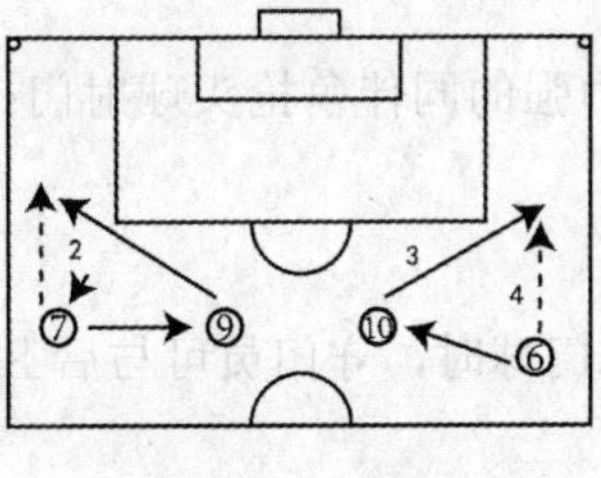

图 9-2-13

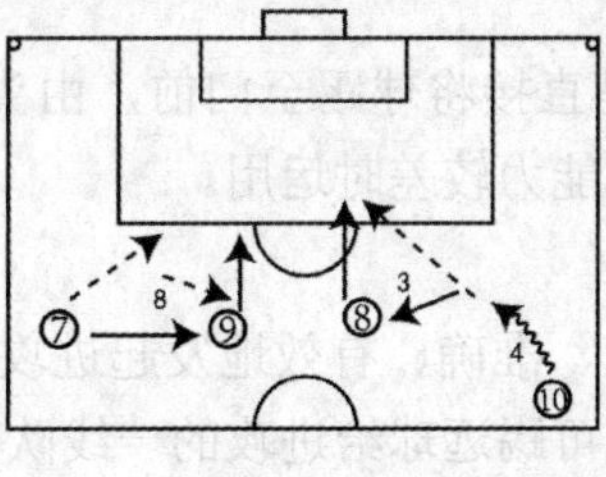

图 9-2-14

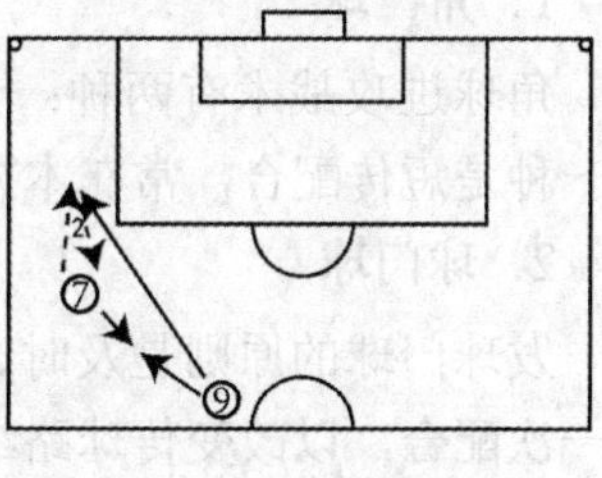

图 9-2-15

3．集体进攻战术

（1）边路进攻。

边路进攻主要是通过边锋、交叉到边上的中锋或直接插上的前卫、边后卫，运用个人带球突破或传球配合，以达到突破对方防线传中（外围传中、下底传中、切底迂回传中），最后由中锋包抄射门的目的。

（2）中路进攻。

中路进攻可直接威胁球门，但由于中间防守队员密集，中路进攻不易突破。因此，要通过中锋、内切的边锋或插上的前卫间的配合或个人运球过人等方法突破对方防线。

（3）转移进攻。

当一侧进攻受阻，而另一侧进攻有利时，要及时快速地转移进攻方向。此方法多是采用有效而准确的中长距离传球来实现的，用以拉开对方的一边防守，达到声东击西的进攻目的。

（4）快速反击。

在防御中积极拼抢，一旦得球，趁对方立足未稳时，快速传球，形成以多打少的局面，达到射门得分的目的。

（三）防守战术

1．个人防守战术

个人防守战术是局部防守和集体防守的基础，包括堵（迎面堵、贴身堵）、抢（迎面抢、侧面抢、侧后铲）、断等技术的运用。此外，选位与盯人也是重要的个人防守战术。

2．集体防守战术

集体防守战术有全攻全守的全场防守、半场防守、紧逼防守和区域防守，也有与盯人结合的区域防守、密集防守等多种防守战术。不论采用哪种战术都要考虑到本队的特长，还要针对对方的进攻技术，采用有效的防守战术，破坏对方的进攻。

3．造越位战术

造越位战术是指防守队员主动制造对手越位，以破坏对方的进攻节奏和攻势的一种做法，造越位战术是由守转攻的一种手段。

（四）定位球战术

定位球战术主要包括角球、球门球、任意球、点球、中圈开球、掷界外球等相关战术的配合。

1．角　球

角球进攻战术有两种：一种是直接将球踢至门前，由头球能力强的同伴争抢头球射门；另一种是短传配合，常在本方头球能力较差时运用。

2．球门球

发球门球的原则是及时、快速、准确、有效地发起进攻。发球门球时，守门员可与后卫做一次配合，以改变传球路线，也可踢远球给进攻的一线队员。

3．任意球

任意球分直接任意球和间接任意球两种：罚直接任意球可采用穿墙和弧线球直接踢入球门，或者采用过顶吊入传切配合的方法；罚间接任意球时，传球次数要少，运用假动作声东击西，传球要及时，以免越位。

4．点　球

罚点球时，主罚队员要沉着、机智，还要有高度的信心、熟练的假动作技术和过硬的脚法。

第三节　足球竞赛规则与裁判法

一、比赛场地

（一）场地表面

比赛场地必须为全天然草皮。若竞赛规程允许，可使用全人造草皮。此外，如果竞赛规程允许，可使用人造和天然结合材料制成的整体草皮（混合系统）。人造草皮场地的表面必须为绿色。

（二）场地标识

比赛场地形状必须为长方形，且由不具危险性的连续标线标示。不具危险性的人造草皮材料可作为天然草皮场地的标记使用。这些标线作为边界线是其所标示区域的一部分。

二、队员

（一）场上队员人数

一场比赛由两队参加，每队最多可有 11 名上场队员，其中 1 名必须为守门员。如果任何一队场上队员人数少于 7 人，则比赛不得开始或继续。

（二）替换人数

国际足联、各洲际联合会或各国足球协会可决定在其正式赛事中可使用的替补队员人数，但最多不能超过 5 人次替换，涉及顶级联赛球队一队及国家队 A 队的男子、女子赛事最多可进行 3 人次替换。

三、比赛时间

（一）比赛阶段

一场比赛分为两个 45 分钟相同时长的半场。依照竞赛规程，在比赛开始前经裁判员和双方球队同意后，方可缩短各半场比赛时长。

（二）中场休息

队员享有中场休息的权利，休息时间不得超过 15 分钟。加时赛中场阶段可短暂补水（时长不超过一分钟）。竞赛规程必须明确中场休息的时长，在经裁判员许可的情况下方可调整中场休息时长。

（三）对损耗时间的补足

裁判员对每半场所有因如下情况而损耗的比赛时间予以补足：队员替换；对受伤队员的伤情评估和/或将其移出比赛场地；浪费的时间；纪律处罚；竞赛规程允许的医疗暂停，例如“补水”暂停（不超过 1 分钟）和“降温”暂停（90 秒至 3 分钟）；与视频助理裁判员“查看”及“回看分析”有关的延误；任何其他原因，包括任何明显延误比赛恢复的情况（如庆祝进球）。第四官员在每半场最后一分钟结束时展示裁判员决定的最短补时时间。裁判员可增加补时时间，但不得减少。

裁判员不得因上半场计时失误而改变下半场的比赛时长。

（四）罚球点球

如需执行罚球点球或重踢罚球点球，应延长该半场时长直至罚球点球程序完成。

四、比赛进行与停止

（一）比赛停止

当出现如下情况时，比赛即为停止：球的整体从地面或空中越过球门线或边线；裁判员停止了比赛；球接触了比赛官员后仍在比赛场地内，并且，任一队开始了一次有希望的进攻，或直接进入了球门，或控球球队发生了转换。上述情况下，比赛以坠球恢复。

（二）比赛进行

所有其他时间，如果球接触了比赛官员，或从球门柱、横梁、角旗杆弹回并且仍在比赛场地内，均为比赛进行中。

五、确定比赛结果

（一）进球得分

（1）当球的整体从球门柱之间及横梁下方越过球门线，且进球队未犯规或违规时，即为进球得分。

（2）如果守门员手抛球直接进入对方球门，则由对方踢球门球。

（3）如果裁判员在球的整体还未越过球门线时示意进球，则以坠球恢复比赛。

（二）获胜队

（1）进球数较多的队伍为获胜队。如果双方球队没有进球或进球数相等，则该场比赛为平局。

（2）当竞赛规程规定一场比赛出现平局，或主客场进球数相同时必须有一方取胜，仅允许采取如下方式决定获胜队：①客场进球规则；②加时赛，加时赛上下半场时长相等且均不超过 15 分钟；③罚球点球决胜。可将上述各方式组合使用。

（三）罚球点球决胜

在比赛结束后执行罚球点球决胜程序，除非有其他规定，否则按竞赛规则相关内容执行。在比赛中已被罚令出场的队员不得参与罚球点球决胜；在比赛中已执行的劝诫与警告，不带入罚球点球决胜阶段。

六、越位

（一）越位位置

（1）处于越位位置并不意味着构成越位犯规。

（2）队员处于越位位置，如果其：头、躯干或脚的任何部分处在对方半场（不包含中线），且头、躯干或脚的任何部分较球和对方倒数第二名队员更接近于对方球门线。

（3）队员不处于越位位置，如果其：与对方倒数第二名队员齐平或与对方最后两名队员齐平。

（二）越位犯规

一名队员在同队队员传球或触球的一瞬间处于越位位置，该队员随后以如下方式参与了实际比赛，才被判罚越位犯规。

（1）在同队队员传球或触球后得球或触及球，从而干扰了比赛。

（2）干扰对方队员，包括：通过明显阻碍对方队员视线，以妨碍对方队员处理球，或影响其处理球的能力，或与对方队员争抢球，或有明显的试图触及近处的来球的举动，且该举动影响了对方球员；做出影响对方队员处理球的能力的明显举动。

（3）在如下情况发生后触球或干扰对方队员，从而获得利益：球从球门柱、横梁、比赛官员或对方队员处反弹或折射过来；球从任一对方队员有意救球后而来。

（三）违规与处罚

如果出现越位犯规，裁判员在越位犯规发生的地点判罚间接任意球，这包括发生在越位队员的本方半场。就越位而言，未经裁判员许可离开比赛场地的防守队员，应视为处于球门线或边线上，直到比赛停止，或防守方已将球向中线方向处理且球已在防守方罚球区外。如果一名队员故意离开比赛场地，在比赛停止时，裁判员必须警告该名队员。

七、裁判法简介

每场正式足球比赛中均有一名裁判员（又称主裁判），两名助理裁判和一名第四官员组成的裁判组负责比赛的判罚。

（一）裁判员的职责

（1）执行足球竞赛规则。

（2）与其他比赛官员协作管理比赛。

（3）记录比赛时间、比赛成绩、并向相关机构提交比赛报告，报告内容包括赛前、赛中、赛后发生的纪律处罚信息及任何其他事件。

（4）监管和/或示意比赛恢复。

（二）助理裁判员

当出现如下情况时，给予示意。

（1）球的整体离开比赛场地，应由哪一队踢角球、球门球或掷界外球。

（2）处于越位位置的队员可被判罚越位。

（3）申请队员替换。

（4）在踢罚球点球时，守门员是否在球被踢出前离开球门线，以及球是否越过球门线。如果比赛选派附加助理裁判员，则助理裁判员的选位应在与罚球点齐平的位置上。

助理裁判员的协助也包括监管队员替换程序。

助理裁判员可进入比赛场地管理 9.15 米（10 码）的距离。

第十章 巧妙多变的羽毛球运动

第一节 羽毛球运动概述

一、羽毛球运动的起源与发展

现代羽毛球运动起源于印度，形成于英国。1934 年，由加拿大、丹麦、英格兰、法国、爱尔兰、荷兰等发起成立了国际羽毛球联合会（简称国际羽联），总部设在英国伦敦，主席为G・A・汤姆斯。国际羽联于 1948—1949 年举办的第 1 届世界男子团体赛的奖杯，即由汤姆斯捐赠。1978 年 2 月，由亚非国家组成的世界羽毛球联合会于中国香港成立，同年 11 月举办了第 1 届世界羽毛球锦标赛。国际羽联和世界羽联于 1981 年 5 月 26 日宣布合并，统一称为国际羽毛球联合会。

20 世纪初，羽毛球运动传入我国。中华人民共和国成立后，羽毛球运动很快成为我国体育运动的重点项目之一。在我国羽毛球运动的发展进程中，李玲蔚、葛菲、顾俊、张宁、夏煊泽、鲍春来、谌龙、王琳、李雪芮、陈雨菲等一批世界羽坛顶尖高纷纷涌现，从而奠定了我国羽毛球技术水平在世界羽坛的领先地位。在一系列世界羽毛球大赛中，这些优秀的运动员为我国争金夺银，创造了我国羽毛球运动历史上的辉煌。

二、羽毛球运动的锻炼价值

羽毛球运动是球类运动之一。它既是一项激烈的竞技性比赛项目，又是一项大众十分喜爱的休闲娱乐运动。羽毛球运动素以运动量大、充满激情而风靡全球，作为中国的传统优势项目之一，近年来此项目在国内渐被人们所喜爱。更多的人参与到羽毛球运动中，以此作为休闲娱乐、锻炼身体的方式之一。经常参加羽毛球运动，可以增强人的速度、力量、耐力、灵敏和协调性，使身体素质全面发展，同时还能增强人们的心理素质，锻炼坚强的意志品质和精诚合作的精神。

第二节　羽毛球基本技战术

一、羽毛球运动基本技术

（一）羽毛球握拍法

1．正手握拍

先用右手拿住球拍杆，使拍面与地面垂直，然后张开右手，使手掌下部（小鱼际）靠在球拍柄底托，虎口对着球拍柄较窄的一面，小指、无名指、中指自然并拢，食指与中指稍稍分开，自然地弯曲并贴在球拍柄上。（图 10-2-1）

正手握拍

2．反手握拍

在正手握拍的基础上，拇指和食指将拍柄稍向外转，拇指顶点在拍柄内侧的宽面上或内侧棱上，中指、无名指和小指并拢握住拍柄，柄端靠近小指根部，使掌心留有空隙。球拍斜侧向身体左侧，拍面稍后仰。一般来说，击身体左侧的来球，大都先转体，然后再用反手握拍法击球。（图 10-2-2）

反手握拍

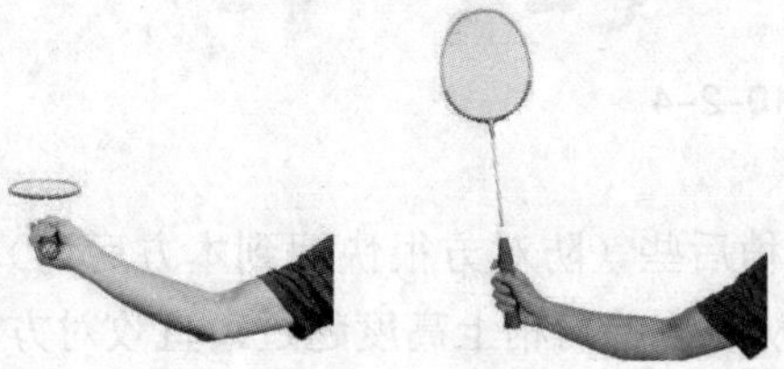

图 10-2-1

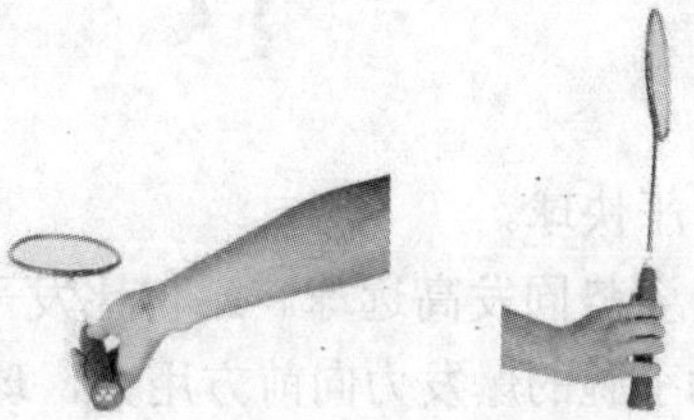

图 10-2-2

（二）羽毛球发球技术

1．正手发球

【发球站位】单打的发球站位在中线附近，距离前发球线 1 米左右的地方。双打发球站位可靠近前发球线。

【准备姿势】发球前，身体左肩侧对球网，左脚在前，右脚在后，重心在右脚上，右手持拍向右后侧举起，肘部放松微屈，左手拇指、食指和中指夹住球，举在胸腹间。发球时，身体重心由右脚移至左脚。

（1）高远球。

【发球前准备姿势】发球时，左手把球举在身体的右前方并自然放下，使球下落，右手同时持拍由上臂带动前臂，从右后方沿着身体向前并向左上方挥动。当球落到右手臂向前下方伸直能触到球的一刹那，握紧球拍，并利用手腕的力

发高远球

量向前上方发力击球。击球之后，球拍顺势向左上方挥动缓冲。（图 10-2-3）

【易出现的错误】动作僵硬；放球与挥拍配合不当；击球点靠近身体或离得太远；握拍太紧，以致力量发挥不出；发球后，球拍未顺势向左上方挥动缓冲，而是挥向了右上方。

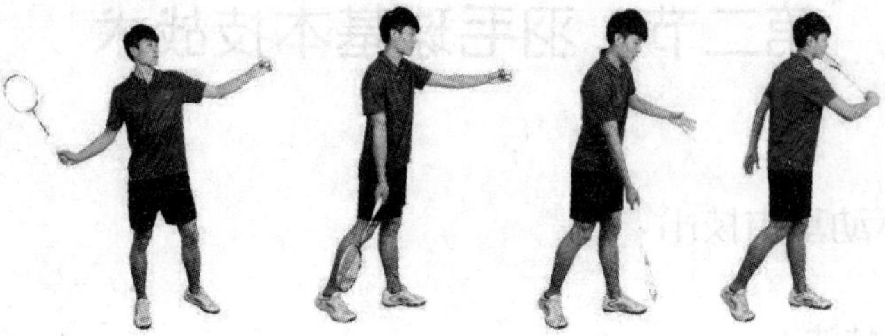

图 10-2-3

（2）平高球。

发球前准备姿势同发高远球。发球的动作过程大致同发高远球，只是在击球的一刹那，前臂加速带动手腕向前上方挥动，拍面要向前上方倾斜，以向前用力为主。发平高球时要注意发出球的弧线以对方接球时伸拍打不着球的高度为宜，最好发到对方场区底线。（图 10-2-4）

发平高球

图 10-2-4

（3）平快球。

准备姿势同发高远球。站位比发平高球稍后些（防对方很快回到本方后场），充分利用前臂带动手腕的爆发力向前方用力，球直接从对方的肩稍上高度越过，直攻对方后场。发平快球的关键是出手的动作要小而快，但前期动作应和发高远球一致。发平快球时还应注意不要过手、过腰。

（4）网前球。

准备姿势同发高远球。击球时，握拍要放松，上臂动作要小，主要靠前臂带动手腕向前切送，用力要轻。发网前球时应注意手腕不能有上挑动作，另外，落点要在前发球线附近，发出的球要贴网而过，避免遭对方扑杀。

发网前球

2．反手发球

发球时，站在前发球线后 10 ～ 50 厘米及发球区中线的附近，也可以站在前发球线及场地边线附近的地方。面向球网，两脚前后站立（左脚或右脚在前均可），上体稍前倾，身体重心在前脚。右手反手握拍，左手拇指、食指和中指捏住球的两三根羽毛，球托明显朝下（避免犯规），球体与拍面平行或球托对准拍面放在拍面前方。击球时，前臂带动手腕朝前横切推送。发网前球时，用力要轻，主要靠“切”送；发平快球时，发力要突然，击球时拍面要有“反压”动作。（图 10-2-5）

反手发球

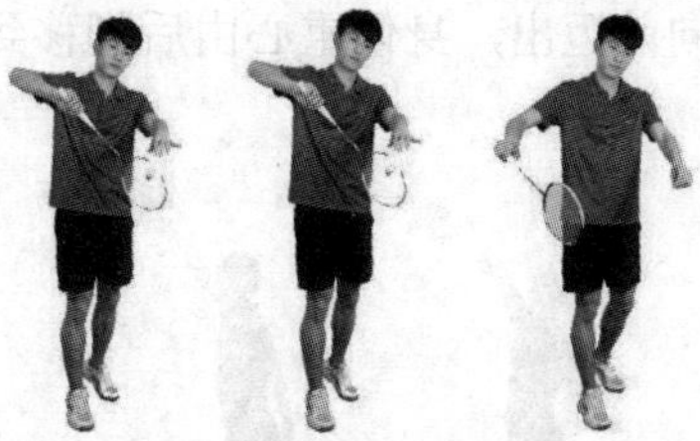

图 10-2-5

（三）羽毛球接发球

1．接发球站位

不论是单打还是双打，都要选择一个合理的接发球站位。一般情况下，单打的接发球站位在离前发球线约 1.5 米处；在右发球区应站在靠中线的位置，在左发球区则站在中间稍偏边线的位置，主要防备对方发球攻击反手位置。双打接发球时站位可靠近前发球线，因双打的后发球线距前发球线比单打短 0.76 米，发高远球易被扣杀。所以，双打接发球主要精力应放在发网前球上。

2．接发球的准备姿势

单打接发球应左脚在前，右脚在后，侧身对网，重心在前脚，后脚脚跟稍提起，收腹含胸，持拍于右身前，两眼注视对方。

双打接发球准备姿势基本同单打，但重心可随意放在任何一只脚上，球拍高举在肩上，注意力要高度集中。

（四）后场高空击球技术

后场高空击球也称后场上手击球，即在尽可能高的击球点上，还击对方向底线附近击来的高球。它具有主动性强、击球力量大等特点。

1．高远球

以较高的弧线将来球击到对方场区底线附近叫击高远球。击高远球是一切上手击球动作的基础。

高远球的特点是球的弧线高、滞空时间长，它的作用是逼迫对方远离中心位置退到底线去接球，一方面可减弱对方进攻的威力，为己方寻找进攻机会；另一方面在己方被动的情况下，有较多的时间来调整站位，摆脱被动局面。上手击高远球分为：正手击高远球、反手击高远球、头顶击高远球。

（1）正手击高远球。

首先判断来球的方向和落点，侧身后退使球在自己右肩稍前上方的位置，左肩对网，左脚在前，右脚在后，重心在右脚上。左臂屈肘，左手自然高举，右手持拍，肘关节自然弯曲，将球拍举在右肩上方，两眼注视来球。击球时，由准备动作开始，上臂后引，随之肘关节上提高于肩部，将球拍后引至头后，自然伸腕（拳心朝上），然后在后脚蹬地、转体和腰腹的协调用力下，以肩为轴，上臂带动前臂快速向前上方甩动手腕，在手臂伸直的最高点击球。击球后，持拍手臂顺惯性往前下方挥动并收拍至体

正手击高远球

前。与此同时，左脚后撤，右脚向前迈出，身体重心由后脚移到前脚。（图 10-2-6）

图 10–2–6

（2）反手击高远球。

首先判断来球的方向和落点，迅速将身体转向左后方，身体到位后，右脚前交叉跨到左侧底线，背对网，身体重心在右脚，使球在身体的右肩上方。击球前，由正手握拍迅速换为反手握拍，并持拍于胸前，拍面朝上。击球时，以上臂带动前臂，通过手腕的闪动、自上而下的甩臂将球击出。在最后用力时，要注意拇指的侧压力与甩腕的配合，同时还要利用两腿的蹬地、转体等协调全身用力。（图 10-2-7）

图 10–2–7

反手击高远球

（3）头顶击高远球。

击球前的准备姿势以及击球动作与正手击高远球基本一致。不同的是头顶击高远球的击球点在左肩上方（因为球是飞向左后角的）。准备击球时，侧身（左肩对网）稍左后仰。击球时，上臂带动前臂使球绕过头顶，从左上方向前加速挥动，在用力击球时，注意发挥手腕的爆发力和充分利用蹬地以及收腹的力量。击球后，左脚在身后着地并立即回蹬，同时右脚前移，重心移至右脚。

头顶击高远球

2．平高球

同击高远球一样，只是在击球的一刹那，主要是向前方用力，使击出的球的弧线较低。同击高远球一样，平高球也可以用正手、反手或头顶击球技术来完成。其动作要领与正手、反手或头顶高远球一样，所不同处是最后主要向前方用力，而不是向前上方用力。由于平高球弧线不高，如果使用不当，易被对方拦截。所以，在实战中不管用哪种方法击平高球都应注意：如果是打直线平高球，则弧线可低些；若打斜线，则要高些；当对方在网前被动挑高球后，由于回场步法调整一般较慢，这时，可用较低弧线的平高球去袭击其后场，往往可以获得很好的效果。

击平高球

3. 吊　球

把对方击来的后场高球还击到对方的网前区的击球法称为吊球。它的作用是调动对方站位，以利步法组织进攻。下面分别介绍正手、反手和头顶吊球的技术动作。

（1）正手吊球。

• 劈吊（快吊）：击球前期动作同正手击高远球。击球时，拍面正面向内倾斜，手腕做快速切削下压动作。若劈吊斜线球，则球拍切削球托的右侧，并向左下方发力；若劈吊直线，则拍面正对前方，向前下方切削。[图 10-2-8(a)]

• 轻吊（拦截吊）：击球前期动作同正手击高远球。击球时，一种轻吊时的拍面变化同劈吊基本一致，但用力要更轻些；另一种是击球时，拍面正击球托或借助于来球的反弹力用球拍轻挡，使球过网后贴网而下。后者多用于拦截对方击来的平高球和半场高球。[图 10-2-8(b)]

正手吊球

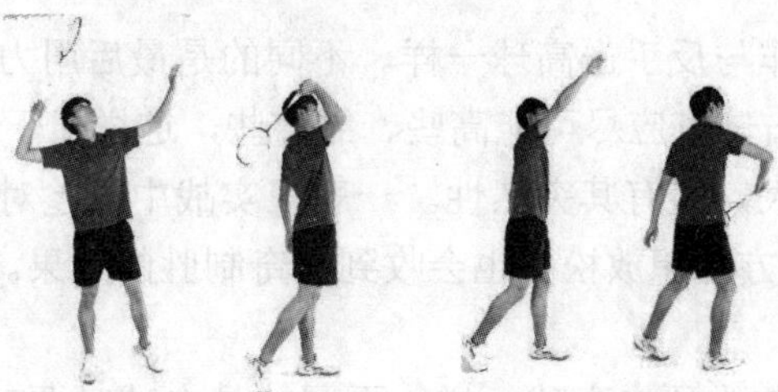

(a)　(b)

图 10-2-8

（2）反手吊球。

反手吊球击球前的动作同反手击高远球，不同处也在于触球时拍面的掌握和力量运用。吊直线球时，用球拍反面切削球托的后中部，向对方右网前发力；吊斜线球时，用球拍反面切削球托的左侧，朝对方左网前发力。（图 10-2-9）

反手吊球

图 10-2-9

（3）头顶吊球。

头顶吊球也可劈吊和轻吊来完成。其击球前的动作同头顶击高远球一样。不同的是球拍触球时拍面变化和力量的运用。吊直线球的动作同正手吊直线球基本一致，只是击球点不同；吊斜线球时，球拍正面向外转，切削球托的左侧，朝右前下方发力。

头顶吊球

4. 杀　球

把对方击来的高球全力向下扣压叫杀球，是主动进攻的重要技术，杀球的特点是力量大、速度快。杀球分正手杀球、反手杀球和头顶杀球。

（1）正手杀球。

正手杀球

其击球前的准备姿势和击球动作与正手击高远球基本一样。不同的是最后用力的方向朝下，而且要充分利用蹬地、转体、收腹以及手臂和手腕的爆发力全力地将球向下击出，击球的一刹那要紧握球拍。（图 10-2-10）

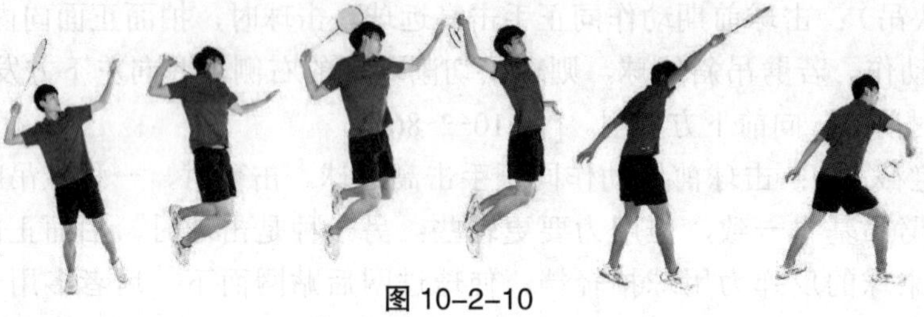

图 10–2–10

（2）反手杀球。

其准备姿势和击球动作与反手击高球一样。不同的是最后用力的方向朝下，而且要加快手臂和手腕朝下的闪动。击球点应尽可能高些、靠前些，这样便于技术的发挥。

反手杀球虽然力量不大，但有其突然性。一般在实战中，趁对方不备，偶尔用反手杀球（因反手杀球威胁不大，对方思想放松）也会收到出奇制胜的效果。

（3）头顶杀球。

头顶杀球

准备姿势和击球动作与头顶击高球一样。不同的是击球时要充分利用腰腹力量，以手臂带动手腕快速下扣。头顶杀球是一种重要的进攻性技术，也是我国运动员在左后场区进攻的主要手段，它弥补了反手击球力量不足的弱点。初学者如能掌握好头顶扣杀技术，便会使对方难以对付。

（五）前场网上击球技术

网上击球是调动对方、寻找战机的重要手段，并可直接得分。网上击球有：搓球、放网前球、勾对角球、推球、扑球。

1. 搓　球

搓　球

击球时，拍面稍前倾，利用手腕和手指的力量向前“切削”球托底部或向后“提拉”，使球击出后旋转或滚动过网。搓球一般在对方来球较靠近网上时运用。正反手搓球除握拍不同外，其他要领相同。

2. 放网前球

正手放网前球

击球时，拍面稍朝前下方倾斜，前臂带动手腕和手指前送球托底部。正反手放网前球除握拍不同外，其他要领相同。

3. 勾对角球

反手放网前球

在网前把来球回击到对角线网前叫勾对角球。击球时，拍面斜向对方右（左）网前。正手勾对角线时击球托的右侧，手腕和手指带动球拍向左内侧勾动；反手勾对角时，击球托的左侧，同时向右内侧勾动。

4. 推　球

在网上将来球用较平的弧线快速推到对方场区底线叫推球。击球时拍面前倾几乎与网平行。利用前臂带动手腕和手指的快速“闪动”将球击出。正手推球多用食指力量，反手推球多用拇指的力量。

5．扑　球

在网上把高于网的来球迅速扑压下去叫扑球。击球时，拍面前倾，前臂带动手腕和手指的快速闪动发力，击球后立即收拍，以免触网犯规。扑球时要求判断准、上步快、抢点高、动作小，正反手均可。

正手扑球

反手扑球

（六）中场平击球技术

中场平击球技术主要是用于对方击来的弧线平行或稍低于网，且落点在中场附近的低平球时所采取的回击技术。在双方比赛中多采用这种技术。它的击球点在与肩同高处或在肩腰之间。因为来球的速度较快、弧线较平，所以击出的球速也较快、较平，因而中场平击球也是一种对攻的技术。它有正反手中场平抽球，半蹲式中场平击球两种。

1．正反手中场平抽球

正反手中场平抽球主要是对付对方来球中离身体较远的平球。人站位于中心附近，两脚左右开立，面对球网，两膝微屈，右手持拍于体前。击球时，判断来球方向并向右（左）侧横跨一步，同时挥拍依靠前臂和手腕的闪动发力击球。正手平抽球时，多用食指的力量向前发力；反手平抽球时，多用拇指的反压力朝前发力。此外，不论是正手还是反手中场平抽球，其击球点都应争取在身体侧前方，这样便于手臂的发力。

正手平抽球

2．半蹲式中场平击球

半蹲式中场平击球主要运用在双打比赛中，这是进行对攻的一种击球技术。这种技术是将对方击来的位于肩部或面部附近的球，在半蹲姿势下还击回去。击球时，看准来球，迅速取半蹲姿势，同时举拍在正面或头顶等位置以前臂带动手腕快速闪动挥拍击球。

反手平抽球

二、羽毛球运动基本战术

（一）单打战术

单打中可根据运动员的个人技术特点、身体素质、心理素质等条件而形成自己的技术打法和风格，常见的有以下几种。

1．控制后场，高球压底线

从发球开始就运用打高远球或进攻性的平高球压对方后场底线，迫使对方后退，当对方回球质量不高时，以杀球制胜；当对方疏于前场防守时，就可以以轻吊、搓球等技术在网前吊球轻取。轻吊必须在多次高远球大力压住后场、对方又不能及时回到前场的基础上进行。力量型运动员多用此种打法，是后场的高远球、吊球、杀球技术的较量。对初学者，这是一种必须学习的基础打法，但对身体素质要求较高。

2. 打四方球，前后左右相结合

在后场，以高远球、平高球和吊球为主。在前场则以放网前球、推球和挑球准确地攻击对方场区前后左右四个角落为主，调动对方前后左右奔跑，顾此失彼，待对方来不及回中心位置或回球质量差时，向其薄弱部位发动进攻制胜。这种打法要求进攻队员具有较强的控制球落点的能力和灵活快速的步法，有速度、有耐心才可成功。

3. 下压为主，控制网前

主要通过后场的高远球、扣杀、劈杀、吊球等技术，先发制人，然后快速上网，以搓、推、扑、挑、勾等技术，高点控制网前，导致对方直接失误，或失去重心被动击球过网，被进攻队员一举击败的一种打法，通常也称"杀上网"的打法。这种打法是进攻型的打法，能够快速上网高点控制网前，对进攻队员的速度耐力要求较高。这种打法，体力消耗很大，如果碰上防守技术好的对手，选手体力的好坏就直接关系到成败。

4. 快拉快吊，前后结合

以平高球快速压对方后场两底角，配合快吊网前两角（或运用劈杀）引对方上网，当对方被动回击网前球时，即迅速上网控制网前，以网前搓球、勾球结合推后场底线两角，迫使对方疲于应付，为前场扑杀和中后场大力扣杀创造机会。这也是一种积极主动、快速进攻的打法。此打法，要求运动员反应迅速、判断准确，特别是速度耐力要好，技术全面熟练，应具备突击进攻的能力。

5. 守中反攻，攻守兼备

以平高球和快吊球击向对方前后左右四个角落，调动对方。让对方先进攻，针对进攻方打过来的各种球，以快速灵活的步法、多变的球路和刁钻准确的落点，诱使对方在进攻中匆忙移动，勉强扣杀，造成击球失误，或当对方回球质量较差时，抓住有利战机，突击进攻。这种打法要求队员具有攻中有守、守中有攻的控球和反控球能力，不仅具备优良的速度耐力、灵活的步法、准确快速的反应和判断应变能力，更应具有顽强的拼搏精神和极高的心理素质，这样才能在比赛中取得胜利。这种打法主要针对对方体能差或有伤病的情况。

（二）双打战术

双打打法是根据双方的技术水平特点、身体素质、心理素质以及伙伴之间配合默契的程度磨合而形成的。常见的大致有以下几种。

1. 前后站位打法

此打法基本上是本方处于发球时所采用。发球的队员站位较前。当发球员发球后立即举拍封堵前场区，另一名球员则负责中场或后场的各种来球。前后站位法可充分运用快攻压网前搓、吊、推、扑技术，寻找空隙，一举打乱对方站位或通过后攻前扑，后场连续大力扣杀，前场积极封堵。当回球在网附近时，用凶狠扑杀给对方以致命打击。

2. 左右站位打法

本打法基本上为本方处于接发球状态和受到下压进攻时所采用。对方发球或打来的平高球处于后场，接球方可从原来的前后站位立刻转换为左右站位，两人各负责左右半场区的防守，以平抽、平打压住对方后场底线两角，在对方扣杀球时也能以平抽反击或挑高远球至两底角，造成对方回球无力，一举扣杀或吊球成功。

3．轮转站位打法

在比赛中，攻守双方总是根据比赛的情况而不断地在前后站位和左右站位间相互变换。对于站位的变换通常具有的特点是：① 发球或接发球时前后站位，当对方回击高球至后场偏一侧进攻时，位于前面的队员要直线后退，后方的队员看情况向侧移动，改换成左右站位；② 发球或接发球时处于左右平行站位，在发球后或在对击球过程中，一旦有机会进行下压进攻时，一名球员便快速上网封堵，另一人则快速移动到后场进行大力扣球、吊球、杀球，导致对方处于被动地位。

第三节　羽毛球竞赛规则与裁判法

一、竞赛规则简介

（一）羽毛球场地

场地应是一个长方形，用宽 40 毫米的线画出，从场地地面起，场地中心点处网高 1.524 米，双打边线中心点处网高 1.55 米。

（二）挑边

比赛开始前应挑边，赢方应在①或②选项中做出选择：①先发球或先接发球；②在一个场区或另一个场区开始比赛。输方在余下的一项中选择。

（三）计分方法

（1）除非另有规定，一场比赛应以三局两胜定胜负。

（2）除（4）和（5）的情况外，先得 21 分的一方胜一局。

（3）一方“违例”或球触及该方场区内的地面成“死球”，则另一方胜这一回合并得一分。

（4）20 平后，领先 2 分的一方胜该局。

（5）29 平后，先得 30 分的一方胜该局。

（6）一局的胜方在下一局首先发球。

（四）交换场区

以下情况，运动员应交换场区：第一局结束；第二局结束（如果有第三局）；在第三局比赛中，一方先得 11 分时。

（五）发球

（1）一旦发球员和接发球员做好准备，任何一方不得延误开始发球。

（2）发球员球拍头的向后摆动一旦停止，任何对发球开始的迟延都是延误。

（3）发球员和接发球员，应站在斜对角的发球区界线以内，脚不得触及发球区和接发球区的界线。

（4）从发球开始，至发球结束，发球员和接发球员的两脚都必须有一部分与场地的地面接触，不得移动。

（5）发球员的球拍，应首先击中球托。

（6）发球员的球拍击中球的瞬间，整个球应低于距场地地面高度 1.15 米。

（7）自发球开始，发球员挥拍必须连贯向前，直至将球发出。

（8）发出的球应向上飞行过网，如果未被拦截，球应落在规定的接发球区内（即落在界线上或界线内）。

（9）发球员发球时，应击中球。

一旦运动员站好位置准备发球，发球员的球拍头开始向前挥动，即为发球开始。一旦发球开始，发球员的球拍击中或未能击中球，均为发球结束。发球员应在接发球员准备好后才能发球，如果接发球员已试图接发球，即视为已做好准备。双打比赛发球时，发球员和接发球员的同伴应在各自的场区内。其站位不限，但不得阻挡对方发球员或接发球员的视线。

（六）单打

（1）发球区和接发球区。一局中，发球员的分数为 0 或双数时，双方运动员均应在各自的右发球区发球或接发球；一局中，发球员的分数为单数时，双方运动员均应在各自的左发球区发球或接发球。

（2）击球顺序和位置。一回合中，球应由发球员和接发球员交替从各自场区的任何位置击出，直至成“死球”为止。

（3）得分和发球。发球员胜一回合则得一分，随后发球员再从另一发球区发球；接发球员胜一回合则得一分，随后接发球员成为新发球员。

（七）双打

1. 发球区和接发球区

（1）一局中，发球方的分数为 0 或双数时，发球方均应从右发球区发球。

（2）一局中，发球方的分数为单数时，发球方均应从左发球区发球。

（3）接发球方按其上次发球时的位置站位。

（4）接发球员应是站在发球员斜对角发球区的运动员。

（5）发球方每得一分，原发球员则变换发球区再发球。

（6）除发球区错误的情况外，球都应从与发球方得分相对应的发球区发出。

2. 击球顺序和位置

每一回合发球被回击后，由发球方的任何一人和接球方的任何一人，交替在各自场区的任何位置击球，如此往返直至“死球”。

3. 得分和发球

（1）发球方胜一回合则得一分，随后发球员继续发球。

（2）接发球方胜一回合则得一分，随后接发球方成为新发球方。

4. 发球顺序

每局比赛的发球权必须如下传递：先由首先发球员从右发球区发球；其次由首先接发球员的同伴从左发球区发球；然后是首先发球员的同伴；接着是首先接发球员；再接着是首先发球员，依此传递。

二、裁判法简介

（一）裁判人员及其裁决

裁判员在裁判长的领导下工作，并向裁判长负责。发球裁判员和司线员一般由裁判长指派，但裁判长可予以撤换或经裁判员与裁判长商议后予以撤换。

技术官员对其所分管职责内事实的宣判是最后的裁决。当裁判员确认司线员明显错判时，允予纠正。有即时回放系统的场地，由该系统对球落点宣判的挑战予以裁决。如果需要撤换司线员，应召唤裁判长商定。当技术官员因视线被挡未做出裁决时，由裁判员裁决。若裁判员也无法做出裁决时，则判“重发球”。临场裁判员主持一场比赛，并管理该比赛场地及其紧邻的区域，管理时限从该场比赛裁判员进入场地开始，直到该场比赛结束后离开场地为止。

（二）裁判员工作基本要求

通晓《羽毛球竞赛规则》；宣报要迅速而有权威，如有错误应承认，并道歉更正；所有的宣判和报分必须响亮、清晰，使运动员和观众都能听清；对是否发生违例有怀疑时，不应宣判“违例”，应让比赛继续进行；绝不可询问观众或受他们评论的影响；加强与其他临场裁判人员的配合；穿着得体的制服，包括在未提供裁判制服时，遵守“裁判员服装规定”。

（三）对发球裁判员的要求

发球裁判员应坐在网柱旁的矮椅上，最好是在裁判员的对面。发球裁判员负责宣判发球员的发球是否合法，如不合法，则大声宣报“违例”，并用规定的手势指明违例的类型。裁判员可给发球裁判员安排额外的任务，但要事先通知运动员。

（四）对司线员的要求

（1）司线员应坐在他所负责的线的延长线上，最好面向裁判员。

（2）司线员对所负责的线负全责。如球落在界外，无论多远均应立即大声、清晰地宣报“界外”，使运动员和观众都能听清，同时两臂侧平展，使裁判员能看得清。如球落在界内，不宣报，只用右手指向界线。

（3）如未能看清，应立即举起双手盖住眼睛，向裁判员示意。

（4）在球触地前，不得宣报或做手势。

（5）只负责宣报球的落点，不要干预裁判员的裁决，如球触及运动员等。

第十一章 变幻莫测的乒乓球运动

第一节 乒乓球运动概述

一、乒乓球运动的起源与发展

乒乓球运动属于隔网对抗的技能主导类体育项目，比赛是按规则将球击向对方桌面，迫使对手回球出界、下网或犯规。

关乒乓球运动起源于英国，由网球运动派生而来。19 世纪后期的某一天，英国一些大学生在室内以桌为台、以书为网、以酒瓶软木塞为球，在桌上推来挡去，演示网球比赛的场景，形成了“桌上网球”游戏。1890 年左右，英格兰著名越野跑运动员吉布从美国带回了空心塑料球，用它代替了软木塞。空心塑料球击在木板拍上会发出乒乓声响，故称“乒乓球”。1891 年，英国的巴克斯特申请了乒乓球商业专利。

1904 年，上海一家文具店的老板从日本买回 10 套乒乓球器材，把乒乓球引入了中国。乒乓球被称为中国的“国球”。中华人民共和国成立后，乒乓球运动得到了快速普及和 发展，中国乒乓球队的竞技水平位居世界前列。自容国团 1959 年赢得第一个世界冠军至今，中国乒乓球队为祖国夺取了多个世界冠军，涌现出邓亚萍、刘国梁、马琳、王楠、张怡宁、马龙、丁宁等世界著名乒乓球运动员。现今的中国乒乓球拥有完备的人才培养体系、强大的人才储备及教练队伍。在 2021 年东京奥运会上，中国乒乓球队取得 4 枚金牌、1 枚银牌的好成绩。2021 世界乒乓球锦标赛，中国队获得男单、女单、混双、女双 4 枚金牌，中国男乒实现在世乒赛男单项目上的 9 连冠。

二、乒乓球运动的特点

乒乓球运动是智能、技能、体能三者兼容以智能为主的隔网对抗的运动项目。运动员挥拍打出的每一个球，都包含有速度、旋转、力量、弧线和落点五个竞技要素。比赛得分是按规则将球击到对方桌面迫使对手回球出界或落网。乒乓球运动的特点是球小、速度快、变化多、技巧性强、趣味性高，设备比较简单，不受年龄、性别和身体条件的限制，在室内外都可进行，运动量可大可小，具有广泛的适应性和较高的锻炼价值，比较容易开展和普及。

第二节　乒乓球基本技战术

一、乒乓球运动基本技术

（一）握拍方法

握拍方法有两种：一种是直握球拍法，另一种是横握球拍法。

1．直握球拍法

直握球拍法

直拍握法击球出手快，手腕灵活，发球变化多，容易处理台内球，便于以速度和球路变化取得主动；但反手攻球时受身体所限不易发力，防守时能照顾到的面积较小。

用拇指和食指握住球拍拍柄与拍面的结合部位。拍前，以食指第二指关节和拇指第一指关节扣拍；拍后，三指弯曲贴于拍的 1/3 上端。这种握法，称作中钳式。（图 11-2-1）

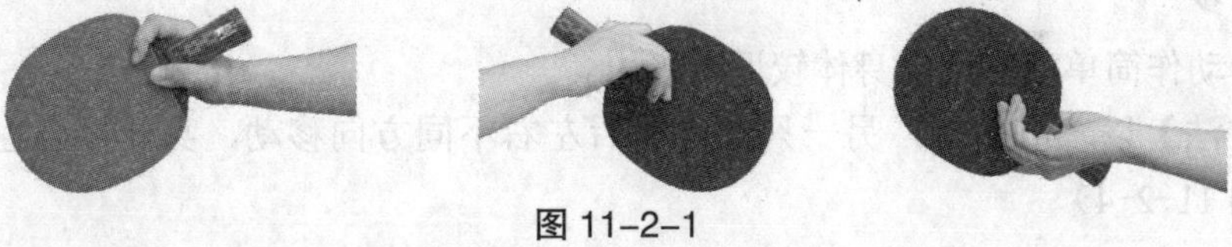

图 11–2–1

2．横握球拍法

横握球拍法

横拍握法照顾范围大，击球时便于发力，利于攻削结合；但手腕不太灵活，摆速较慢，较难处理台内球。

虎口贴拍，拇指在球拍的正面，食指自然伸直放于球拍的反手面，其他三手指自然握住拍柄，这种握法又称为“八”字式。正手攻球时，食指稍向上移动；反手攻球时，拇指稍向上移动。（图 11-2-2）

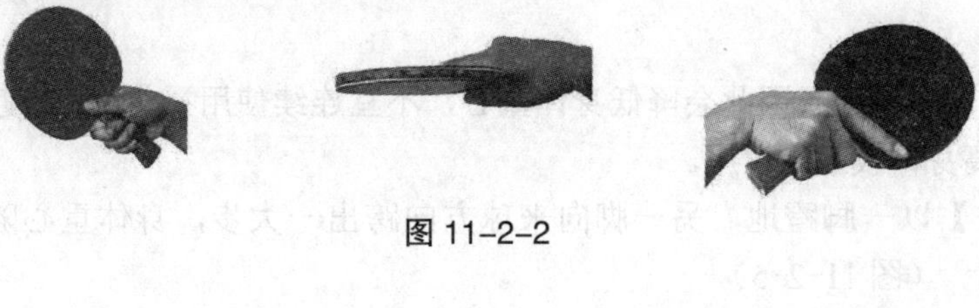

图 11–2–2

（二）身体姿势和站位

1．身体姿势

【特点】动作自然、协调、放松，重心较低且稳定。

【动作方法】两脚开立，稍宽于肩，前脚掌着地，脚跟稍提起，两膝微屈，上体略前倾，重心在两脚中间。下颌略内收，两眼注视来球。两臂自然弯曲置于体前两侧，执拍手手腕适当放松。（图 11-2-3）

图 11-2-3

2．站　位

【特点】不同技术打法有不同的站位方法。无论哪种站位，动作要协调，位置要合理。

【动作方法】

（1）快攻打法和弧圈球打法基本站在近台中间偏左处。

（2）两面攻打法基本站在近台中间。

（3）攻削结合打法基本站在中远台中间。

（三）基本步法

在乒乓球比赛中，没有灵活的步法，就不可能及时抢占击球位置，有效地还击来球。步法的训练必须与技术训练紧密结合。

1．单　步

【特点】动作简单，来球离身体较近时采用。

【动作方法】以一脚为轴，另一只脚向前后左右不同方向移动，身体重心也随之落到移动脚上。（图 11-2-4）

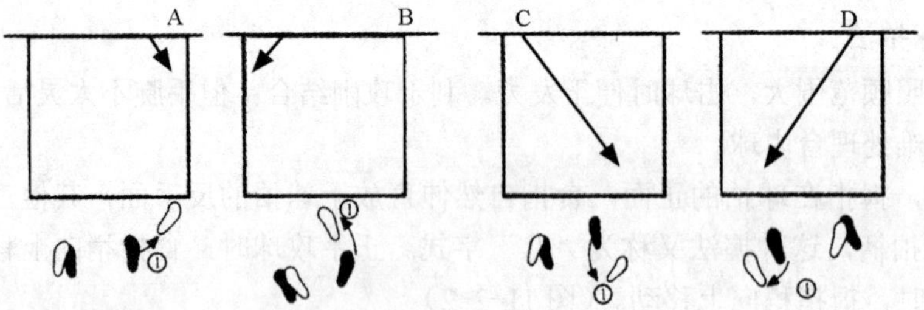

图 11-2-4

2．跨　步

【特点】移动幅度大（因此会降低身体重心，不宜连续使用），移动速度快。跨步多在借力击球和来球离身体较远时运用。

【动作方法】以一脚蹬地，另一脚向来球方向跨出一大步，身体重心随即移至该脚上，另一脚迅速跟上。（图 11-2-5）

3．并　步

【特点】一般在来球速度不算太快时使用。例如，削球的左右移动、快攻和弧圈球打法在攻削球和做小范围移动时，也常运用它。

【动作方法】移动时，先将与来球方向相反的脚向另一脚并一步，与来球方向相同的脚再向来球的方向迈一步迎击来球。并步移动的范围大，有利于保持重心稳定。（图 11-2-6）

4．跳　步

【特点】移动动作灵活，便于选择位置，适合来球离身体较远时使用。

【动作方法】来球相反方向的脚先蹬地，两脚几乎同时离地向左或向右移动，先离地的脚先落地，另一脚再跟着落地、跳步。若来球落点较远或较近，其移动方向可偏后或偏前。（图 11-2-7）

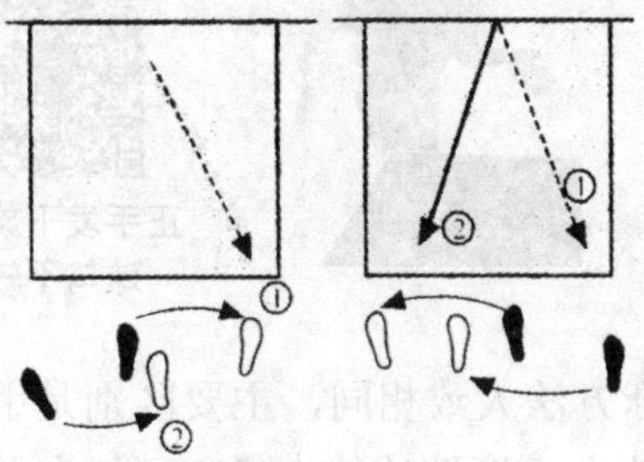

图 11-2-5

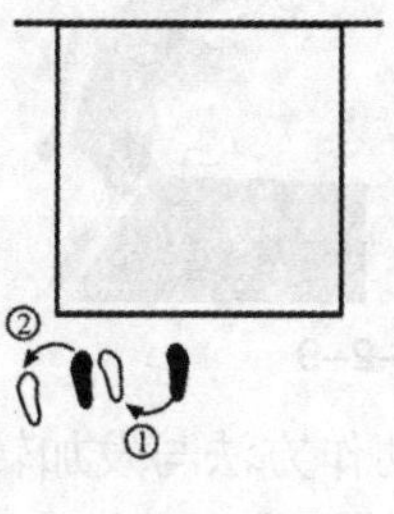

图 11-2-6

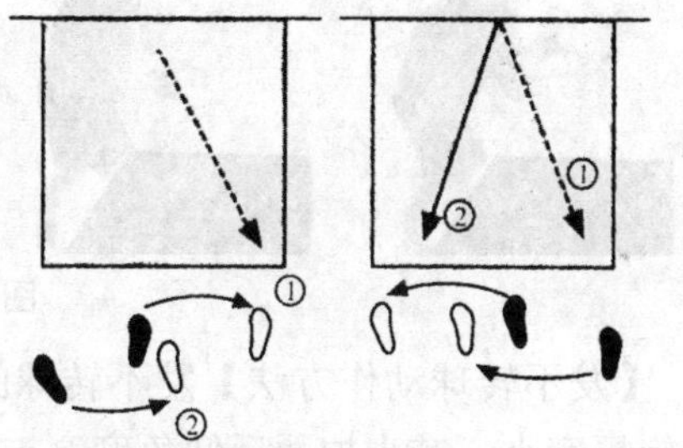

图 11-2-7

（四）发球技术

乒乓球比赛中，每一回合的开始就是发球。发球可在不受对方影响的情况下进行，易于取得比赛的主动权。

发球可以造成对方接发球失误而直接得分；使对方回球质量不高，己方进行抢攻或抢位；通过发球实现自己的战术意图，最低要求是能压制对方接发球的抢攻或抢位。

1．正反手平击发球

【特点】不带旋转，是初学者应掌握的最基本的发球方法。

【动作方法】左脚在前，身体略向右转，左手掌心托球，置于身体右前方；将球向上抛起，当球下降到稍高于球网时击球的中上部，向左前方发力，第一落点在球台中央。（图 11-2-8）

反手平击发球

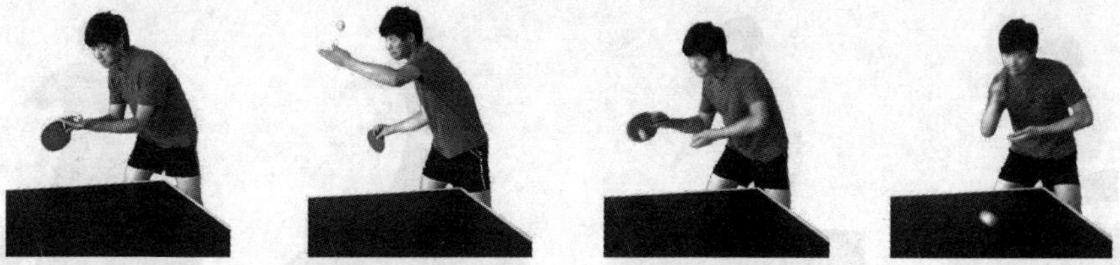

图 11-2-8

2．正手发奔球

【特点】球速快，冲力大，落点远。

【动作方法】左脚在前，身体略向右转，左手将球向上抛起，同时右臂内旋，使拍面稍前倾。当球下降到接近网高时，擦击球的右侧部，手腕向左上方发力，第一落点接近端线。

正手发奔球

3．正手发下旋加转球与不转球

【特点】球速较慢，两种技术的发球手法近似，以旋转变化迷惑对方。

【发加转球动作方法】左脚在前，身体略向右转，左手将球向上抛起，同时右臂外旋，使拍面后仰；当球下降至稍高于球网时，快速屈手腕配合前臂发力，触球中下部并向底部摩擦。第一落点接近球网。（图 11-2-9）

图 11-2-9

正手发下旋加转球与不转球

【发不转球动作方法】发不转球的动作方法与发加转球方法大致相同，主要区别是手臂外旋幅度小，减小拍面后仰角度，击球中部或中下部，减少向下摩擦球的力量，稍加向前推送的力量，使其作用力接近球心。

4．正手发左侧上旋球和左侧下旋球

【特点】两种发球手法相近，以旋转变化迷惑对方。

【动作方法】站位在左半台，左脚在前，身体略向右转，左手将球向上抛起。当球下降至接近网高时，前臂加速向左前方挥摆。若发左侧上旋球，触球时向左侧上方摩擦。若发左侧下旋球，触球时向左侧下方摩擦。

正手发左侧下旋球

5．反手发右侧上旋球和右侧下旋球

【特点】两种发球手法近似，以旋转变化迷惑对方。

【动作方法】站位在左半台，右脚在前，身体略向左转。左手掌心托球置于身体左前方，将球向上抛起。当球下降至接近球网高时，前臂加速向前方挥摆。若发右侧上旋球，触球时向右侧上方摩擦。若发右侧下旋球，触球时向右侧下方摩擦。（图 11-2-10）

正手发左侧上旋球

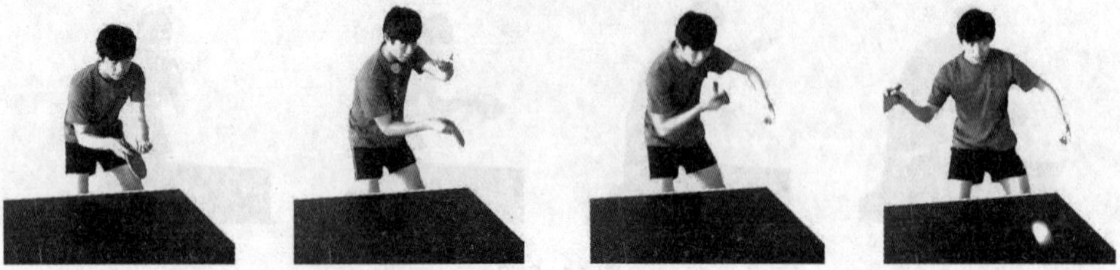

图 11-2-10

6．反手发轻球（短球）

【特点】力量轻，落点近网。

【动作方法】发球时，左手将球轻轻上抛，右手将球拍位置向后上方略提高。当球下降时，前臂迅速向前下方迎球。球拍将触球时，前臂突然内旋，不再往前发力，使球拍后仰，依靠前臂往前的余力，在球接近网高时，摩擦球的中下部。轻球的第一落点在本方球台中段，第二落点在对方近网处。

反手发右侧下旋球

（五）接发球技术

接发球技术通常由点、拨、带、拉、攻、推、搓、削等各种技术综合组成。

1．接急球

这种发球的球速快，而且带上旋。左方急球一般用反手推挡回接，右方急球一般用正手快攻借力回接。如果用反手攻或弧圈球、削球回击，则必须移步后退，等来球力量减弱时回接。

接急球

2．接下旋球

这种发球的球速度较慢，触拍后向下反弹。用搓球回接时，注意拍面后仰，增加向前发力。用快攻或弧圈球回接时，一定要增加向上提拉的力量。

接下旋球

3．接侧上旋球

这种发球是侧旋与上旋相结合的旋转球。一般以推、攻回接为主，击球时拍面要稍前倾，并朝左方或右方偏斜，以抵消来球的上旋力和侧旋力。用弧圈球回接时，要加大拍面前倾角度，多向前发力，少向上提拉。

接侧上旋球

4．接侧下旋球

这种发球是侧旋与下旋相结合的旋转球。一般以搓、削回接为主。回接时，拍面要稍后仰，并朝左方或右方偏斜，以抵消来球的下旋力和侧旋力。用推、攻回接，除注意拍面角度外，还要加大向上摩擦的力量；用弧圈球回接时，拍面不要过于前倾，要多向上提拉，少向前发力。

侧下旋球

5．接短球

由于对方发的是近网短球，回击时要注意及时上前，以取得最合适的击球位置，同时要控制好身体的前冲力。接发球后，要迅速还原准备下一板击球。回接短球时，受台面阻碍会影响引拍，这时要靠前臂和手腕发力为主，根据来球的旋转性能，注意调节拍面角度、击球部位、击球时间和用力方向。

接短球

（六）攻球技术

攻球力量大、速度快、攻击性强，是争取主动、克敌制胜的重要手段。

1．正手攻球

（1）正手近台攻球。

【特点】站位近，动作小，速度快，可为扣杀创造条件。

【动作方法】左脚在前，身体离球台40厘米左右。击球前，持拍手臂要向

正手近台攻球

右前伸迎球，前臂自然放松，球拍成半横状。当球从台面弹起时，前臂和手腕向前上方挥动，并配合内旋转腕的动作，使拍形前倾，在上升期击球的中上部。拍触球刹那，拇指压迫，同时加快手腕内旋速度，使拍面沿球体做弧形挥动。击球后，挥拍至头部高度。（图 11-2-11）

图 11-2-11

横拍击球时，手臂要自然弯曲，手腕与前臂成直线并与地面平行，前臂和手腕稍向前上方用力。击球时间、部位和拍形与直拍基本相同。（图 11-2-12）

图 11-2-12

（2）正手中远台攻球。

【特点】站位远，动作大，力量重，主动发力击球，并在来球前进力减弱时回击。

【动作方法】左脚稍前，身体离球台 1 米左右。击球前，持拍手臂向右后方引拍，球拍成半横状，拍形稍后仰。击球时，手臂由后向前挥动。球拍触球前，前臂在上臂的带动下向前上方用力，手腕边挥边转使拍形逐渐前倾。在球下降前期，击球的中部并向上摩擦，上臂带动前臂继续向左前上方挥动，腰髋转动配合发力，同时上体左转，重心移至左脚。（图 11-2-13）

正手中远台攻球

图 11-2-13

横拍正手攻球时，手臂向后引拍，手腕稍下沉，球拍成横状，然后手臂向前上方用力。击球时间、部位和拍形与直拍基本相同。

（3）杀高球。

【特点】动作大，力量重，是还击高球的有效进攻技术。

【动作方法】左脚在前，身体离台略远，手臂内旋使拍面前倾，向身体右后方引拍，增大球拍与来球的距离。当来球下降至头肩高度时，右脚蹬地，腰髋向左转动。击球的中上部，整个手臂加速向左前下方挥动，腰髋配合发力。

2．推挡球

推挡是我国直拍快攻打法的基本技术之一，具有站位近、动作小、速度快等特点。

（1）挡球。

【特点】球速慢，力量轻，动作简单容易掌握，是初学者的入门技术。

【动作方法】两脚平行站立，身体离球台约 50 厘米。击球前，前臂与台面平行伸向来球。拍触球时，前臂和手腕稍向前移动，主要是借助对方来球的反弹力将球挡回。在上升期击球的中部，拍形与台面接近垂直。击球后，迅速收回球拍，还原成击球前的准备姿势。（图 11-2-14）

挡　球

图 11-2-14

（2）直拍快推。

【特点】借力还击，回球速度快，力量较轻。

【动作方法】右脚在前或两脚平行，自然开立，身体离球台约 50 厘米。持拍手上臂和肘关节内收，前臂略向外旋。击球时，前臂开始向前推击，同时手腕外旋。食指压拍，拇指放松使拍形前倾。在上升期击球中上部，将球快推回去。击球后，手臂继续前送，手腕配合外旋使球拍下压。（图 11-2-15）

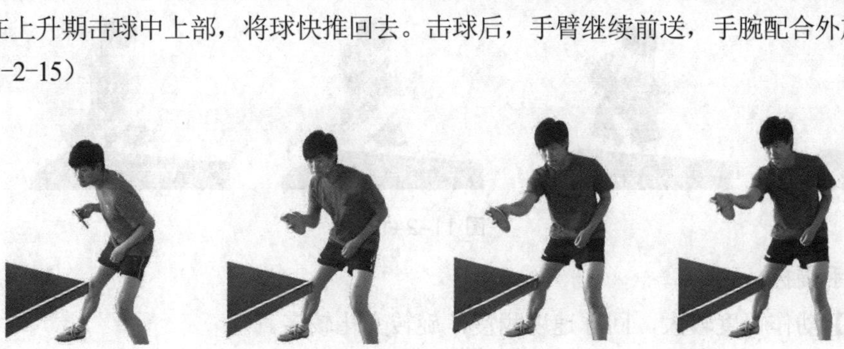

图 11-2-15

（3）加力推。

【特点】回球力量重，球速快，击球点较高。

【动作方法】右脚在前，身体离球台约 50 厘米。手臂自然弯曲并外旋，使拍面角度稍前倾，前臂提起。当来球跳至上升后期或高点期，击球的中上部，

加力推

上臂、前臂、手腕加速向前下方推压，击球后迅速还原成击球前准备姿势。

（4）横拍快拨。

【特点】回球速度快，落点远，力量大，击球点较低。

【动作方法】两脚平行开立或左脚在前，正对来球方向，身体离球台约 40 厘米。前臂回收，手腕略下垂，肘关节略抬起，将球拍引至腹部。当球从台面反弹时，前臂带动手腕向前方挥动，在球上升期击球的中上部位，此动作应结合摩擦球并以击打为主。击球后迅速还原成击球前准备姿势。（图 11-2-16）

横拍快拨

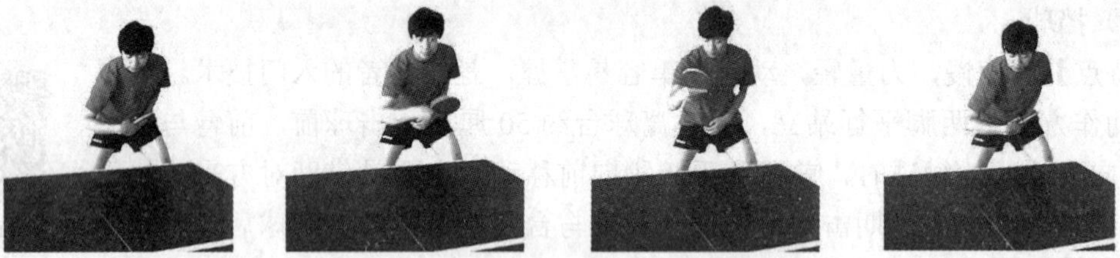

图 11-2-16

（七）搓球技术

搓球是近台还击下旋球的一种基本技术。比赛中用该技术还击可以不给对方攻球机会还为自己攻球和弧圈球创造了条件，形成搓攻战术。搓球还可用于接发球，必要时用搓球作为过渡。

1．反手快搓

【特点】动作幅度较小，速度较快，旋转强度一般，借助对方来球冲力进行回击。

【动作方法】右脚在前，身体离球台约 50 厘米，手臂自然弯曲，拍面稍后仰，前臂向左上方提起，在来球上升期时击球的中下部，前臂手腕向右前方平行用力。（图 11-2-17）

反手快搓

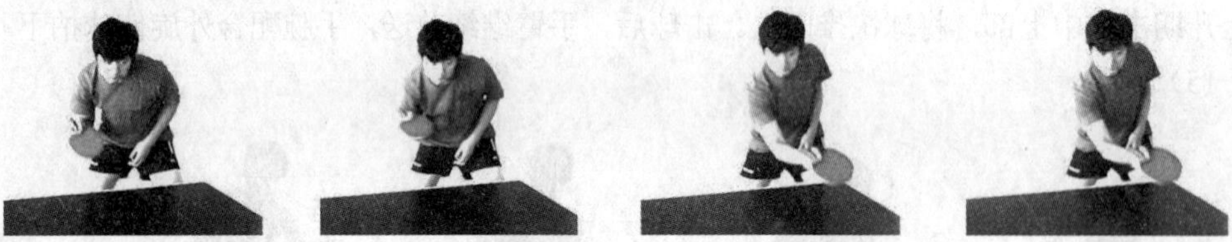

图 11-2-17

2．反手慢搓

【特点】动作幅度较大，回球速度稍慢，旋转变化较多。

【动作方法】右脚在前，身体离球台约 50 厘米，持拍手臂向左上引拍。击球时，前臂和手腕向前下方用力，拍形后仰，在球下降后期击球的中下部。击球后，前臂随势前送。

横拍搓球时，拍形略竖一些，击球后前臂向右下方挥摆。击球的时间、部位和拍形与直拍基本相同。（图 11-2-18）

反手慢搓

图 11-2-18

（八）弧圈球技术

弧圈球是一种上旋力很强的进攻技术。它能产生适宜的弧线，比攻球有更多的发力击球时机。

1．正手前冲弧圈球

【特点】弧线长，上旋力强，球速快，着台后前冲力大，向下滑落。

【动作方法】左脚在前，根据来球选择站位远近，手臂内旋，使拍面前倾角度大些，腰髋右转，手臂接近伸直，将球拍引至身体右后下方。在来球高点期或下降前期摩擦击球的中上部，上臂带动前臂向前上方挥动，同时手腕伸展配合发力。（图 11-2-19）

正手前冲弧圈球

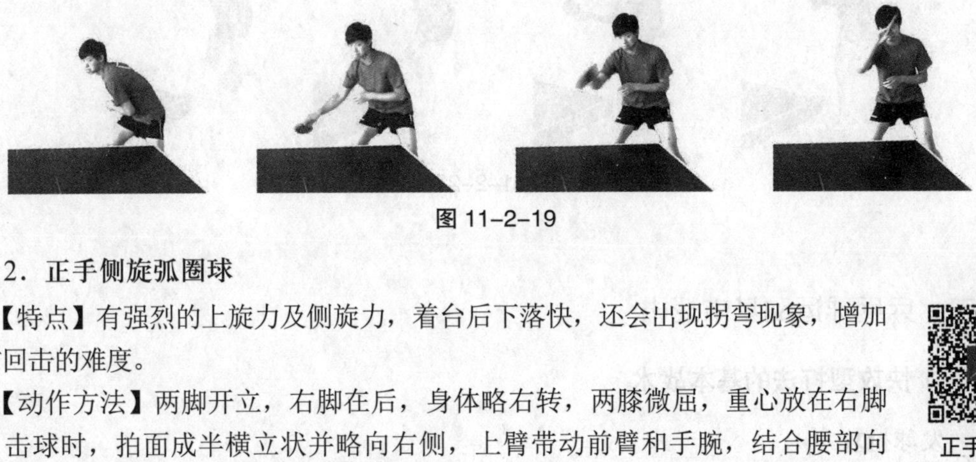

图 11-2-19

2．正手侧旋弧圈球

【特点】有强烈的上旋力及侧旋力，着台后下落快，还会出现拐弯现象，增加对方回击的难度。

【动作方法】两脚开立，右脚在后，身体略右转，两膝微屈，重心放在右脚上。击球时，拍面成半横立状并略向右侧，上臂带动前臂和手腕，结合腰部向左转动的力量，在球下降期用拍摩擦球的右中部或右中上部，使球带有强烈右侧上旋。击球后，重心移至左脚。

正手侧旋弧圈球

（九）削球技术

削球是一种积极的防御技术。它以球的旋转和落点的变化达到制约和控制对方的目的。

1．中远台正手削球

【特点】站位离球台比较远，击球时间晚，击球前有充分的动作准备时间，控制球的稳定性相对较好。

【动作方法】左脚在前，双膝微屈。向后上方引拍至右肩上方并横立，身体向后转动。挥拍击球时，球拍向前下方挥动，在腰侧摩擦下降前期球的中下部。触球时要用腰臂一同发

力，身体重心同时向前下方移动。击球结束后，球拍向前送出并还原。（图 11-2-20）

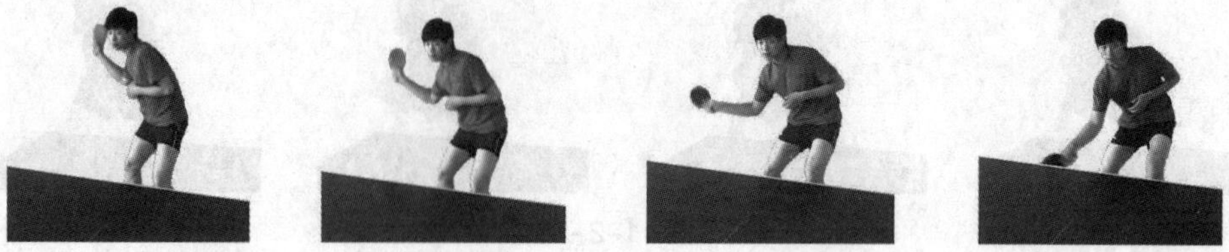

图 11-2-20

2．中远台反手削球

【特点】站位离球台较远，击球时间晚，有充分的击球准备时间，控制球的稳定性相对比较好。

【动作方法】选择好站位，右脚在前，双膝微屈。向后上方引拍至左肩上方并横立，身体向左后转动。挥拍击球时，球拍向右前下方挥动，在腰左侧摩擦下降前期球的中下部。触球时要用腰臂一同发力，身体重心同时向前下方移动，击球结束后，球拍向前送出并还原。（图 11-2-21）

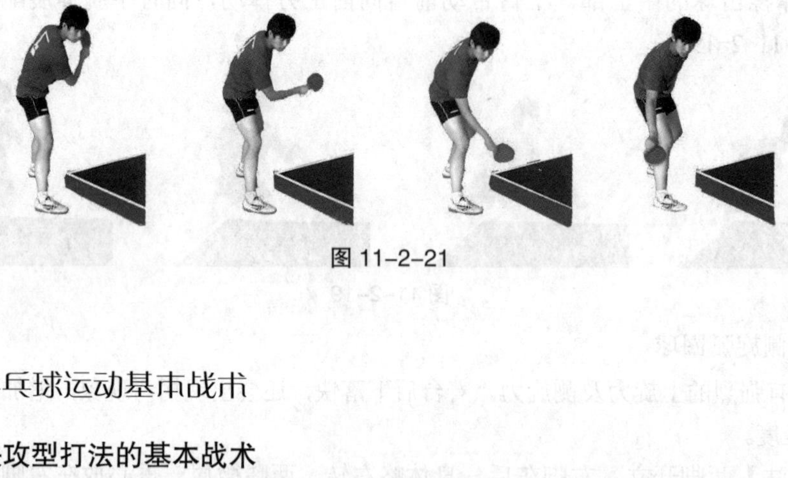

图 11-2-21

二、乒乓球运动基本战术

（一）快攻型打法的基本战术

1．发球抢攻

（1）反手发右侧上（下）旋球，发至对方中路靠右近网处，伺机攻对方左侧。

（2）发追身急球（球速越快越好），使对方不能发挥其正反手攻球的威力，然后侧身进攻对方中路或两角。这种战术对付两面攻比较有效。

（3）发急下旋长球至对方左角，配合近网短球，然后侧身抢攻，主要是针对对方弱点进行攻击。这种战术可以有效对付弧圈和快攻。

（4）正手中高抛球发左（右）侧上（下）旋球至对方左角（角度越大越好），配合发右方急球进行抢攻。这种战术对付善于采用搓球接发球的选手最为有效。

2．推挡侧身抢攻

（1）在对推中，以力量、速度、落点控制对方，伺机侧身抢攻。

（2）在对推中，用反手攻球进行配合，同时寻找机会，伺机侧身抢攻。

（3）在对推中突然加力推或推下旋球，迫使对方回球较高，然后立即侧身抢攻。

（4）若推挡技术强于对方，可推压对方反手，伺机侧身抢攻。

3．推挡变线

（1）先用推挡连压对方左角取得主动，然后突然变推直线袭击其右角空当。

（2）遇连续打侧身抢攻的选手，以推变直线来加以牵制。

（3）当对方用反手进攻或侧身进攻时，用变直线来反击其空当。

（4）变线前，要用加力推压住对手，或者推出大角度球，使对方身体向左移动或采用侧身时突然变线。切忌乱变，否则容易被对方反击。

4．左推右攻

（1）当推挡略占上风时，或在侧身抢攻获得成功后，对方往往会主动变线到正手，此时采用有力的正手攻球回击对方。

（2）主动推变直线，引诱对手回斜线，用正手攻击直线，反袭对方空当。

（3）有时可佯做侧身，诱使对方变线，给自己创造正手回击的机会。

（二）弧圈球型打法的基本战术

1．发球抢位

（1）正手（或侧身）发强烈下旋球至对方左侧近网位置，迫使对方以搓回击，然后拉加转弧圈球至对方反手或中路。

（2）反手发右侧上（下）旋球至对方中路或偏右及偏左的地方，然后拉前冲弧圈球至对方两大角。

（3）反手发急下旋球至对方中路偏右或左方大角，当对方以搓球回击时，拉前冲弧圈球至对方正手。

（4）对削球一般用速度快、落点长的球，使对方退守，然后根据对方的站位和适应弧圈球的能力，决定用哪种弧圈球攻击对方。

2．接发球抢拉

对方发侧上旋球和不太转的球时，用前冲弧圈球回击；对方发侧下旋或强烈下旋球时，用加转弧圈球回击。

3．搓中拉弧圈球

（1）在对搓中看准时机，主动抢拉弧圈球。

（2）在对搓短球时，突然加力搓左角长球，然后侧身主动抢拉加转弧圈球。

（3）多搓对方正手，使其不能逼左大角，伺机抢拉弧圈球至对方反手或中路，再冲两角。

4．弧圈球结合扣杀

（1）拉加转弧圈球结合扣杀。

（2）拉前冲弧圈球迫使对方远台回击，然后放短球，再扣杀。

（3）拉加转弧圈球与不转弧圈球相结合，伺机扣杀。

第三节　乒乓球竞赛规则与裁判法

一、球台

球台的上层表面叫作比赛台面，应为与水平面平行的长方形，长 2.74 米，宽 1.525 米，离地面高 76 厘米。比赛台面应呈均匀的暗色，无光泽。沿每个 2.74 米的比赛台面边缘各有一条 2 厘米宽的白色边线，沿每个 1.525 米的比赛台面边缘各有一条 2 厘米宽的白色端线。

二、定义

（1）“回合”：球处于比赛状态的一段时间。

（2）“球处于比赛状态”：从发球时球被有意向上抛起前静止在不执拍手掌上的最后一瞬间开始，直到该回合被判得分或重发球。

（3）“重发球”：不予判分的回合。

（4）“一分”：判分的回合。

（5）“执拍手”：正握着球拍的手。

（6）“不执拍手”：未握着球拍的手。不执拍手臂：不执拍手的手臂。

（7）“击球”：用握在手中的球拍或执拍手手腕以下部分触及处于比赛状态的球。

（8）“阻挡”：当球处于比赛状态时，对方击球后，在比赛台面上方或向比赛台面方向运动的球，尚未触及本方台区，即触及本方运动员或其穿戴（带）的任何物品，即为阻挡。

（9）“发球员”：在一个回合中首先击球的运动员。

（10）“接发球员”：在一个回合中第二个击球的运动员。

（11）“裁判员”：被指定管理一场比赛的人。

（12）“副裁判员”：被指定在某些方面协助裁判员工作的人。

（13）运动员“穿或戴（带）”的任何物品，包括其在一个回合开始时穿或戴（带）的任何物品，但不包括比赛用球。

（14）球台的“端线”，包括端线两端的无限延长线。

三、发球

（1）发球开始时，球自然地置于不持拍手的手掌上，手掌张开，保持静止。

（2）随后发球员须将球几乎垂直地向上抛起，不得使球旋转，并使球在离开不执拍手的手掌之后上升不少于 16 厘米，球下降到被击出前不能碰到任何物体。

（3）当球从抛起的最高点下降时，发球员方可击球，使球首先触及本方台区，然后直接触及接发球员台区。在双打中，球应先后触及发球员和接发球员的右半区。

（4）从发球开始，到球被击出，球要始终在比赛台面的水平面以上和发球员的端线以外；而且从接发球方看，球不能被发球员或其双打同伴的身体或他（她）们所穿戴（带）的任何物品挡住。

（5）球一旦被抛起，发球员的不执拍手及其手臂应立即从球和球网之间的空间移开。球和球网之间的空间由球和球网及其向上的无限延伸来界定。

（6）运动员发球时，有责任让裁判员或副裁判员确信他（她）的发球符合规则的要求，且裁判员或副裁判员均可判定发球不合法。如果裁判员或副裁判员对发球的合法性不确定，在一场比赛中第一次出现时，可以中断比赛并警告发球方。但此后如该运动员或其双打同伴的发球不是明显合法，将被判发球违例。

（7）运动员因身体伤病而不能严格遵守合法发球的某些规定时，可由裁判员做出决定免于执行。

四、重发球

（1）回合出现下列情况应判重发球：如果发球员发出的球触及球网装置后成为合法发球或被接发球员或其同伴阻挡；如果接发球员或接发球方未准备好时，球已发出，而且接发球员或接发球方没有企图击球；由于发生了运动员无法控制的干扰，而使运动员未能成功发球、还击或遵守规则；裁判员或副裁判员暂停比赛。

（2）可以在下列情况下暂停比赛：由于要纠正发球、接发球次序或方位错误；由于要实行轮换发球法；由于警告、处罚运动员或指导者；由于比赛环境受到干扰，以致该回合结果有可能受到影响。

五、得1分

除被判重发球的回合，下列情况该运动员得一分。

（1）对方运动员未能正确发球。

（2）对方运动员未能正确还击。

（3）运动员在发球或还击后，对方运动员在击球前，球触及了除球网装置以外的任何东西。

（4）对方击球后，球没有触及本方台区而越过本方台区或端线。

（5）对方击球后，球穿过球网，或从球网和网柱之间、球网和比赛台面之间通过。

（6）对方阻挡。

（7）对方故意连续两次击球。

（8）对方用不符合规则的拍面击球。

（9）对方运动员或其穿或戴（带）的任何东西使比赛台面移动。

（10）对方运动员或其穿或戴（带）的任何东西触及球网装置。

（11）对方运动员不执拍手触及比赛台面。

（12）双打时，对方运动员击球次序错误。

六、裁判法

（一）裁判长

每次竞赛应指派一名裁判长，其身份工作地点应告知所有参赛者，并适时告知各参赛队队长。

裁判长应对下列事项负责。

（1）主持抽签。

（2）编排比赛日程（时间、台号）。

（3）指派裁判员。

（4）主持裁判员的赛前短会。

（5）审查运动员的参赛资格。

（6）决定在紧急时刻能否中断比赛。

（7）决定在一场比赛中运动员能否离开比赛区域。

（8）决定能否延长法定练习时间。

（9）决定在一场比赛中运动员能否穿长运动服。

（10）对解释规则和规程的任何问题做出决定，包括服装、比赛器材和比赛条件的可接受性。

（11）决定在比赛紧急中断时，运动员能否练习，以及练习地点。

（二）副裁判员

副裁判员应：①决定处于比赛状态中的球是否触及距离他或她最近的比赛台面的上边缘；②有违反场外指导或行为规定情况时，告知裁判员。

裁判员或副裁判员均可：①判决运动员发球动作不合法；②判决合法发球触及球网装置；③判决运动员阻挡；④判决比赛条件受到意外干扰，该回合的结果有可能受到影响。

第十二章 时尚高雅的网球运动

第一节 网球运动概述

一、网球运动的起源与发展

古代网球运动是一种人们玩耍的“掌中游戏”。现代网球运动起源于英国。1873 年，英国的温菲尔德在掌握了古代网球游戏以后，把它从古老的宫廷搬到了室外，使网球运动走进了寻常百姓家。

1877 年，英国在温布尔登举行了第 1 届草地网球锦标赛，以亨利·琼为首的裁判委员会草拟的比赛规则是现代网球比赛规则的基础，其中的盘制、局制、换位法一直沿用至今。

网球运动冲出宫廷走向普及和形成高潮是在美国。第二次世界大战期间，其他国家的网球赛事都停止了，只有美国继续开展并进入鼎盛时期，普及率非常高，这为网球运动的发展做出了很大的贡献。

1913 年 3 月 1 日，世界网球的最高组织——国际网球联合会成立，总部设在巴黎，后迁至伦敦。在第 1 届现代奥运会上，网球运动就被列入奥运会比赛项目，1928—1984 年，由于对业余选手身份有争执，网球退出了奥运会，直到 1988 年汉城（今首尔）奥运会才被重新列入奥运会比赛项目。

中国网球著名运动员有李娜、郑洁、张帅、王蔷、郑赛赛、王雅繁等。中国网球选手经过不断努力和顽强拼搏，逐渐走到世界排名的前列。其中，李娜是 2011 年法国网球公开赛、2014 年澳大利亚网球公开赛女子单打冠军，是亚洲第一位大满贯女子单打冠军。2018 年雅加达亚运会，徐一璠、杨钊煊夺得冠军，这是中国队时隔 12 年再夺亚运会女双冠军，也是历史上第三次登顶。

二、网球运动的特点

网球是世界上流行的运动项目，也是一项逐渐兴起的健身运动。随着生活水平的提高，人们的健康意识的加强，越来越多的人参与到网球时尚运动中来。

第二节　网球基本技战术

一、网球运动基本技术

（一）握拍方式

握拍是网球最基本的技术。网球的各项技术应用的握拍方式都有所不同，不同的握拍方式，可以打出不同的击球效果，从而决定所击出球的速度、弧度、旋转。因为球拍是击球者手臂的延伸和手掌的扩大，每个击球动作都是由下肢把力量传导到手臂、手腕、手指相互配合用力来完成的，所以选择正确的握拍方式对技术的提高和全面发展有较大的影响。握拍的基本方式有四种：大陆式握拍、东方式握拍、西方式握拍和双手握拍法。这四种握拍都各有自己的优势和劣势。每个人在学习当中都可以选择合适自己的握拍方法。等有了一定基础之后，正手击球就可以采用半西方式握拍和西方式握拍来获得更多的旋转和力量，使击球更加有威胁。从球拍底部可以看出标准的球拍有八条棱（图 12-2-1），握拍方式是根据拇指与食指形成的“V”字形虎口，对准拍柄的各条棱而基本确定的。现在我们统一以球拍拍面垂直地面为参照来介绍各条棱的名称。本章所有技术介绍均以右手为例。

1．大陆式握拍

球拍垂直地面时，食指与拇指形成的V字虎口对准拍柄的 1 号棱，握到拍柄最底部，握拍时食指像扣扳机一样扣紧球拍，拇指贴着中指。大陆式握拍主要用于发球、网前截击球、高压球、削切球以及防御性击球。（图 12-2-2）

大陆式握拍

2．东方式正手握拍

东方式握拍类似两个人握手手势，所以也叫“握手式”握拍法。以左手托好球拍，右手平贴在拍面上，保持手掌与拍面平行，手顺着拍面一直拉到拍柄底部，手握紧拍柄之后虎口对准 2 号棱。通常东方式握拍用来学习正手，此式很灵活，让球手能够轻易击出上旋球或更有威力的平击球或穿越球，并能很快速地换到其他握拍方式。（图 12-2-2）

东方式握拍

3．东方式反手握拍

当拍面垂直于地面时，从大陆式握拍逆时针转动手，直到虎口对准 8 号棱，掌心贴在 7 号棱与 8 号棱之间的平面上。这种握拍一般用在单手反拍抽球和上旋发球。（图 12-2-2）

4．双手反手握拍

双手反手握拍左手在上、右手在下，右手V字虎口对准 8 号棱，采用反东方式握拍，握到掌根平着拍柄底部，左手采用东方式正手握拍。这种握拍方式是力量较差的球手最好的选择，这种握拍能够击出比单反更有力的球，双手基于肩部的旋转和更高效的挥拍能够提供更大的威力。双手反手握拍能很好地处

双手反手握拍

理低球，而且额外的一只手可以更好地处理齐肩高的球。

5．**西方式握拍**

V字虎口对准 4 号棱，掌心朝上。这种握拍可以打出强烈的上旋球。（图 12-2-2）

西方式
正手握拍

6．**半西方式握拍**

从东方式握拍顺时针转动到V字虎口对准 3 号棱，也就是把球拍放地上直接抓起来的握拍方式就是半西方式握拍。这种握拍结合了东方式握拍与西方式握拍的优点，因此很多职业教练也会鼓励他们的学生使用这种握拍方式。（图 12-2-2）

当然实际击球时，V字虎口不一定完全对准某一条棱，若是在棱及其相对应的面上都是可以的。

半西方式
正手握拍

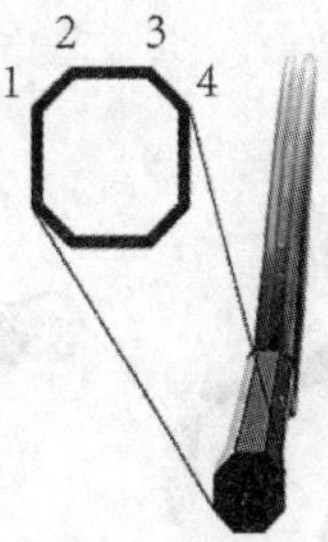

图 12-2-1

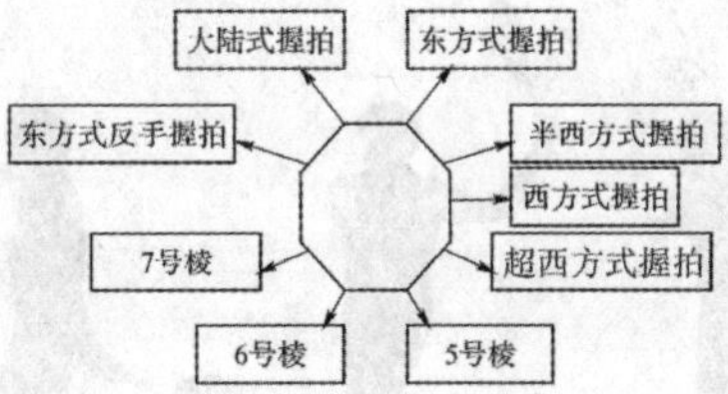

图 12-2-2

（二）击球的基础知识

1．**击球站位**

击球站位有关闭式站位、半关闭式站位、开放式站位、半开放式站位，阴影部分为脚掌与地面接触的面积。（图 12-2-3）

2．**甜　区**

甜区就是球拍上的一个最佳击球区域。这个区域在击球时能给你提供最大的力量、最佳的手感以及最小的振动。

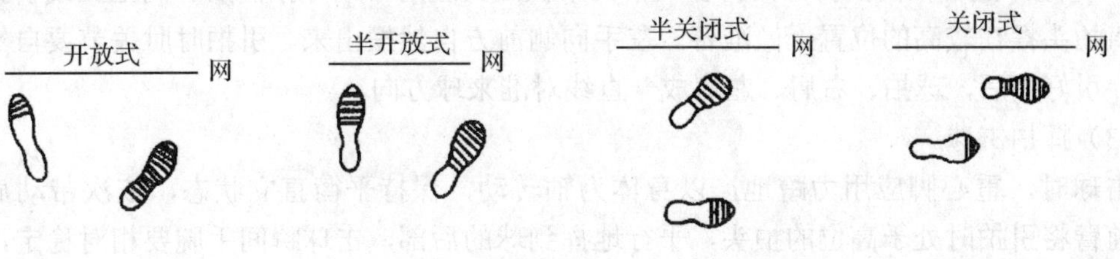

图 12-2-3

3．**击球点**

击球点就是运动员击球时球拍与球接触的空间和位置，击球点分别指球拍击中球时球距地面的高度；球拍击中球时球距身体的前后距离；球拍击中球时球距身体的左右距离。最佳击球点的高度在腰部，前后位置在身体的侧面稍靠前。

4. 击球线路

球被球拍击中到飞行到落点的线路叫击球线路。击球线路一般分为直线和斜线两种。

5. 击球要点

在对方开始做挥拍动作时要做分腿垫步和预判，这样有助于保持下肢的弹性，提高反应和移动速度。击球时要调整到最佳的击球位置和打中球拍的甜区，这样就可以打出线路多变和强有力的击球。击球后要及时还原为准备动作，为下一次击球做好准备。

（三）正手击球

1. 正手击球基本技术

正手击球由 4 个基本技术环节组成：准备动作、移动转体引拍、挥拍击球、随球跟进。（图 12-2-4）

正手击球

图 12-2-4

（1）准备动作。

面对球网，眼睛盯住球。两脚平行开立，稍比肩宽，膝关节微屈使重心下降，上体稍向前倾，重心落在脚掌。右手握在拍柄最底部，左手放松握在右手上面。球拍置于胸前与两肩之间，拍头举起稍高于手腕，肘关节内收离开身体。

（2）移动转体引拍。

判断好来球方向后，双脚迅速右转，调整好击球位置，最后一步左脚向前跨出，与端线约成 90° 角，重心偏向前脚，两脚膝关节向下微屈。左肩带动球拍向后、向上弧线引拍，引拍时将拍头摆在较高的位置上做准备。左手向侧前方自然摆出来。引拍时肘关节要自然弯曲下垂。引好拍后，球拍、右肩、左肩成一直线对准来球方向。

（3）挥拍击球。

击球时，重心脚应用力蹬地，以身体为轴转动，保持平衡直立状态，依次带动肩、上臂、前臂将引拍时处于高位的拍头，平行地挥到球的后部，击球瞬间手腕要相对稳定，击球拍面基本垂直于地面。然后再次向上提起球拍从而给球施加旋转。

（4）随球跟进。

当球拍击中球时，击球动作不要停止，重心和随挥动作要跟上，使拍面与球接触的时间延长。挥拍沿着球的飞行方向前送，重心转移到左脚上。右肩转向对准击球落点。

2．正手平击球

正手平击球的特点就是几乎不带旋转，球飞行速度较快，过网弧度比较低，下地前冲击力量大，击球过程中挥拍几乎是水平运动。但是缺少弧度，因此容易造成失误，其准确性和控制性也较差。平击球是在基本技术的基础上，使拍面与地面保持垂直，挥拍时挥拍轨迹尽量跟地面保持平行。

3．正手上旋球

上旋球的特点是球带向前的旋转，过网弧度高，下降和弹起瞬间有明显地加速，落地弹起向前冲，高而远；同时稳定性高，进攻性强且控制角度大。打上旋球就是在正手击球基本技术的基础上，拍面相对后仰，球拍从下向上、向前擦击球的后上部，击球后要有完整的随挥收拍动作。

4．正手削球（下旋球）

下旋球的特点就是球比较“飘”，飞行时间长，球速慢，过网很低，球落地后弹起也很低，并伴有回弹现象，容易控制落点，正手削球可与其他技术交替使用从而改变节奏变化，扰乱对方的比赛节奏，降低对方的回球质量，为自己创造更好的进攻得分机会。

正手削球使用的是大陆式握拍，来球时左脚向前方跨出，同时侧身后摆引拍，引拍时拍头稍高于手腕，左手指向球来的方向，以保持身体平衡。击球点在身体右侧前方，挥拍动作由上至下走一条直线，先击中球的后部，再从球的后部向球的后下部摩擦。削球应该集中精力做好击球动作，而不必有意识地做随挥动作。

（四）反拍击球

1．双手反拍击球

双手反拍击球同样分为4个基本技术环节：准备动作、移动转体引拍、挥拍击球、随球跟进。（图12-2-5）

反拍击球

图 12-2-5

（1）准备动作。

双手反拍的准备动作与正手击球的动作相同。面对球网，眼睛盯住球，两脚平行开立，稍比肩宽，膝关节微屈使重心下降，重心落在脚掌。右手握在拍柄最底部，左手紧贴握在右手上面。球拍放在胸前与两肩之间，拍头举起稍高于手腕，肘关节内收离开身体。

（2）移动转体引拍。

判断来球向反手方向飞来时，使用侧身碎步移动到位。移动同时左手保持握在东方式正手握拍上，迅速向右旋转球拍，帮助右手转到东方式反手握拍上。肩部和髋部带动球拍向左后方引拍，后摆时肘关节自然弯曲放松，拍头稍稍翘起，指向后方，引拍高度稍低于击球点。同时右脚向前方迈步，膝关节微屈，向前探肩，身体重心落在后面的左脚。双手反拍击球的整个过程左手应该一直握在东方式正手握拍上，这样有助于快速地转拍和保证随挥动作的完整性。

（3）挥拍击球。

球到了右脚左侧前方时，把引拍时翘起的拍头放松下来，右手向前拉拍，左手向前推拍，挥拍轨迹是由后向前上方挥出。挥拍过程保持手臂自然弯曲。击球时球拍与右脚应该在一条直线上。最佳击球高度约与腰同高，击中球的瞬间手腕相对绷紧，拍面与地面保持垂直或有点下压，击打球的中后部，用顶髋、转体和转肩的力量使重心前移到右脚上。

（4）随挥跟进。

击球后随挥动作要连贯，球拍沿着击球线路向前、向上收拍，收到右肩耳后，重心也跟着向前落在右脚上，击球结束后身体转向球网，恢复为准备动作。

2．反手下旋球

反手下旋球过网很低，落地后会下沉，容易控制落点，控制范围大变化多，稳定性高。反手下旋球也可作为变换旋转和改变节奏的打法，扰乱对方的比赛节奏，降低对手的回球质量，为自己创造更好的进攻得分机会。

判断球的飞行路线在反手时，迅速转为大陆式握拍，侧身转体引拍，引拍高度要与击球点的高度相一致，拍头向上高于手腕与前臂形成L状，手腕稍微往上翘绷紧。右脚向左前方迈出。球到右脚左侧，右手向要打的方向直线挥出，打中球的后下部，感觉好像球在球拍上面滑动。球拍不要直接往下砍，要有向下、向前送的动作，球拍随着球出去的方向前上方收拍，随挥要充分。托着拍颈的左手也要同时向反方向运动打开，这样有助于保持身体平衡。反手削球的击球点比其他技术的击球点要后一些，因为这样打中球后才有足够的距离向前挥，球拍与球的接触时间也会长一些。（图 12-2-6）

图 12-2-6

（五）发　球

1．发球的基本技术

发球是网球基本技术中最重要的技术之一。因为每一场比赛、每一局、每一分，都是由发球开始的，发球也是网球比赛中唯一不受对手影响、完全由自己控

发　球

制的一项技术，而且发球在比赛中也是得分的利器，所以发球的好坏会直接关系到一场比赛的得失。因此，我们必须掌握好的发球技术。发球的基本技术可分为：准备动作、抛球后摆、挥拍击球和随挥跟进。

（1）准备动作。

单打发球站位在中线附近，双打发球站位在中线到双打线中间。准备时，两脚分开站立，大概与肩同宽。左脚向右前方跨出，右脚在后面，右区发球时左脚脚尖对着右边的网柱；左区发球时左脚与端线平行，两个区发球重心都落在左脚上。站好位以后肩部要充分侧转过来，就像一道门把身体关起来，对手此时看不到你的胸部。

（2）抛球后摆。

抛球和后摆引拍动作是同步进行的。抛球持球手用指尖托住球，掌心向上，以肩部为轴直臂向上把球抛起，手臂上升到最高点，手指自然打开，球垂直向空中升起。想象在自己正前方画一个时钟，抛球位置大概在 12 点钟方向到 1 点钟方向之间，球与身体的前后距离是一臂之内，高度在自己握着球拍充分向上伸展后再高一点，球抛出去后持球手保持在高处。后摆引拍动作可以从后向上摆起或者直接向右打开；同时做屈膝、转体、展肩动作，引好拍后拍头举起指向天空，重心随着引拍往后移。

（3）挥拍击球。

在球抛起以后，左脚蹬腿向上跳起的同时球拍迅速、连贯、放松地落到背后，用转体和腰腹的力量先把肘关节向前向上抬起，再把球拍带出来向上挥出，球在最高点的时候击中球的后上方。向前击中球后持拍手腕带动前臂做一个扣腕内旋鞭打动作。

（4）随挥跟进。

击完球后，球拍保持向前、向左下方挥出，同时身体跳进场内，左脚着地右脚向后抬起，保持身体平衡，最后球拍结束动作在身体的左侧。

2．发球的种类与特点

发球技术一般分为三种：平击发球、侧旋发球和上旋发球。这几种发球的技术动作是基本相同的，不同之处在于击球瞬间拍面上的变化，击打球的部位和挥拍的方向轨迹做出不同的调整。

（1）平击发球。

球几乎没有旋转，球速快，过网比较低，落地弹跳低，前冲力量大，但是这种发球失误率相对比较高。平击发球以拍面中心平直对准球，击球的后中上部向前向下打。因此，手腕带动前臂扣腕内旋鞭打动作非常重要，身体充分向上向前伸展，以获得最高击球点，提高发球命中率。

（2）侧旋球。

球带侧旋（略带下旋）以曲线形式进入场地，所以成功率较高，而且球速快，可控制的击球线路广，通常用于第二发球。比赛时发追身球和在右区发外角，左区内角有明显的优势。这种发球是在击球时球拍快速从右侧中上方至左下方挥动。击球部位在球的中部偏右侧，使球产生右侧旋转。

（3）上旋发球。

上旋发球过网弧度高，球带上旋，所以球过网后下坠和弹起瞬间都会有明显的加速。上旋发球下地反弹很高，前冲很大，稳定性也高。发这种球时身体尽量后仰成弓形，利用杠杆力量对球加旋转，球拍快速从左向右上方挥动，从下向上擦击球的背面，并向右带出，使球产生右侧上旋。

（六）高压球

高压球是在头顶以上以扣压的形式来完成的一种击球方法。这项技术是在球员随球上网、对方挑高球想绕过我方头顶时用的，在比赛当中打一个落点准、力量大的高压球，不但能增加上网的信心，而且能大大地鼓舞自己的士气。（图 12-2-7）

图 12-2-7

（七）截击球

随着网球运动的不断发展，器材、技术、打法都有所变化。就单打打法而言，从最初单纯的底线型打法发展到上网型打法，到现在所流行的综合型打法。综合型打法即底线和上网两种打法综合使用，结合对手情况采用不同打法，随机应变。在这几种打法中有一项技术所起的决定性作用越来越大，那就是网前截击技术。网前截击技术又称挡网或拦网，是指在球未落地之前将球回击到对手场区内的击球方法，它具有回球速度快、力量重、威胁大的特点。

截击球

1．截击球的基本技术

（1）握拍方式。

网前截击的握拍方式是大陆式握拍，它适合打任何形式的截击球，这种握拍方式在球员的整个覆盖范围内，都能为拍头提供最好的支撑和控制。由于这种握拍方式也是发球和高压球的首选握拍，因此当打发球上网或压迫对手制造出来的高压球时从不需要改变握拍方式，从而为准备击球的时候省下了转拍的时间，并为打截击球创造了更好的条件。

（2）准备动作。

网前截击的准备动作跟其他技术的准备动作基本相同，不同之处有站位两脚分开的距离和身体的重心稍微要大一些和低一些，因为太高的重心会导致反应速度慢，击球无力，对球的控制差。截击准备时，手指应该是放松握拍的，因为这样可以保持灵活。同时球拍必须举起，因为正确的球拍位置，会使打球者感觉拍子更轻，同时可以缩短引拍距离以便更快地做好打截击的准备，这样就能打出稳定性高或有威胁的截击。

（3）击球动作与随挥动作。

打截击球时，大部分时间都是在快速反应状态下进行的。在对方做挥拍动作前必须做分腿垫步，以提高移动能力和预判的准确性。击球中的任何一个多余动作都会使击球时机过晚，所以引拍、挥拍和收拍的过程要紧凑，不要有多余动作。击球时不要引拍，要利用对手打过来的球已经具有的力量。有的人会误认为引拍动作越大，力量就越大，这是不对的，因为引拍过大会造成来不及击球或击球时机过晚。而击球动作短促，有利于打出快速而稳定的球。过大的收拍会使球拍偏向一边，直接影响到打下一球的准备动作，所以收拍也只需要收到两肩之间就可以了。

2．**截击球的类型**

（1）正手截击球。

对方开始挥拍时提早做分腿垫步，判断球朝正手飞来时，立刻小幅度地做转肩后摆引拍，后摆幅度不要超过肩部，当球来到身体前方时左脚向来球方向跨出，加上向前转体的力量，使击球更有力。同时保持拍头高于手腕，手腕绷紧，手指突然用力握紧球拍，这时候可以想象成手上握的是一根香蕉，在击球的瞬间我们要把这根香蕉捏烂。击球时球跟眼睛在同一水平面上，也就是说打低球时不能用球拍去调整击球高度，而要通过调整重心的高度来实现。球拍短促地向前挡击球的同时球拍稍稍地向下，有点像削球一样挥拍击球时保持拍头翘起。（图 12-2-8）

图 12-2-8

（2）反手截击。

对方开始挥拍击球时提早做分腿垫步，判断球朝反手飞来时，左手托着拍颈，立刻转肩做小幅度的后摆引拍，后摆不要超过左肩。球来到身体前面时，右脚向来球方向跨出，保持拍头高于手腕，手腕绷紧，手指突然用力握紧球拍，拍面与地面约成 45° 角切击来球，同时右手向后打开保持身体平衡。因为截击反应时间短，而且容易遇到追身或近身球，所以打截击球应该用反手截击，因为反手截击有多个击球点。（图 12-2-9）

图 12-2-9

二、网球运动基本战术

网球比赛是一项开放性的运动项目。网球的技术通过不同的组合在不同的情况运用会有截然不同的效果，球员只有将技术合理地组合起来才能取得真正的胜利。下面介绍一下单打和双打中比较常用的一些战术。

（一）单打战术

1. 上网战术

上网战术是利用网前进攻为主要得分手段，它可以分为发球上网、接发球上网、随球上网、偷袭上网四种。

（1）发球上网。

通过发球力量或者大角度的发球，压迫对手，使对手回球质量下降，从而跑到网前进行抢攻得分。

（2）接发球上网。

接发球上网型打法是在对方发球比较弱，或者在第二发球的时候，通过多变快速的接发球手段抢攻实现上网得分。

（3）随球上网。

随球上网打法是对方在底线对攻相持或者接发球时，出现质量不高的中场球或浅球，打完这个球之后顺势向前跑到网前，进行网前抢攻。

（4）偷袭上网。

偷袭打法是对方适应了惯常的打法和节奏，通过变换上网打法，加快进攻节奏和改变场上主动位置，使其短时间难以适应，从而实现得分。

2. 底线战术

底线战术是以底线技术为主通过底线大力击球、击球落点的变化，和击球旋转的变化，造成对手失误或者直接得分。一般常见的底线战术有：紧逼战术、防守反击战术、综合型打法。

（1）紧逼战术。

这种战术一般以正（反）手底线抽球为主要进攻技术，而且会抢时间打球的上升点来加快进攻节奏。通过快节奏强攻和刁钻的击球落点来压迫对手的弱点，或者大范围的调动对手，使对手出现失误或者直接得分。

（2）防守反击战术。

这种打法以良好的步法移动能力、控球能力和准确的判断能力，通过多回合来调动对手，然后寻找机会进行反攻。

（3）综合型战术。

综合型战术要求基本功扎实，技术全面，在场上通过网前、底线、节奏快慢的变化来得分。这种打法讲求攻守平衡。

（二）双打战术

双打跟单打不一样的地方在于，双打不能单靠个人能力取得比赛胜利，双打更注重的是两个人之间的技术互补和默契的配合，还有合理地运用战术。双打比赛中较常见的战术有双上网战术，双底线战术，一网一底战术。

1. 双上网战术

双上网战术是通过有威胁发球或接发球后两人快速地来到网前进行截击抢攻得分。在职业或高水平双打比赛中是主流打法。

2. 双底线战术

双底线战术是两人在底线通过底线技术与对手进行对攻相持，这种打法相对比较保守，容易出现空当。在女子业余比赛中较常见。

3. 一网一底战术

一网一底战术是底线的选手跟对手相持，网前的选手等待截击抢攻机会，这种打法在业余比赛中比较常见。

第三节　网球竞赛规则与裁判法

一、网球竞赛规则简介

（一）比赛场地

网球场地为长方形，长度为 23.77 米，单打比赛的场地宽度为 8.23 米，双打比赛的场地宽度为 10.97 米。（图 12-3-1）

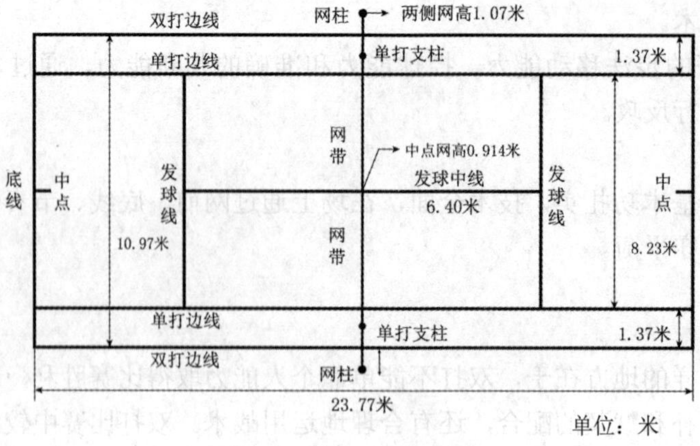

图 12-3-1

（二）永久固定物

场地上的永久固定物，不仅包括后挡板、侧挡板、观众、观众看台和座位、场地周围和上方的所有其他固定物，而且包括处于各自规定位置的主裁判、司线员、司网裁判和球童。

在使用双打球网和单打支柱的场地上进行单打比赛时，网柱、单打支柱外侧的球网部分属于永久固定物，而不能视其为网柱或球网的一部分。

（三）局分

1. 常规局

在常规局的比赛中，应首先报发球运动员的得分，计分如下：无得分——0；第一分——15；第二分—— 30；第三分——40；第四分——本局比赛结束。

若两名运动员/队都得到三分，则比分为“平分”。“平分”后如果一名运动员/队得分，则比分为“占先”，如果“占先”的这名运动员/队又得分，他便赢得了这一局；如果“占先”后是另一名运动员/队得分，则比分仍为“平分”。运动员/队需要在“平分”后连续得到两分，才能赢得这一局。

2. 平局决胜局

在平局决胜局中，使用阿拉伯数字 0、1、2、3 等计分。首先赢得 7 分并净胜对手两分的运动员/队赢得这一局及这一盘。决胜局有必要进行到一方运动员/队净胜对手两分为止。

轮及发球的运动员在平局决胜局中首先发第一分球，随后的两分由他的对手发球（在双打比赛中，对方队中轮及发球的运动员进行发球）。此后，每一名运动员/队轮流连续发两分球，直到平局决胜局结束（在双打比赛中，队内发球顺序应与该盘发球顺序相同）。

在平局决胜局中首先发球的运动员/队应当在下一盘的第一局首先接发球。

3. 盘分

盘分有不同的计分方法。主要的计分方法是“长盘制”和“平局决胜局制”两种。比赛中可以使用其中任何一种计分方法，但必须在赛前宣布。如果使用的是“平局决胜局制”的计分方法，还必须宣布决胜盘采用“平局决胜局制”还是“长盘制”。

（1）“长盘制”。

先赢得 6 局并净胜对手两局的运动员/队赢得一盘。一盘有必要进行到一方运动员/队净胜两局为止。

（2）“平局决胜局制”。

先赢得 6 局并净胜对手两局的运动员/队赢得一盘。如果局分达到 6：6，则须进行“平局决胜局”。

（四）赛制

比赛可以采用三盘两胜制，先赢得两盘的运动员/队赢得比赛；或采用五盘三胜制，先赢得三盘的运动员/队赢得比赛。

（五）站位和发球的选择

在准备活动开始前，通过抛硬币的方式决定比赛的第一局站位和发球/接发球权。抛硬币获胜的运动员/队可以选择：①在比赛的第一局中选择发球或接发球，在这种情况下，对手选择站位；②选择比赛的第一局站位，在这种情况下，对手选择发球或接发球；③要求对手作出以上任意一种选择。

（六）交换场地

运动员应在每一盘的第一局、第三局和随后的每一个单数局结束后交换场地。运动员还应在每一盘结束后交换场地，但当一盘结束后双方所得局数之和为偶数时，运动员须在下一盘第一局结束后交换场地。

在平局决胜局中，运动员应在每 6 分后交换场地。

（七）发球

1. 发球次序

在常规局结束后，该局的接发球员在下一局中发球，该局的发球员在下一局中接发球。

双打比赛中，在每一盘第一局开始前，由先发球的那队决定哪一名运动员先在该局发球。同样，在第二局开始前，他们的对手也应当决定由谁在该局先发球。第一局发球的运动员的搭档在第三局发球，第二局发球的运动员的搭档在第四局发球。这一次序一直延续到该盘结束。

2. 发球动作

在即将做出发球动作前，发球员必须静止站在底线后（即远离球网的那一侧），双脚位于中心标志的假定延长线和边线的假定延长线之间。

然后，发球员应当用手将球向任何方向抛出并在球落地前用球拍将球击出。在球拍击到球或未能击到球的那一刻，整个发球动作即被认为已经完成。对于只能使用一只手臂的运动员，可以用球拍完成抛球。

3. 发球程序

（1）在常规发球局中，发球员在每一局都应当从场地的右侧半区开始，交替在场地的两个半区发球。

（2）在平局决胜局中，第一分发球应当从场地的右半区发出，然后交替从场地的两个半区发球。

（3）发出的球应当越过球网，在接发球员回球之前落到对角方向的发球区内。

4. 何时发球和接发球

发球员应该在接发球员做好准备以后再发球。但是，接发球员应当按照发球员合理的发球节奏来比赛，并在发球员准备发球时，在合理的时间内做好接发球的准备。

接发球员如果试图回击发球，则视为已做好准备。如果证实接发球员确未做好准备，那么该次发球不能被判为失误。

5. 重新发球

如果出现下列情况则应当重新发球。

（1）发出的球触到了球网、中心带或网带后落在有效发球区内；或在球触到了球网、中心带或网带后，在落地前触到了接发球员或其搭档，或他们穿戴的或携带的任何物品。

（2）球发出时，接发球员还没有做好准备。

在重发球时，之前的那次发球作废，发球员应重发，但是不能取消重发前的发球失误。

（八）运动员失分

如果出现下列情况，运动员将失分。

（1）发球员连续两次发球失误。

（2）在活球状态下，运动员在球连续两次落地前未能击球。

（3）在活球状态下，运动员回击的球落到有效击球区外的地面或在落地前碰到有效击球区外的其他物体。

（4）在活球状态下，运动员回击的球在落地前触到永久固定物。

（5）接发球员在发球没有落地前击球。

（6）运动员故意用球拍托带或接住处于活球状态中的球，或故意用球拍触球超过一次。

（7）在活球状态下的任何时候，运动员或他的球拍（无论球拍是否在他手中），或他穿戴的或携带的任何物品触到球网、网柱/单打支柱、网绳或金属绳、中心带或网带，或对手场地。

（8）运动员在球过网前击球。

（9）在活球状态下，除了运动员手中的球拍以外，球触及到运动员的身体或他穿戴的或携带的任何物品。

（10）在活球状态下，球触到了运动员的球拍，但球拍不在他的手中。

（11）在活球状态下，运动员故意并实质性地改变了球拍的形状。

（12）双打比赛中，同队的两名运动员在回球时都触到了球。

二、裁判法

（1）裁判长对于所有涉及网球规则的问题有最终裁决权，裁判长的决定是最终裁定。

（2）在设有主裁判的比赛中，主裁判对于在整场比赛中所有事实问题有最终裁决权。

（3）当运动员对于场上主裁判作出的关于网球规则问题的裁决有疑问时，有权申请裁判长进场。

（4）在设有司线员和司网裁判的比赛中，他们对自己负责的线或擦网做出所有呼报(包括脚误的呼报)。如果主裁判确定司线员或司网裁判作出了一个非常明显的误判，主裁判有权改判。在没有司线员和司网裁判的比赛中，主裁判负责所有线和擦网的呼报(包括脚误的呼报)。

（5）如果司线员没能对场上的情况做出呼报，他应当立即向主裁判示意，主裁判应当对场上的情况作出裁决。如果司线员没能对场上的情况做出呼报，或比赛中没有司线员而主裁判也不能对场上的事实问题作出裁决时，这一分应当重赛。

（6）在团体比赛中，当裁判长在场上时，裁判长也可以对任何事实问题作出最终裁决。

（7）在主裁判认为必要或适当的时候，可以随时中断或暂停比赛。

第十三章　浪花飞溅的游泳运动

第一节　熟悉水性

一、水中移动

（1）侧对池壁或面向池壁，手扶池边，向前后迈步行走或向左右迈步行走。

（2）扶壁或 5 ～ 6 人手拉手向前后左右走动。

（3）与同伴手拉手成圆圈，进行游戏性的走、跑或互相推水、戏水。

二、水中憋气与呼吸练习

游泳是用口吸气，然后在水中用鼻慢慢地呼气。这一练习使初学者掌握呼吸方法，锻炼在水中憋气的勇气，进一步消除怕水的心理。

图 13-1-1

【方法】① 双手扶池边或拉同伴的手，练习用口吸气后闭气，然后下蹲把头全部浸入水中，停留片刻后起立（图 13-1-1）；② 同上练习，要求把头浸入水中，然后用口鼻慢慢吐气，起立后再在水面上用口吸气；③ 同上练习，吸气结束后，再把头浸入水中，连续有节奏地做吸气、闭气、呼气动作，吸气要快而深，呼气时要慢，最后用力将气呼尽；④ 两脚开立，按上述练习要求，连续做呼吸动作 15 ～ 20 次，稍休息后重复练习。

三、浮体与站立练习

练习的目的是体会水的浮力，初步学会控制身体在水中平衡的能力和水中站立的方法，树立学会游泳的信心。

【方法】① 抱膝浮体练习，原地站立，深吸气后下蹲，低头，抱膝团身，自然漂浮于水中（图 13-1-2）；② 展体漂浮练习，两脚开立，两臂放松向前伸出，深吸气后身体前倒低头，两脚轻轻蹬离池底，成俯卧姿势漂浮于水中，两臂、两腿自然伸直。站立时，收腹、收腿，两臂向下压水并抬头，两腿向下伸，脚触池底站立。（图 13-1-3）

图 13-1-2

图 13-1-3

四、水中滑行练习

滑行是各种泳姿的基础，是熟悉水性的重点。滑行练习的目的是进一步体会水的浮力，掌握水中的平浮和身体滑行的姿势。

【方法】① 蹬池底滑行练习，两脚前后开立，两臂前伸，两手并拢，深吸气后上体前倾，当头和肩浸入水中时前脚掌用力蹬池底，随后两脚并拢，使身体成流线型向前滑行；② 蹬池边滑行练习，背向池壁，一手拉水槽，一手前伸，同时，一脚站立，一脚贴住池壁，然后支撑脚向上收起，两脚掌贴住池壁，臀部尽量靠近池壁，随即两手前伸并拢，头夹在两臂之间，两脚用力蹬池壁，使身体成流线型向前滑行。

第二节　蛙　泳

蛙泳相对于其他竞技游泳姿势来说虽然速度较慢，但动作平稳，容易掌握，呼吸便利，适于长距离游泳，便于观察和掌握方向，实用价值较大，是救护、潜泳和泅渡江河湖泊的常用姿势。

蛙　泳

一、蛙泳技术

（一）身体姿势

蛙泳时，身体姿势不是固定不变的，而是随着臂、腿及呼吸动作的周期性变化而不断变化的。当蹬腿结束后，两臂并拢前伸。两腿向后蹬直并拢时，身体处于较好的流线型滑行状态，身体较平，头略抬起，水浸于前额处，胸部一部分、腹部和大小腿处在水平姿势。这时身体纵轴与水平面成5°～10°。

（二）腿部动作

蛙泳的腿部动作可分为收腿、翻脚、蹬夹腿和滑行。这四个动作紧密相连。

1．收　腿

开始收腿时，两腿随着吸气的动作自然向下，同时两膝开始弯曲并自然分开，小腿向前回收。回收时，两脚放松，脚跟向臀部靠拢，边收边分。收腿时力量要小，两脚和小腿回收时，要收在大腿的投影截面内。收腿结束时，大腿与躯干成130°～140°角，两膝内侧与髋关节同宽，为翻脚和蹬夹腿做准备。

2．翻　脚

收脚将结束时，脚仍向臀部靠近，此时大腿内旋，膝关节稍内收，同时两脚向外侧翻开，勾脚尖，使脚和小腿内侧对准蹬水方向，使腿在蹬夹时有一个良好的对水面。

3．蹬夹腿

翻脚后，腰腹和大腿立即同时发力向后蹬水。先伸髋，再伸膝，以大腿、小腿内侧和脚掌向后做急速而有力的蹬夹动作。在蹬夹腿过程中，当两腿并拢时略向下压，以形成前后鞭打动作。该动作是推动身体前进的重要动力来源。

4．滑　行

蹬腿结束后，腿处于较低的位置，脚距离水面为30～40厘米。此时，两腿迅速并拢伸直，身体适度紧张，成流线型，做短暂滑行，准备开始下一个腿部动作周期。

（三）臂部动作

蛙泳的臂部动作可分为抓水、划水、收手和向前伸臂。这四个动作紧密相连。

1．抓　水

从两臂前伸并拢、掌心向下的滑行开始，前臂、上臂立即内旋，掌心转向外斜下方，略屈腕，两手分开向侧斜下压水至两手间距离约为两倍肩宽处，手掌和前臂感到有压力便开始划水。此阶段动作速度较慢。

2．划　水

当两手做好抓水动作，两臂分至40°～45°时，手腕开始逐渐弯曲。这时两臂、两手逐渐积极地向侧下后方屈臂划水。划水时，肘关节的最大曲角为90°左右，划水应用力，使上体上升到较高位置，为下一阶段收手、向前伸臂做好充分准备。

3．收　手

收手是划水阶段的继续。收手过程可产生较大的前进作用和升力。收手过程中手臂应向里、向上收到头前下方。这时，前臂与肘几乎同时做动作。收手时不应降低划水速度，而应以更快速度积极完成。收手结束时，肘关节低于手，前臂和上臂成锐角。

4．向前伸臂

伸臂动作是由伸直肘关节、肩关节来完成的，掌心由朝上逐渐转向下，手指朝前；同时迅速低头，将头夹于两臂之间。动作完成时，两臂伸直并拢充分伸肩，掌心向下，成良好的流线型，向前滑行。

（四）蛙泳的完整配合技术

现代蛙泳完整配合技术多采用一个动作周期呼吸一次的“晚吸气”配合。在抓水过程中，随着头、肩的上升，嘴露出水面将气吐尽，两腿保持稍紧张的伸直姿势；当划水结束时，头、肩向前上方升至最高位置时快速吸气，同时两膝开始弯曲；当收手并开始前伸臂时迅速低头闭气，迅速收腿；滑行时在水中呼气。整个动作要协调连贯，使游速更加均匀。

现代蛙泳的技术特点是头部起伏大且位置较高，高肘划水，蹬腿技术也随之变窄、变快，划水幅度小而快，动作频率快。

二、蛙泳的练习方法

（一）腿的练习

1．收　腿

边收边分，大腿带动小腿屈膝前收。收腿结束时，两膝接近髋下，约与肩同宽。

2．翻　脚

翻脚时膝关节稍内扣，勾脚尖，膝关节和踝关节向外转动，使脚内侧和小腿内侧向后对准蹬水方向。

3．蹬夹腿

大腿用力向后做弧形蹬夹腿。蹬夹动作不要分开。（图 13-2-1）

4．仰坐练习

模仿腿的动作，按收腿、翻脚、蹬夹腿的要领练习。练习时上体要保持不动。（图 13-2-2）

图 13-2-1

图 13-2-2

5．水中腿练习

收腿要慢，蹬夹腿要快而有力，两腿并拢后向前滑行（也可扶池壁、游泳板进行练习）。（图13-2-3）

6．滑行蹬腿

低头伸臂平卧水中，细心体会蹬腿要领。

（二）臂和呼吸的练习

1．划臂练习

两臂伸直，向斜后方边划边屈臂。当臂划至肩的侧下方时，收手夹肘向前伸。（图13-2-4）

2．臂和呼吸配合

（1）抬头划臂张嘴吸：先抬头，两臂同时向斜后方划水时吸气。抬头不要太高、太猛。

（2）用力划臂吸足气：提肘屈臂向后加速划水时，迅速吸气。

（3）收手夹肘闭住气：臂划至肩的侧下方时，收手夹肘将手收至颌下，脸逐渐浸入水中闭气。

（4）两臂前伸慢呼气：臂前伸时，两手自然并拢，掌心转向下方并呼气。

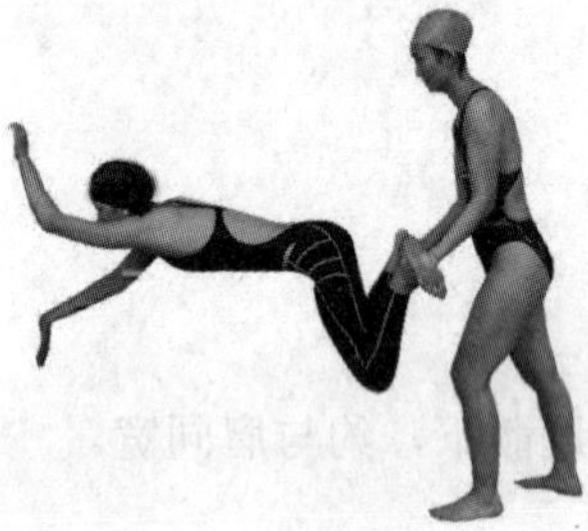

图 13–2–3

图 13–2–4

3．臂腿配合练习

为了掌握臂腿动作要领，可先做闭气、划臂、蹬腿的配合练习，熟练后逐渐过渡到划臂、蹬腿数次，呼吸1次，然后到完整配合。

（三）连贯动作的练习

1．开始划臂腿不动（准备吸气）

两手分开向斜后方划水，两腿自然伸直，准备收拢，开始抬头。

2．用力划臂腿前收（吸气）

臂划至肩下时，两腿自然分开，屈膝前收，抬头吸气。

3．收手夹肘收好腿（闭气）

臂划至肩的侧下方时，收手夹肘将手收至颌下，同时完成收腿动作。头逐渐浸入水中闭气。

4．伸臂翻脚再蹬腿（呼气）

两臂前伸，同时向外翻脚，立即用力向后做弧形夹水。

5. 身体向前滑一会儿（呼气）

蹬腿结束后，臂腿收拢，脸浸入水中，向前滑行，然后重复下一个连贯动作。

第三节　自由泳

爬泳是身体俯卧于水面，依靠两臂轮换划水而前进的泳姿，因其动作很像爬行，所以称为爬泳。爬泳是速度最快的一种游泳姿势，自由泳项目比赛中多采用它，故爬泳也被称为自由泳。自由泳在防洪抢险、横渡急流、抢救溺水者时能发挥积极作用。

自由泳

一、自由泳技术

（一）身体姿势

游自由泳时，身体要保持几乎水平的俯卧姿势，躯干肌肉适当紧张，成较好的流线型，身体纵轴与水平面成3°～5°角。头部应自然地向颈后屈，两眼注视前下方，头的1/3露出水面，水平面接近发际。为了获得良好的动作效果，允许双腿短暂下沉。游进中，身体可以围绕身体纵轴有节奏地转动，这种转动角度一般在35°～45°。

（二）腿部动作

自由泳打腿主要起维持身体平衡的作用，使下肢抬高，使身体保持较好的流线型，以及协调配合两臂用力的划水动作，并能提供一定的推进力。

打水时，脚掌伸直并略内转，踝关节自然放松，以髋为支点，动作从髋关节开始，大腿发力稍内旋，带动小腿，力量通过大腿、膝、小腿，最后到足部形成上下鞭打状打水动作，两腿分开的距离为30～40厘米，向上打水，屈膝约140°～160°，向下打水结束时，脚离水面30～35厘米。

（三）臂部动作

手臂划水是自由泳推动身体前进的主要动力。手臂的一个划水周期可分为入水、抱水、划水、出水、空中移臂五个部分。

1. 入　水

手臂入水时，肘关节略屈并高于手，手指并拢伸直，向斜下方切插入水，或掌心转向外侧切入水中，使手掌与水面成30°～40°角。动作要自然放松，臂入水时在身体中线与延长线中间。臂的入水顺序为：手—前臂—肘—上臂。

2. 抱　水

臂入水后，手腕自然伸直，掌心转向下，积极插向前下方至有利于抱水的位置，此时前臂和上臂应积极外旋。当手臂接近完全伸直、手臂与水平面成15°～20°角时，手腕向下弯曲，同时开始屈肘，使肘高于手。上臂划至与水平面成30°角时，手和前臂已经接近垂直水平面，屈肘至 150° 左右，手和前臂以较大的横截面积对准划水面，整个手臂像抱着一个大圆球。

3．划　水

划水是指手臂在前，与水平面成 40° 角时起，向后划至与水平面成 150° ～200° 角为止的动作过程，是产生推进力的主要阶段。这个阶段又分为两个部分，从整个臂部划至肩下方与水面垂直之前称为拉水，过垂直面后称为推水。

拉水是从直臂到屈臂的过程。抱水结束时，屈肘为 150° 左右。拉水时，前臂的速度快于上臂，继续屈肘。当臂划至肩下方时，手在体下靠近身体中线，屈肘为 90° ～120° 角。整个推水过程应保持高肘姿势，使手和前臂能更好地向后划水。

推水是手臂屈与伸的过程，推水中肘关节向上，向体侧靠近。手在拉水结束后即从肩下中线处向后侧划动至大腿旁。推水时，手掌应始终与水平面保持垂直，这有利于推水时产生反作用力而向前推进。

整个划水动作过程，手的轨迹始于肩前，继之到腋下，最后到大腿旁，成“S”形。

4．出　水

划水结束后，臂由于惯性动作而很快地靠近水面。出水时，手臂放松，微屈肘，肘部向上方提起带动前臂出水面，掌心转向上方。手臂出水动作必须迅速、柔和、放松而不停顿。

5．空中移臂

臂在空中前移的动作是手臂出水的继续。移臂开始时，手掌几乎完全向后提，肘向上，手腕放松，手落后于肘关节。当手前摆过肩时，应与肘成一直线。这时手和前臂逐渐向前伸出，掌心也从后上方转向前下方，接着做准备入水的动作。

（四）两臂配合技术

划水时，依照两臂所处的位置不同，可分为三种交叉配合，即前交叉、中交叉和后交叉。

1．前交叉配合

当一臂入水时，另一臂处于肩前方，与水平面成 30° 角左右。

2．中交叉配合

当一臂入水时，另一臂处于肩下垂直部位，与水面约成 90° 角。

3．后交叉配合

当一臂入水后，另一臂划水至腹部下方，与水平面约成 150° 角。初学者应采用第一种交叉配合。它有利于掌握自由泳的技术和呼吸动作。

（五）臂、腿与呼吸配合的完整动作

自由泳采用转头吸气的方法。这里以向右吸气为例，右手入水后，嘴与鼻慢慢呼气。右臂划水至肩下时,头向右侧转，呼气量增大。右臂推水快结束时，用力呼气，直至嘴出水面右臂出水时吸气，移臂至与肩齐平时吸气结束。随着臂继续向前移动，转头还原闭气。自由泳的呼吸与手臂、腿的配合是呼吸 1 次、手臂划 2 次、腿打 6 次，即 1 ：2 ：6，但也有 1 ：2 ：4 或 1 ：2 ：2 的配合。

二、自由泳的练习方法

(一)腿的练习

1．扶池槽打水

大腿带动小腿交替向后下方打水，向上提时放松，向下打水要用力，可结合呼吸练习。(图 13-3-1)

2．滑行打水

向上提腿时膝关节稍屈，向下打水时脚面绷直，脚尖稍向内转，打水幅度为 30 ～ 40 厘米。(图 13-3-2)

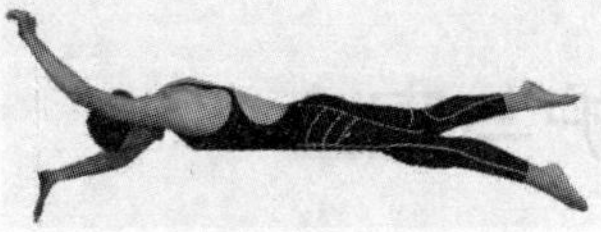

图 13–3–1

图 13–3–2

(二)臂和呼吸的配合

1．划臂呼气

以左臂为例，左臂在肩前插入水后，逐渐屈臂向后划水，同时呼气。划臂不要超过身体中线。(图 13-3-3)

2．推水吸气

左臂向后推水时转头吸气，提肘出水的同时完成吸气动作。抬头不要太高、太猛。

3．移臂闭气

左臂从体侧向前移臂时，头逐渐转入水中闭气。

(三)单臂划水

两腿连续打水，一臂前伸一臂划。两臂交替进行，逐渐过渡到连贯动作。(图 13-3-4)

图 13–3–3

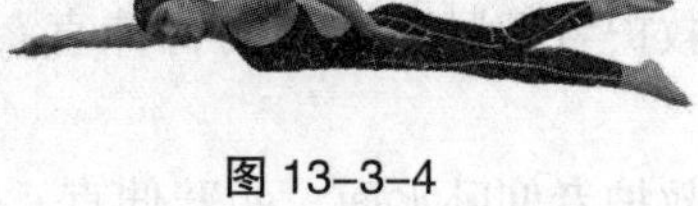

图 13–3–4

(四)连贯动作

(1) 右臂下滑要伸肩，左臂推至大腿边(呼气)。

伸肩：右臂下滑时，尽量向前下方拉开肩带肌肉，掌心向下。

（2）右臂肩前抱好水，左臂提肘出水面（呼气）。

抱水：右臂向外提肘屈臂，使手掌和前臂向后抱水。

（3）右臂肩下屈臂划，左臂前伸插入水（呼气）。

划水：右臂划至肩下时，前臂和上臂约成 120° 角，加速向前划水。

（4）右臂推至大腿边，左臂下滑要伸肩（转头吸气）。

推水：右上臂靠近体侧，前臂用力向后推水。吸气要深、要快。

（5）右臂提肘出水面，左臂肩前抱好水（完成吸气）。

出水：右臂利用推水速度的惯性，在腿侧提肘出水向前移臂，肌肉适当放松。

（6）右臂前伸插入水，在臂肩下屈臂划（闭气）。

入水：右手自然合拢，肘高于手，在肩前部插入。

第四节　水上救护与安全

一、水上救护

水上救护是指采取有效措施将溺水者救上岸的过程，可分为直接救护和间接救护。

直接救护是救护者下水对溺水者进行施救的方法。当发现溺水者时，救护者要沉着、冷静，入水前应观察周围环境，辨别水流方向，判断水面的宽窄，选择入水地点。对熟悉的水域可起跳入水，但对不熟悉的水域应脚先入水，以最快速度接近溺水者。救护者不论采用何种泳姿，头必须露出水面，以便观察溺水者的情况。当救护者游到距溺水者 2～3 米时，要深吸气潜入水中游近溺水者，两手扶住其髋部，将其移至背向自己，然后抬高。

另一种办法是正面接近溺水者后，救护者用左（右）手握住其右（左）手，迅速用力向左（右）拉，借助惯性使溺水者的身体转至背向自己，然后进行拖运。如溺水者背向自己，可直接游近溺水者，用手拖其腋下，使其口鼻露出水面后再进行拖运。拖运采用侧泳或仰泳进行。

（一）侧泳拖运法

一臂伸直拖住溺水者的后脑，一手在体侧划水，两腿用侧泳蹬剪水使身体前进。

（二）仰泳拖运法

仰泳拖运法是指救护者仰卧水中，一手或两手扶住溺水者，用反蛙泳腿的动作使身体前进。

（1）救护者仰卧水面，两臂伸直，两手扶住溺水者的两颊，用反蛙泳腿的动作使身体前进。

（2）救护者仰卧水面，两臂伸直，用两手的四指扶在溺水者的两腋窝下，拇指放在溺水者的肩胛骨上，用反蛙泳动作使身体前进。

二、抢　救

将溺水者救上岸以后，立即检查溺水者的心跳和呼吸是否停止。假如心跳停止或跳动极微，首先按压心脏。救护者立或跪在溺水者胸侧，两手重叠，用手掌根部置于溺水者胸前的 1/3 处（偏下）心窝的上方，手指放松，手臂伸直，上体前倾，用力下压，使胸前下端下陷 3 ～ 4 厘米，两手松压（掌根不离位），使胸前下端恢复原位。下压时要慢，放松时要快，一压一松反复进行，节律为每分钟 60 ～ 80 次。呼吸停止或微弱者，胸外心脏按压与口对口的人工呼吸应同时进行。在进行人工呼吸前，先要清除溺水者口鼻中的淤泥、杂草或呕吐物等，使上呼吸道通畅。如有可卸假牙，应取出，以免坠入气管内。在迅速完成上述处理后，可进行控水。控水的方法是救护者一腿跪着，另一腿屈膝，将溺水者腹部放在屈膝的大腿上，一手扶着溺水者的头，使溺水者嘴向下，另一手压在溺水者的背上把水排出，然后再进行人工呼吸。人工呼吸主要采用口对口吹气法，操作方法是使溺水者仰卧，救护者在其身旁，一手捏住溺水者的鼻子，另一手托住其下颌，深吸一口气，用嘴对准溺水者的嘴将气吹入，吹完一口气后，离开溺水者的嘴。同时松开捏鼻子的手，并用手压一下溺水者的胸部，帮助其呼气。如此有规律地反复进行，每分钟做 14 ～ 20 次，开始可稍慢，以后可适当增加次数。施救已经停止呼吸的溺水者时需要很长时间，因而最好由多人轮流进行抢救。

三、自我救护

在游泳时经常发生痉挛的部位是小腿和大腿，但手指、脚趾甚至胃部也可能发生痉挛。其原因是准备活动不充分、身体过于疲劳或突然遇到寒冷的刺激、过分紧张、动作不协调等。

发生痉挛时应保持镇静，可呼救也可自救。自救的办法有以下几种。

（一）手指痉挛

将痉挛手握拳，然后用力张开。这样迅速地反复做几次，直到痉挛解除为止。

（二）小腿或脚趾痉挛

先吸一口气仰浮于水上，用痉挛肢体对侧的手握住痉挛肢体的脚趾，并用力向上体方向拉。同时用同侧的手掌压在痉挛肢体的膝盖上，帮助痉挛腿伸直。

（三）大腿痉挛

仰浮于水面，弯曲痉挛的大腿，两手用力抱小腿，贴近大腿，反复震压以解除痉挛。

四、安全知识

（1）游泳前，首先了解水域的情况，选择水底平坦，无淤泥、碎石、水草、桩柱、急流漩涡、水质污染的水域，并应结伴进行，防止意外事故发生。

（2）空腹或饭后 1 小时不宜游泳，以免给身体健康带来不良影响，如易发生呕吐、食物呛进呼吸道内，甚至溺水等。

（3）下水前应做好充分的准备活动。

（4）游泳时遇到雷雨，应迅速上岸进入室内，切不可在大树底下躲避或更衣。

（5）出现痉挛现象，切不可慌张，应设法自救和向他人求救。

第十四章 内外兼修的武术运动

第一节 武术运动概述

一、武术运动的价值

武术具有防身制敌的攻防价值。武术的核心是攻防技术，防身制敌是武术的基本价值。通过武术锻炼，既能提高攻防格斗必备的体能，又能学到攻防技术，掌握防身制敌的本领。

武术具有锻炼意志、培养品德的教育价值。进行武术锻炼，要有吃苦耐劳、持之以恒的精神。武术不仅是培养坚忍不拔、勇敢无畏的意志品质的重要途径，也是修身养性的良好手段。培养崇武尚德是武术的传统，通过练武习德可以培养尊师重道、讲理守信、见义勇为、不凌弱逞强等高尚的道德情操。

武术具有娱乐观赏价值，赛场上丰富多彩的套路运动和斗智较勇的散打运动，都会引人入胜，给人以美的享受，丰富人们的文化生活。此外，群众性的武术活动，可以成为人们切磋技艺、交流思想、增进友谊的良好形式。随着武术在全球的广泛传播，武术将对世界各国人民的友好交往发挥出更大的作用。

二、武术运动的内容与分类

本书从运动形式和功能的角度对武术进行分类。

（一）运动形式分类

1．套路运动

套路运动是以技击动作为素材，遵照攻守进退、动静疾徐、刚柔虚实等矛盾变化规律编成的整套练习形式。按其演练形式的不同分为单练、对练和集体演练三种类型。其中单练包括拳术和器械两类；对练包括徒手对练、器械对练、徒手与器械对练三类；集体演练包括徒手的拳术、器械和徒手与器械的演练。

（1）单练。

单练包括拳术和器械。拳术包含许多不同的种类，称之为拳种，主要的拳种有长拳、太极拳、南拳、形意拳、八卦掌、八极拳、通背拳、劈挂拳、翻子拳、地躺拳、象形拳等。器械套路种类繁多，分为短器械、长器械、双器械、软器械四类。短器械主要有刀、剑、匕首等；长器械主要有棍、枪、大刀等；双器械主要有双刀、双剑、双钩、双枪、双鞭等；软器械主要有三节棍、九节鞭、绳标、流星锤等。

（2）对练。

对练是指两个人或两个人以上，按照预定的动作规则进行的攻防格斗套路。套路包括徒手对练、器械对练和徒手与器械对练。

（3）集体演练。

集体进行的徒手的或器械的或徒手与器械结合的套路练习称为集体演练。竞赛中通常要求6人以上，如集体基本功、集体拳、集体刀、集体长穗剑、集体攻防技术等。集体演练要求队形整齐，动作一致。可以变换队形图案，还可以配乐。

2．搏击运动

搏击运动是两人在一定条件下，按照一定的规则进行斗智较力的对抗练习形式，包括散打、太极推手和短兵三项。目前在全国广为开展的有散打、太极推手等。

（二）按照功能分类

按照功能分类，既能反映出中国武术多内容、多形式、多类别的特点，又能反映出其多功能、多层次的特点。功能分类法把武术分为学校武术、实用武术、竞技武术和健身武术四类。

1．学校武术

学校武术侧重体现武术的教育功能，其目的是使学生通过武术锻炼增强体质、增进健康，并使之了解中国传统文化，振奋民族精神，培养优良品质。

2．竞技武术

竞技武术指高水平武术竞技，是为了最大限度地发挥个人运动潜能和争取优异成绩而进行的武术训练竞赛活动，以创造优异的运动成绩为主要目的。其特点是专业化、职业化、高水平、超负荷，突出其竞技性。20世纪50年代以后，随着武术竞赛体制的建立，在竞赛规则的制定，裁判法的研究与实施，竞赛规定套路的创编、推广和使用等方面均取得一定的研究成果。特别是针对武术中流行最广、最具代表性的长拳、南拳、太极拳剑以及长拳类的刀、剑、枪、棍等项目进行改造使之成为能够进行比赛的竞赛项目，这是武术竞赛史上前所未有的创新之举。

3．健身武术

健身武术是以普及为目的，旨在强身健体而开展的群众性武术活动，主要是指除学校武术、竞技武术以外的流行于广大民间的那些源流清晰、风格独特、自成体系的传统武术。其特点是大众性、广泛性、自觉性、灵活性、娱乐性，包括拳术、器械、练功方法、对练以及攻防实战技术（也包括以健身为目的的新编健身套路）。在现代快节奏以及和平安定的生活环境中，把武术作为健身的方法和手段，已成为人们生活的一大需求。

4．实用武术

实用武术以部队、武警和警察为对象，其特点是简单实用，一招制胜，且以散打规则中禁击部位作为重点攻击点，鼓励狠招，以实用为主。

第二节　24式简化太极拳

一、太极拳概述

太极拳在长期的流传过程中逐渐形成了陈式、杨式、吴式、孙式、武式等功法流派。中华人民共和国成立以后，创编了24式简化太极拳，使其更适合广大群众普及练习。

24式简化太极拳

太极拳的运动特点：中正安舒、轻灵圆活、松柔慢匀、开合有序、刚柔相济，“行云流水，连绵不断”。经常练习太极拳可亲身体会到音乐韵律、美的造型和诗的意境。在高雅的享受中，使身心得到放松。

通过生理、生化、解剖、心理和力学等多学科的研究证明，太极拳对缓解高血压、心脏病、肺病、肝炎、关节病、胃肠病和神经衰弱等慢性病有很好的效果。

二、太极拳功法要领

（1）虚领顶劲：头颈向上提升，保持正直，松而不僵，使身体重心保持稳定。

（2）含胸拔背、沉肩垂肘：指胸、背、肩、肘的姿势，胸要含而不能挺，肩不能耸而要有下沉之感，肘不能抬而要下垂，全身要自然放松。

（3）手眼相应，以腰为轴，移步似猫行，虚实分明：打拳时必须上下呼应，融为一体，要做到动作出于意、发于腰、动于手，眼随手转，弓步和虚步分明而交替，练到腿上有劲，轻移慢放，没有声音。

（4）意体相随，以意发力：软绵绵地打完一套拳，身体不发热，不出汗，心率没有显著变化，就失去了打拳的作用。应该随意用力，内功使劲而外表动作看不出来。

（5）意气相合，气沉丹田：就是意与呼吸相配合，用腹式呼吸，一吸一呼正好与动作一开一合相配。

（6）动中求静，动静结合：即肢体动而脑子静，意念要集中于打拳，所谓形动于外，心静于内。

（7）行云流水，连绵不断：指每式动作快慢均匀，各式间连绵不断，全身各部位肌肉舒松协调而紧密衔接。

三、24 式简化太极拳动作名称

24 式简化太极拳动作名称见表 14-2-1。

表 14-2-1　24 式简化太极拳动作名称

组　别	动作名称			
第一组	1. 起　势	2. 左右野马分鬃	3. 白鹤亮翅	
第二组	4. 左右搂膝拗步	5. 手挥琵琶	6. 左右倒卷肱	
第三组	7. 左揽雀尾	8. 右揽雀尾		
第四组	9. 单　鞭	10. 云　手	11. 单　鞭	
第五组	12. 高探马	13. 右蹬脚	14. 双峰贯耳	15. 转身左蹬脚
第六组	16. 左下势独立	17. 右下势独立		
第七组	18. 左右穿梭	19. 海底针	20. 闪通臂	
第八组	21. 转身搬拦捶	22. 如封似闭	23. 十字手	24. 收　势

四、24 式简化太极拳动作图示

第一组

1. 起　势　　2. 左野马分鬃

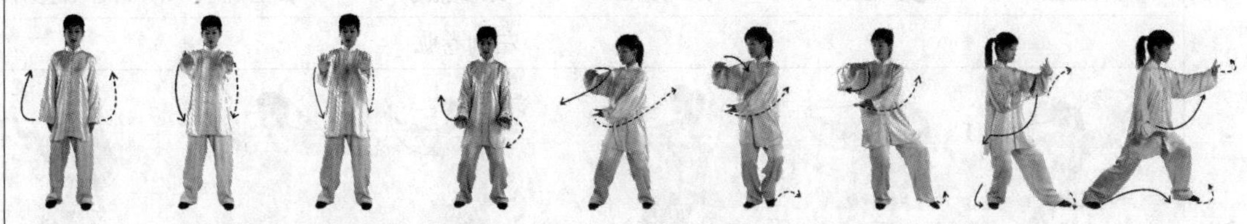

左脚开立　两臂前举　屈膝按掌　抱球收脚　转体迈步　弓步分手

右野马分鬃　　左野马分鬃

后坐翘脚　抱球收脚　转体迈步　弓步分手　后坐翘脚

3. 白鹤亮翅

抱球跟脚　转体迈步　弓步分掌　跟步抱球　后坐转体　虚步分手

第二组

4. 左搂膝拗步　　右搂膝拗步

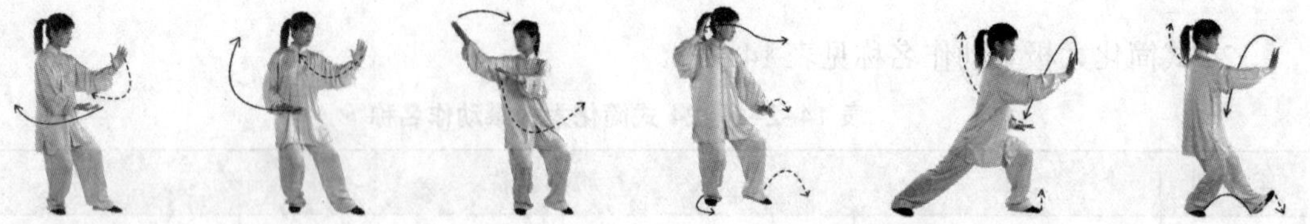

转体落手　转体收脚　迈步屈肘　弓步搂推　后坐翘脚

左搂膝拗步

转体跟脚　迈步屈肘　弓步搂推　后坐翘脚

5. 手挥琵琶　　6. 右倒卷肱

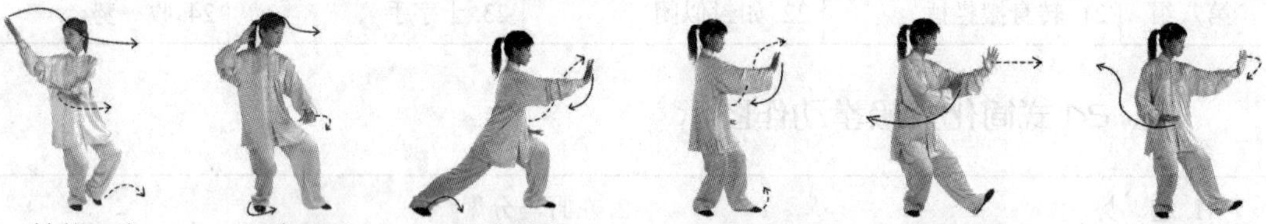

转体跟脚　迈步屈肘　弓步搂推　跟步撤手　后坐挑掌　虚步合臂

左倒卷肱

转体撤手　提膝屈肘　退步推掌　转体撤手　提膝屈肘　退步推掌

右倒卷肱　　左倒卷肱

转体撤手　提膝屈肘　退步推掌　转体撤手　提膝屈肘　退步推掌

第三组

7. 左揽雀尾

转体撤手　转体抱球　迈步分手　弓步掤臂　转体后捋

转体搭手　弓步前挤　后坐收掌　弓步按掌

8. 右揽雀尾

转体扣脚　抱球收脚　迈步分手　弓腿掤臂　转体伸臂

转体后捋　转体搭手　弓步前挤　伸手分手　后坐收掌　弓步按掌

第四组

9. 单　鞭

转体扣脚　云　手　勾手收脚　转体迈步　弓步推掌

10. 云　手

转体扣脚　转体撑掌　转体云手　撑掌收步　转体云手　撑掌出步　转体云手

第四组

撑掌出步　转体云手　撑掌收步　转体云手　撑掌出步　转体云手

11. 单鞭

撑掌出步　转体云手　撑掌收步　转体勾手　转体迈步　弓步推掌

第五组

12. 高探马　13. 右蹬脚

跟步后坐翻掌　虚步推掌　穿掌提脚　弓步分手　跟步合抱　提膝分手　蹬脚撑臂

14. 双峰贯耳

收腿落手　迈步分手

15. 转身左蹬脚

后坐翘脚松手　转体扣脚分手　收脚合抱　提膝分手　蹬脚撑臂

第六组

16. 左下势独立

收腿屈肘　提膝勾手　蹲身侧步　仆步穿掌　弓腿起身　提膝挑掌

第六组

17. 右下势独立

落脚收手　蹲身侧步　仆步穿掌　弓腿起身　提膝挑掌

第七组

18. 左右穿梭

落脚转体　抱球跟脚　迈步分手　弓步推掌　重心后移　抱球跟脚

迈步分手　弓步推掌

19. 海底针

跟步提手　虚步插掌

20. 闪通臂

第八组

21. 转身搬拦捶

（侧）

22. 如封似闭

穿掌交叉　后坐收手　弓步推掌

23. 十字手

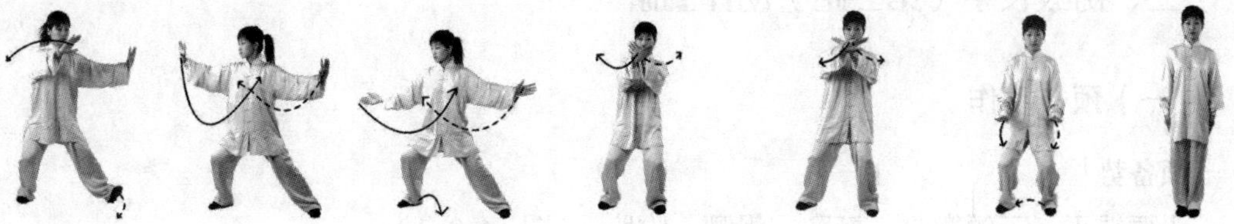

转体扣脚　弓步分手　坐腿扣脚　收脚合抱

24. 收　势

分手下垂　收脚还原

第三节　初级长拳（第三路）

一、初级长拳概述

长拳是在查拳、华拳、花拳、洪拳、炮拳、少林拳等传统拳术的基础上，根据其风格特点，综合整理创编而成，而后逐渐发展起来的一种影响广泛的拳术，其主要特点是动作舒展大方、姿势雄壮、精神勇往、力法快长。长拳讲究动迅静定、快速灵活、刚劲勇猛、节奏鲜明；在技击上讲究放长击远，出拳要拧腰送肩，以发挥“一寸长一寸强”的优势。其运动既均衡又全面，能够有效地提高人体的柔韧、力量、耐力、协调、灵敏、反应、平衡等身体素质，尤其适合大学生锻炼。

二、初级长拳（第三路）动作名称

初级长拳（第三路）动作名称见表 14-3-1。

表 14-3-1　初级长拳（第三路）动作名称

组　别	动作名称			
预备动作	1. 虚步亮掌	2. 并步对拳		
第一段	1. 弓步冲拳	2. 弹腿冲拳	3. 马步冲拳	4. 弓步冲拳
	5. 弹腿冲拳	6. 大跃步前穿	7. 弓步击掌	8. 马步架掌
第二段	1. 虚步栽拳	2. 提膝穿掌	3. 仆步穿掌	4. 虚步挑掌
	5. 马步击掌	6. 插步双摆掌	7. 弓步击掌	
	8. 转身踢腿马步盘肘			
第三段	1. 歇步抡砸拳	2. 仆步亮掌	3. 弓步劈拳	
	4. 换跳步弓步冲拳	5. 马步冲拳	6. 弓步下冲拳	
	7. 插步亮掌侧踹腿	8. 虚步挑拳		
第四段	1. 弓步顶肘	2. 转身左拍脚	3. 右拍脚	4. 腾空飞脚
	5. 歇步下冲拳	6. 仆步抡劈拳	7. 提膝挑掌	
	8. 提膝劈掌弓步冲拳			
结束动作	1. 虚步亮掌	2. 并步对拳	3. 还　原	

三、初级长拳（第三路）动作图解

（一）预备动作

预备势

头要端正，下颌微收，挺胸、塌腰、收腹。（图 14-3-1）

1．虚步亮掌

三个动作必须连贯。成虚步时，重心落于右腿上，右大腿与地面平行；左腿微屈，脚尖点地。（图 14-3-2）

图 14-3-1

图 14-3-2

2．并步对拳

并步后挺胸、塌腰；对拳、并步、转头要同时完成。（图 14-3-3）

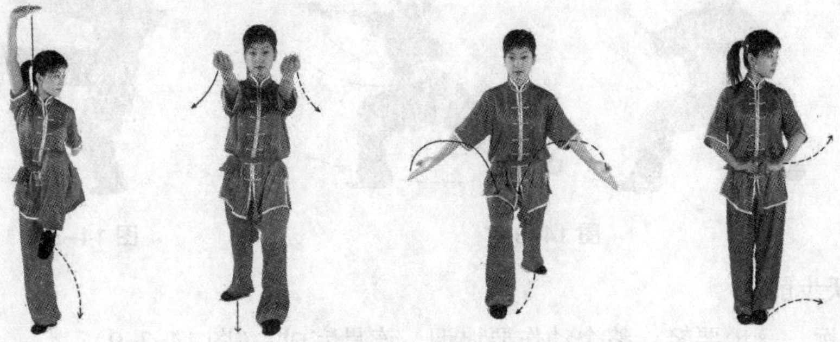

图 14-3-3

（二）第一段

1．弓步冲拳

成弓步时，右腿充分蹬直，脚跟不要离地；冲拳时，尽量转腰送肩。（图 14-3-4）

2．弹腿冲拳

弹出的腿要有爆发力，力点达于脚尖；弹腿和冲拳要协调，同时完成。（图 14-3-5）

3．马步冲拳

成马步时，大腿要保持水平，两脚平行，脚跟外蹬，挺胸、塌腰。（图 14-3-6）

图 14-3-4　　图 14-3-5　　图 14-3-6

4．弓步冲拳

与本段的弓步冲拳相同，只是左右相反。（图 14-3-7）

5．弹腿冲拳

与本段的弹腿冲拳相同，只是左右相反。（图 14-3-8）

图 14-3-7　　图 14-3-8

6．大跃步前穿

跃步要远，落地要轻，整个动作要协调、连贯完成。（图 14-3-9）

图 14-3-9

7．弓步击掌

弓步击掌如图 14-3-10 所示。

8．马步架掌

抖腕、甩头要同时完成。马步的要求同前。（图 14-3-11）

图 14-3-10

图 14-3-11

（三）第二段

1．虚步栽拳

落步、架拳、栽拳、转头要同时完成。（图 14-3-12）

2．提膝穿掌

支撑腿与右臂充分伸直。（图 14-3-13）

3．仆步穿掌

仆步穿掌如图 14-3-14 所示。

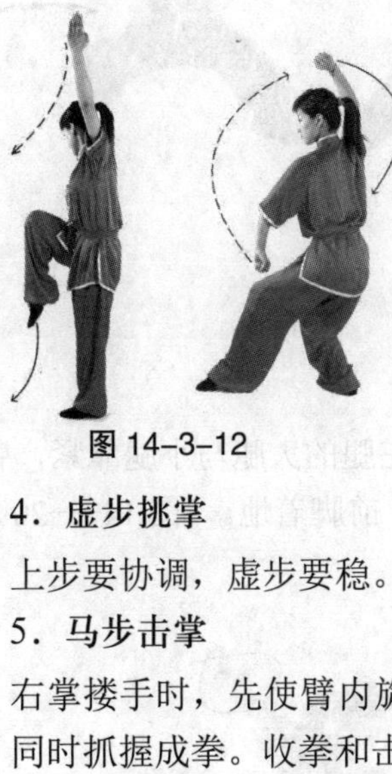

图 14-3-12

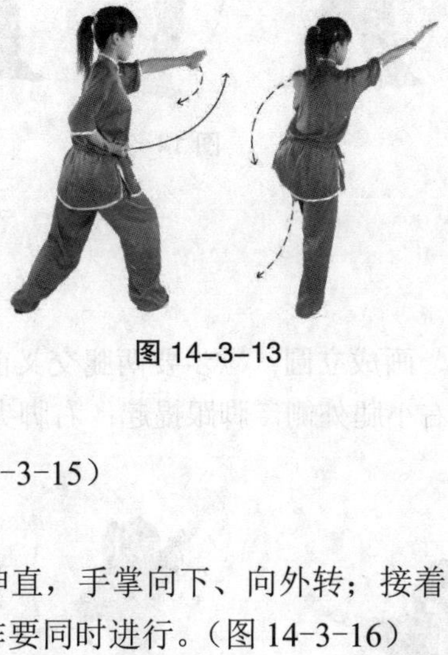

图 14-3-13

图 14-3-14

4．虚步挑掌

上步要协调，虚步要稳。（图 14-3-15）

5．马步击掌

右掌搂手时，先使臂内旋、腕伸直，手掌向下、向外转；接着臂外旋，掌心经下向上翻转，同时抓握成拳。收拳和击掌动作要同时进行。（图 14-3-16）

图 14-3-15

图 14-3-16

6．叉步双摆掌

两臂要画立圆，幅度要大，摆掌与后插步配合一致。（图 14-3-17）

7．弓步击掌

弓步击掌如图 14-3-18 所示。

图 14-3-17

图 14-3-18

8．转身踢腿马步盘肘

两臂抡动时要画立圆，动作连贯；盘肘时要快速有力，右臂前送。（图 14-3-19）

图 14-3-19

（四）第三段

1．歇步抡砸拳

抡臂动作要连贯完成，画成立圆；歇步要两腿交叉前蹲，左腿的大腿与小腿靠紧，臀部贴于小腿外侧，膝关节在右小腿外侧，脚跟提起；右脚尖外撇，前脚着地。（图 14-3-20）

图 14-3-20

2．仆步亮掌

落步下蹲时，先成右仆步，然后迅速过渡成左仆步；成仆步时，左腿充分伸直，脚尖内扣，右腿前蹲，两脚掌前部着地；上体挺胸塌腰，稍左转。（图 14-3-21）

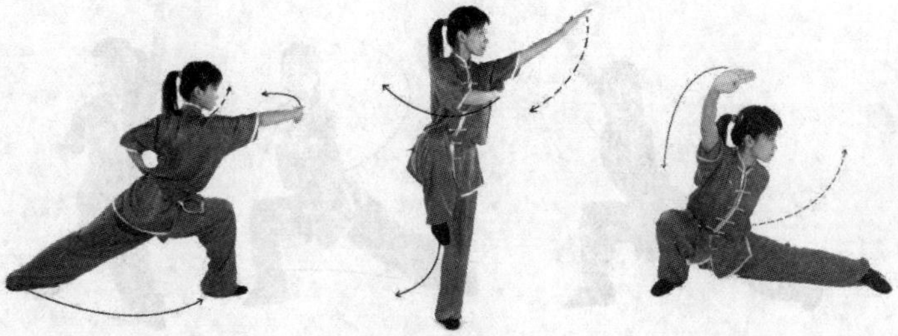

图 14-3-21

3．弓步劈拳

左右脚上步稍带弧形。（图 14-3-22）

图 14-3-22

4．换跳步弓步冲拳

换跳步动作要连贯、协调；震脚时腿要弯曲，全脚掌着地；左脚离地不要高。（图 14-3-23）

图 14-3-23

5．马步冲拳

马步冲拳如图 14-3-24 所示。

6．弓步下冲拳

弓步下冲拳如图 14-3-25 所示。

7．叉步亮掌侧踹腿

叉步时上体稍向右倾斜，腿、臂的动作要一致；侧踹高度不能低于腰，着力点在脚跟。（图 14-3-26）

图 14-3-24　　图 14-3-25　　图 14-3-26

8．虚步挑拳

虚步挑拳如图 14-3-27 所示。

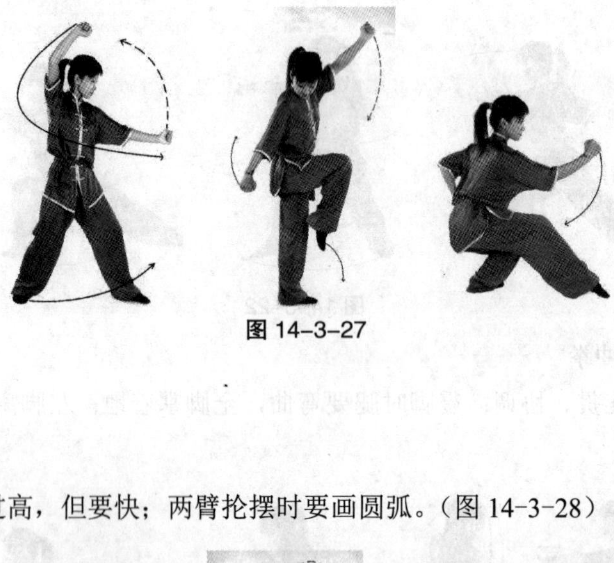

图 14-3-27

（五）第四段

1．弓步顶肘

交换步时不要过高，但要快；两臂抡摆时要画圆弧。（图 14-3-28）

图 14-3-28

2．转身左拍脚

右掌拍脚时手掌稍横过来，拍脚要准而响亮。（图 14-3-29）

3．右拍脚

与本段的转身左拍脚相同只是方向不同。（图 14-3-30）

图 14-3-29

图 14-3-30

4．腾空飞脚

蹬地要向上，不要太向前冲；左膝尽量上提；击响要在腾空时完成，此时，右臂伸直成水平。（图 14-3-31）

5．歇步下冲拳

歇步下冲拳如图 14-3-32 所示。

图 14-3-31

图 14-3-32

6．仆步抡劈拳

抡臂时一定要画立圆。（图 14-3-33）

图 14-3-33

7．提膝挑掌

抡臂时要画立圆。（图 14-3-34）

8．提膝劈掌弓步冲拳

提膝劈掌弓步冲拳如图 14-3-35 所示。

图 14-3-34

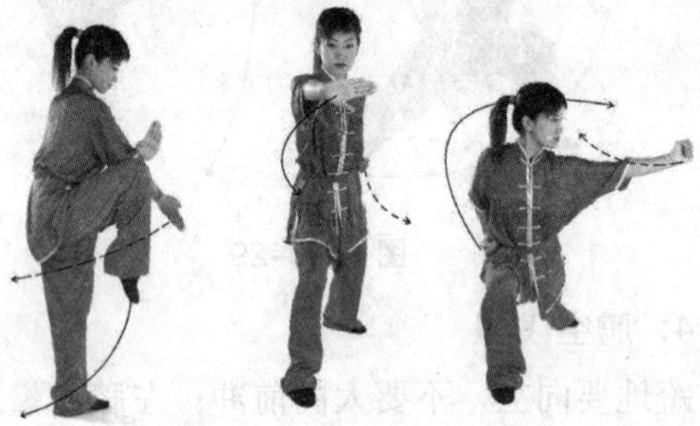

图 14-3-35

（六）结束动作

1．虚步亮掌

虚步亮掌如图 14-3-36 所示。

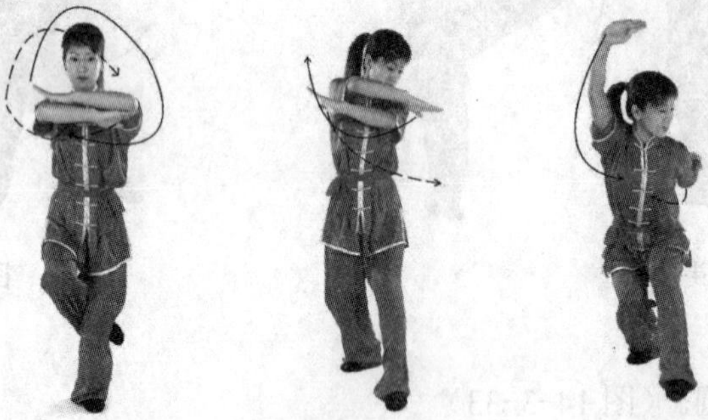

图 14-3-36

2．并步对拳

并步对拳如图 14-3-37 所示。

3．还原

还原动作如图 14-3-38 所示。

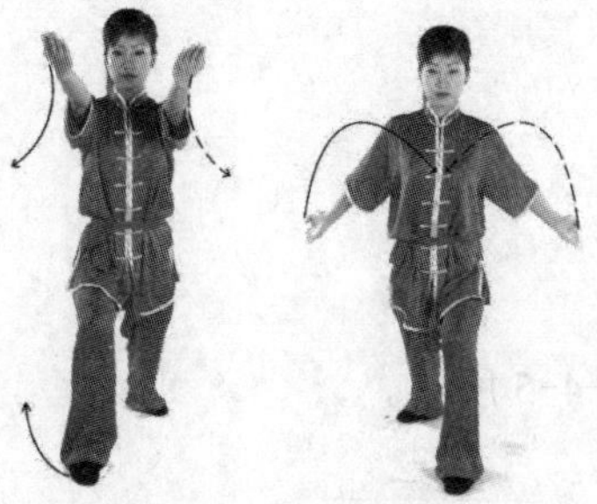
图 14-3-37

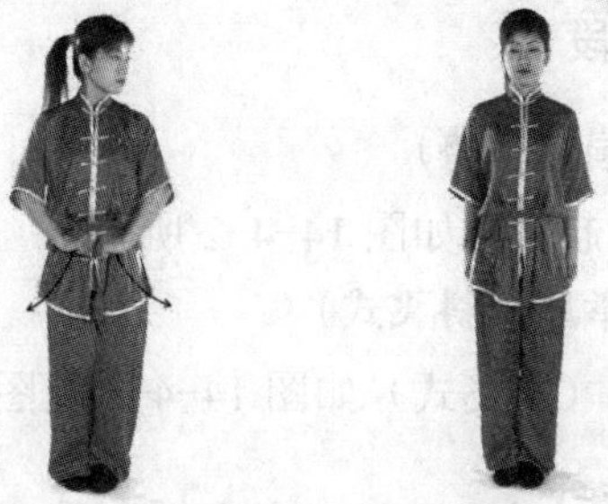
图 14-3-38

第四节　太极功夫扇

一、太极功夫扇简介

太极功夫扇是北京市老年人体育协会为支持北京申办 2008 年奥运会，大力开展中老年健身活动，于 21 世纪初组织创编的太极新套路。该套路一经推出，立即引起广大群众的强烈反响，今已成为最受欢迎的太极健身项目之一。

太极功夫扇灵活结合了扇子的挥舞和太极的运动技巧，巧妙结合武术动作与歌曲旋律，糅合了不同流派的太极拳、太极剑动作，以及快速有力的长拳、南拳、京剧舞蹈动作等，内容丰富新颖，载歌载“武”，而且易学易练。太极功夫扇全套演练需要时间大约 3 分 30 秒，是中老年朋友陶冶情操、强身健体的体育项目。

二、太极功夫扇动作图示

（一）预备势

预备势如图 14-4-1 所示。

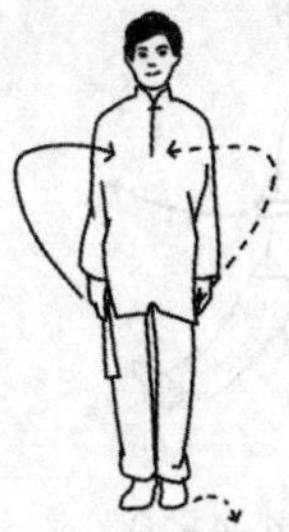
图 14-4-1

（二）第一段

1．开步抱扇（起势）

开步抱扇（起势）如图 14-4-2 所示。

2．侧弓步举扇（斜飞式）

侧弓步举扇（斜飞式）如图 14-4-3 至图 14-4-5 所示。

图 14-4-2

图 14-4-3

图 14-4-4

图 14-4-5

3．虚步亮扇（白鹤亮翅）

虚步亮扇（白鹤亮翅）如图 14-4-6 至图 14-4-8 所示。

图 14-4-6

图 14-4-7

图 14-4-8

4．进步刺扇（黄蜂入洞）

进步刺扇（黄蜂入洞）如图 14-4-9 至图 14-4-11 所示。

图 14-4-9

图 14-4-10

图 14-4-11

5．转身下刺扇（哪吒探海）

转身下刺扇（哪吒探海）如图 14-4-12 至图 14-4-14 所示。

图 14-4-12

图 14-4-13

图 14-4-14

6．独立撩扇（金鸡独立）

独立撩扇（金鸡独立）如图 14-4-15 至图 14-4-17 所示。

图 14-4-15

图 14-4-16

图 14-4-17

7．翻身劈扇（力劈华山）

翻身劈扇（力劈华山）如图 14-4-18 至图 14-4-21 所示。

图 14-4-18

图 14-4-19

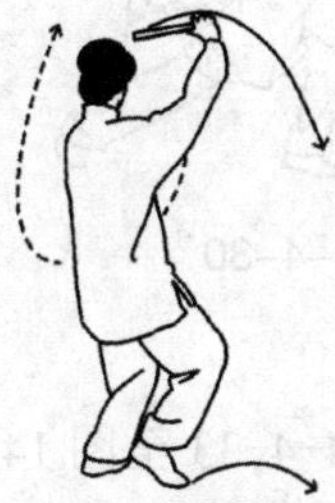
图 14-4-20

图 14-4-21

8．转身抡压扇（灵猫捕蝶）

转身抡压扇（灵猫捕蝶）如图 14-4-22 至图 14-4-24 所示。

图 14-4-22

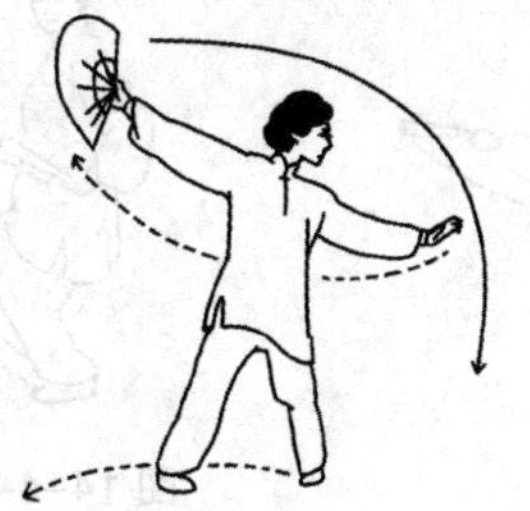
图 14-4-23

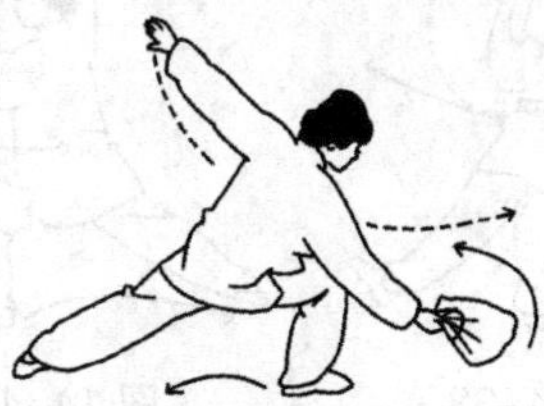
图 14-4-24

9．马步亮扇（坐马观花）

马步亮扇（坐马观花）如图 14-4-25 至图 14-4-28 所示。

图 14-4-25

图 14-4-26

图 14-4-27

图 14-4-28

（三）第二段

10．弓步削扇（野马分鬃）

弓步削扇（野马分鬃）如图 14-4-29 至图 14-4-30 所示。

11．并步亮扇（雏燕凌空）

并步亮扇（雏燕凌空）如图 14-4-31 至图 14-4-32 所示。

图 14-4-29

图 14-4-30

图 14-4-31

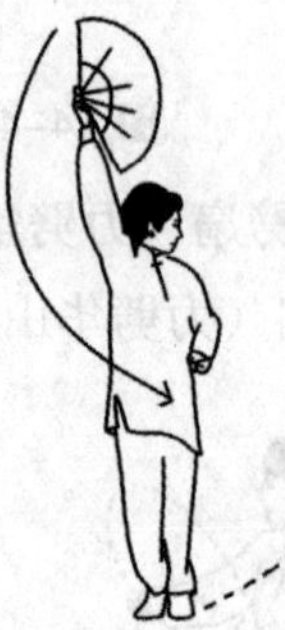

图 14-4-32

12．进步刺扇（黄蜂入洞）

进步刺扇（黄蜂入洞）如图 14-4-33 至图 14-4-34 所示。

13．震脚推扇（猛虎捕食）

震脚推扇（猛虎扑食）如图 14-4-35 至图 14-4-36 所示。

图 14-4-33

图 14-4-34

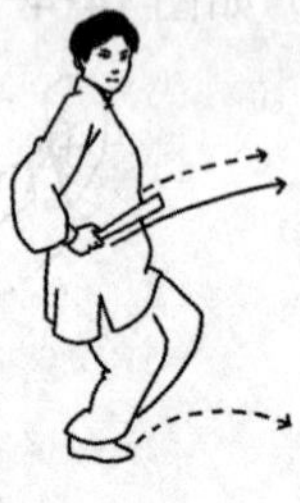

图 14-4-35

图 14-4-36

14．戳脚撩扇（螳螂捕蝉）

戳脚撩扇（螳螂捕蝉）如图 14–4–37 至图 14–4–39 所示。

15．盖步按扇（勒马回头）

盖步按扇（勒马回头）如图 14–4–40 至图 14–4–41 所示。

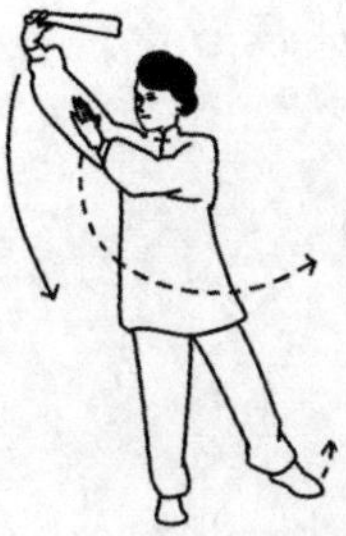

图 14–4–37

图 14–4–38

图 14–4–39

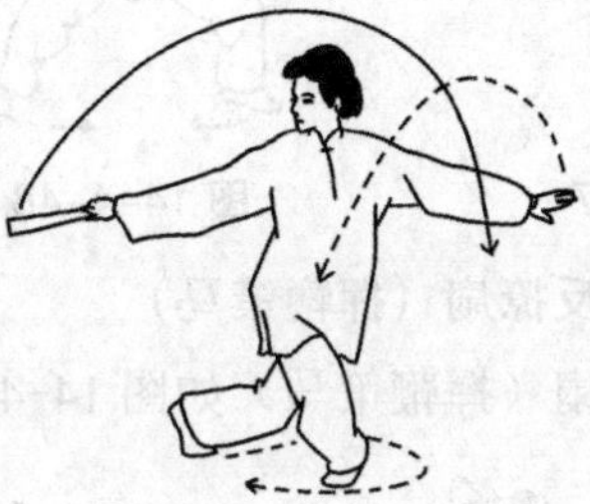

图 14–4–40

图 14–4–41

16．翻身藏扇（鹞子翻身）

翻身藏扇（鹞子翻身）如图 14–4–42 至图 14–4–43 所示。

图 14–4–42

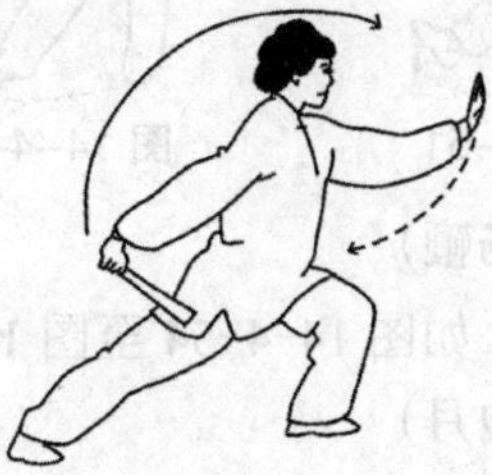

图 14–4–43

17．马步亮扇（坐马观花）

马步亮扇（坐马观花）如图 14–4–44 至图 14–4–46 所示。

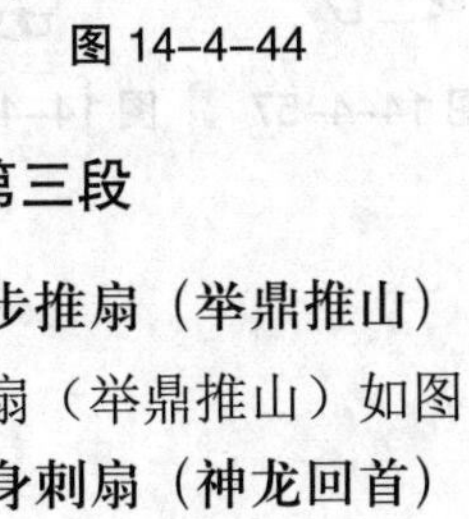

图 14–4–44

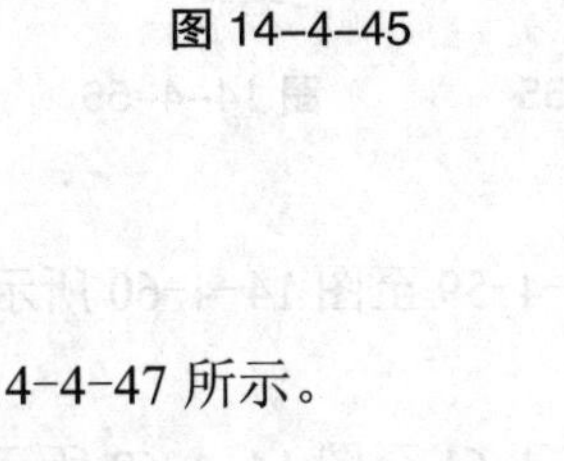

图 14–4–45

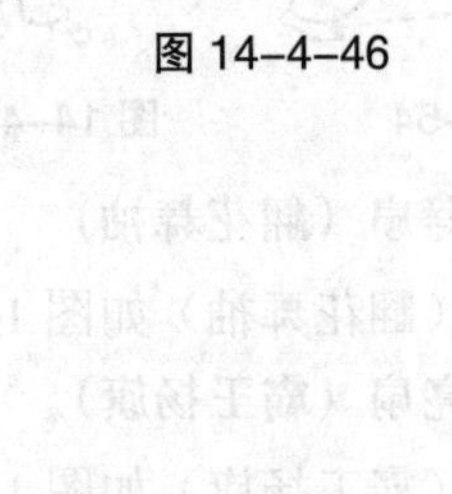

图 14–4–46

（四）第三段

18．马步推扇（举鼎推山）

马步推扇（举鼎推山）如图 14–4–47 所示。

19．转身刺扇（神龙回首）

转身刺扇（神龙回首）如图 14–4–48 至图 14–4–50 所示。

图 14-4-47

图 14-4-48

图 14-4-49

图 14-4-50

20．叉步反撩扇（挥鞭策马）

叉步反撩扇（挥鞭策马）如图 14-4-51 至图 14-4-53 所示。

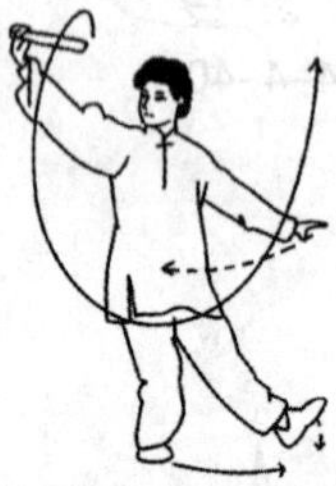
图 14-4-51

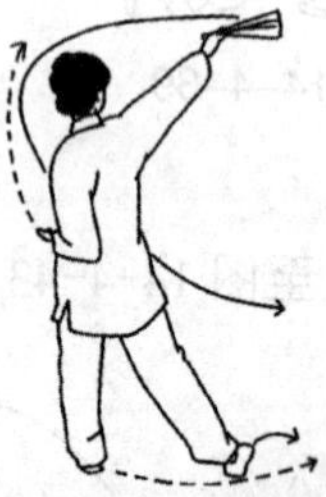
图 14-4-52

图 14-4-53

21．点步挑扇（立马扬鞭）

点步挑扇（立马扬鞭）如图 14-4-54 至图 14-4-55 所示。

22．歇步抱扇（怀中抱月）

歇步抱扇（怀中抱月）如图 14-4-56 所示。

23．并步贯扇（迎风撩衣）

并步贯扇（迎风撩衣）如图 14-4-57 至图 14-4-58 所示。

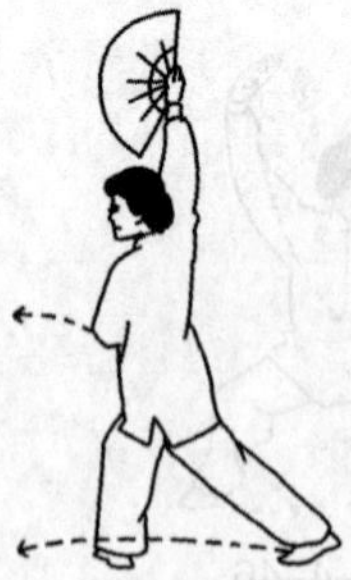
图 14-4-54

图 14-4-55

图 14-4-56

图 14-4-57

图 14-4-58

24．云手劈扇（翻花舞袖）

云手劈扇（翻花舞袖）如图 14-4-59 至图 14-4-60 所示。

25．歇步亮扇（霸王扬旗）

歇步亮扇（霸王扬旗）如图 14-4-61 至图 14-4-62 所示。

图 14-4-59

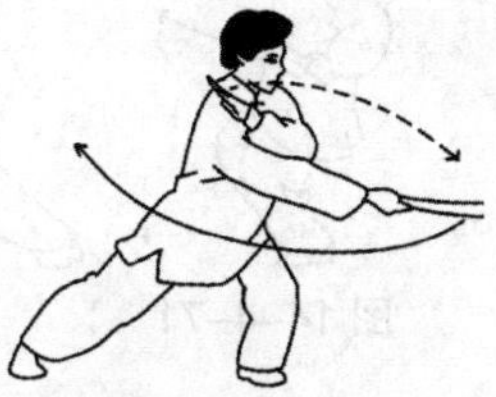
图 14-4-60

图 14-4-61

图 14-4-62

26．开步抱扇（抱扇过门）

开步抱扇（抱扇过门）如图 14-4-63 至图 14-4-64 所示。

图 14-4-63

图 14-4-64

（五）第四段

27．弓步削扇（野马分鬃）

弓步削扇（野马分鬃）如图 14-4-65 至图 14-4-66 所示。

28．并步亮扇（雏燕凌空）

并步亮扇（雏燕腾空）如图 14-4-67 至图 14-4-68 所示。

图 14-4-65

图 14-4-66

图 14-4-67

图 14-4-68

29．进步刺扇（黄蜂入洞）

进步刺扇（黄蜂入洞）如图 14-4-69 至图 14-4-70 所示。

30．震脚推扇（猛虎捕食）

震脚推扇（猛虎捕食）如图 14-4-71 至图 14-4-72 所示。

图 14-4-69

图 14-4-70

图 14-4-71

图 14-4-72

31．戳脚撩扇（螳螂捕蝉）

戳脚撩扇（螳螂捕蝉）如图 14-4-73 至图 14-4-75 所示。

32．盖步按扇（勒马回头）

盖步按扇（勒马回头）如图 14-4-76 至图 14-4-77 所示。

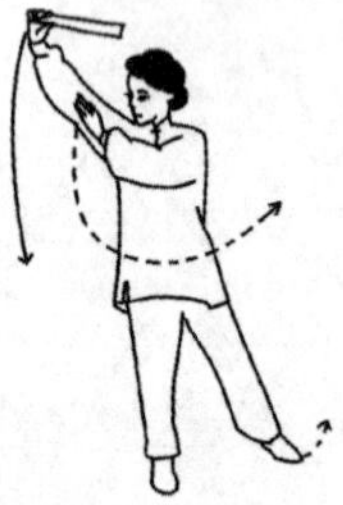
图 14-4-73

图 14-4-74

图 14-4-75

图 14-4-76

图 14-4-77

33．翻身藏扇（鹞子翻身）

翻身藏扇（鹞子翻身）如图 14-4-78 至图 14-4-79 所示。

34．马步亮扇（坐马观花）

马步亮扇（坐马观花）如图 14-4-80 至图 14-4-82 所示。

图 14-4-78

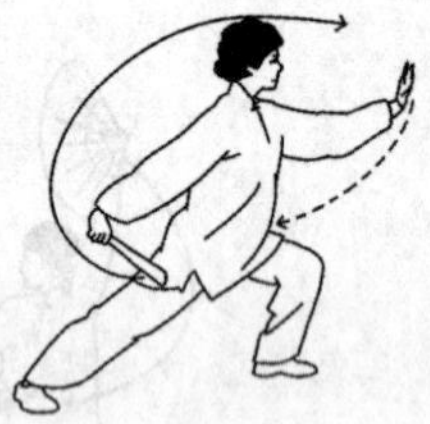
图 14-4-79

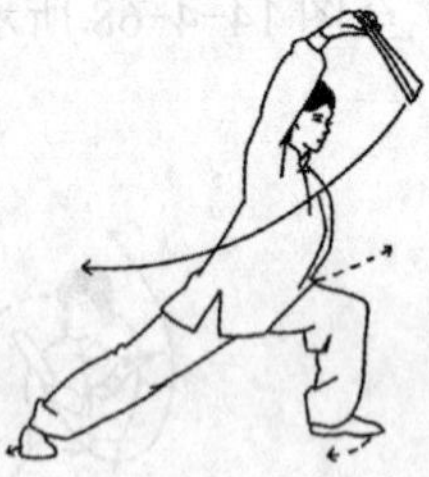
图 14-4-80

图 14-4-81

图 14-4-82

（六）第五段

35．马步顶扇（顺鸾肘）

马步顶扇（顺鸾肘）如图 14-4-83 至图 14-4-84 所示。

36．马步抖扇（裹鞭炮）

马步抖扇（裹鞭炮）如图 14-4-85 至图 14-4-87 所示。

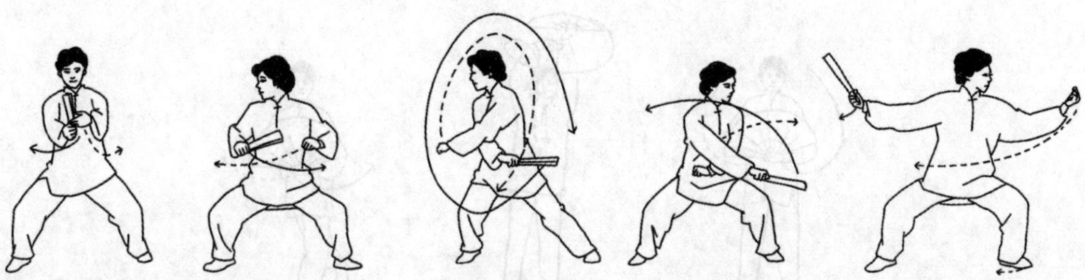

图 14-4-83　图 14-4-84　图 14-4-85　图 14-4-86　图 14-4-87

37．虚步拨扇（前招式）

虚步拨扇（前招式）如图 14-4-88 至图 14-4-89 所示。

38．震脚拍扇（双震脚）

震脚拍扇（双震脚）如图 14-4-90 至图 14-4-92 所示。

图 14-4-88　图 14-4-89　图 14-4-90　图 14-4-91　图 14-4-92

39．蹬脚推扇（龙虎相交）

蹬脚推扇（龙虎相交）如图 14-4-93 至图 14-4-94 所示。

40．望月亮扇（玉女穿梭）

望月亮扇（玉女穿梭）如图 14-4-95 至图 14-4-97 所示。

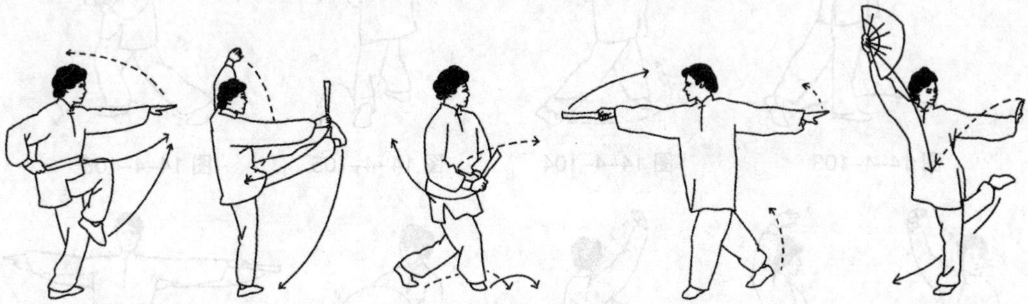

图 14-4-93　图 14-4-94　图 14-4-95　图 14-4-96　图 14-4-97

41．云扇合抱（天女散花）

歇步亮扇（霸王扬旗）如图 14-4-98 至图 14-4-100 所示。

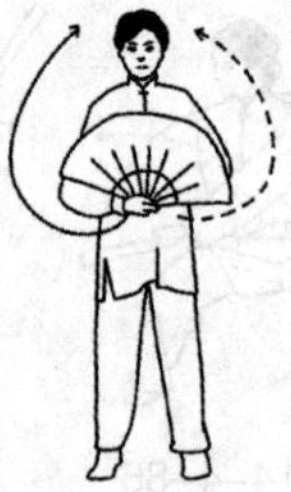

图 14-4-98

图 14-4-99

图 14-4-100

42．歇步亮扇（霸王扬旗）

托扇行步（行步过门）如图 14-4-101 至图 14-4-102 所示。

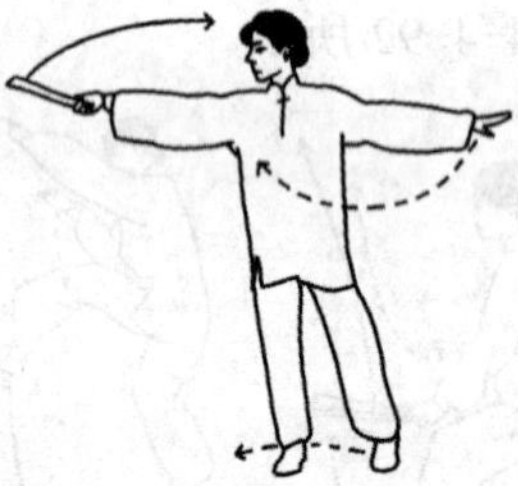

图 14-4-101

图 14-4-102

43．托扇行步（行步过门）

托扇行步（行步过门）如图 14-4-103 至图 14-4-111 所示。

图 14-4-103

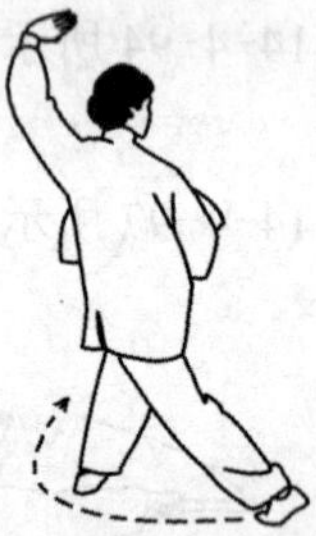

图 14-4-104

图 14-4-105

图 14-4-106

图 14-4-107

图 14-4-108

图 14-4-109

图 14-4-110

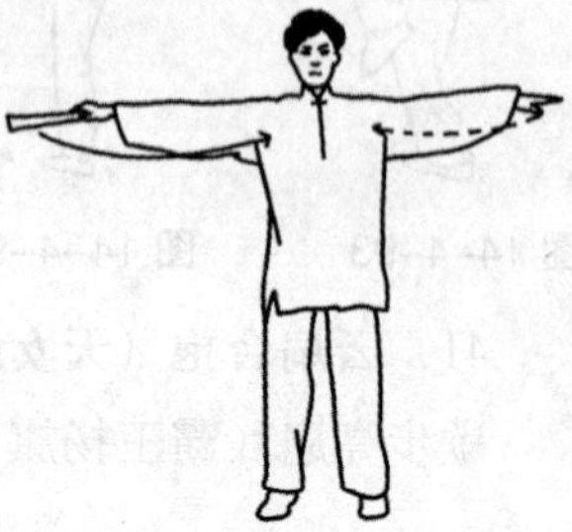

图 14-4-111

（七）第六段

44．虚步捧扇（七星手）

虚步捧扇（七星手）如图 14-4-112 至图 14-4-114 所示。

图 14-4-112　图 14-4-113　图 14-4-114

45．弓步捧扇（揽扎衣）

弓步捧扇（揽扎衣）如图 14-4-115 至图 14-4-117 所示。

图 14-4-115　图 14-4-116　图 14-4-117

46．后捋前挤扇（捋挤式）

后捋前挤扇（捋挤式）如图 14-4-118 至图 14-4-121 所示。

图 14-4-118　图 14-4-119　图 14-4-120　图 14-4-121

47．并步背扇（苏秦背剑）

并步背扇（苏秦背剑）如图 14-4-122 至图 14-4-125 所示。

图 14–4–122

图 14–4–123

图 14–4–124

图 14–4–125

48．弓步戳扇（搂膝拗步）

弓步戳扇（搂膝拗步）如图 14–4–126 至图 14–4–127 所示。

图 14–4–126

图 14–4–127

49．仆步穿扇（单鞭下势）

仆步穿扇（单鞭下势）如图 14–4–128 至图 14–4–130 所示。

图 14–4–128

图 14–4–129

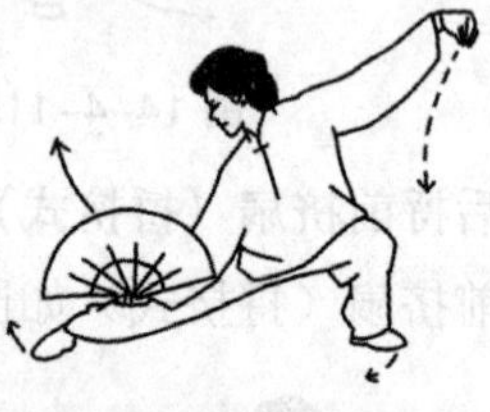
图 14–4–130

50．弓步架扇（挽弓射虎）

弓步架扇（挽弓射虎）如图 14–4–131 至图 14–4–133 所示。

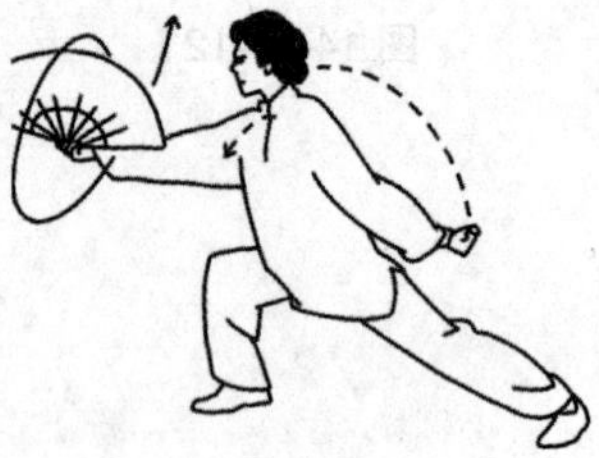
图 14–4–131

图 14–4–132

图 14–4–133

51．虚步亮扇（白鹤亮翅）

虚步亮扇（白鹤亮翅）如图 14-4-134 至图 14-4-136 所示。

图 14-4-134

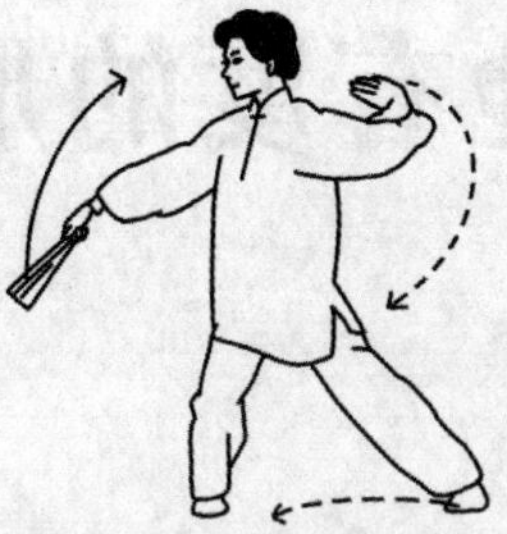

图 14-4-135

图 14-4-136

52．抱扇还原（收势）

抱扇还原（收势）如图 14-4-137 至图 14-4-139 所示。

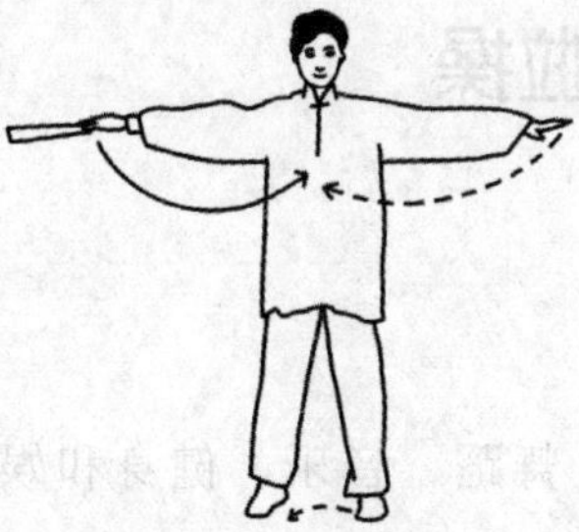

图 14-4-137

图 14-4-138

图 14-4-139

第十五章 张弛有度的形体塑身

第一节　啦啦操

一、啦啦操概述

啦啦操是一项深受广大群众喜爱的，集体操、舞蹈、音乐、健身和娱乐于一体的体育项目。

啦啦操（队）最早出现于美国，英文名为cheerleading。其中“cheer”的部分，有振奋精神，鼓舞士气的意思。啦啦操文化的起源可以追溯到原始部落时代，在为激励外出打仗或者狩猎的勇士们而举行的仪式中，族人用欢呼呐喊、手舞足蹈的表演等来鼓励勇士，希望他们能凯旋。我们所熟悉的现代啦啦队则出现于1898年美国明尼苏达大学的一场橄榄球赛场上，第一次出现了有组织地带领观众为队员加油，呐喊助威，使赛场气氛热烈，既鼓舞了队员士气，又极大地提高了比赛的观赏性和娱乐性。啦啦操中托举、人塔、空翻、抛接等多元化的表演让人目不暇接，啦啦操集团队协作、奋发向上、自信热情于一身，代表着张扬热烈、朝气蓬勃的精神力量。2001年，在日本东京举行了第1届世界啦啦队锦标赛，啦啦操正式成为世界性竞技运动。2002年，啦啦操被正式引入中国。中国首次获得技巧啦啦队世界冠军的队伍是2009年广西南宁26中ANT啦啦队，中国首次获得舞蹈啦啦队世界冠军的队伍是2010年广西师范大学马龙啦啦队。

二、啦啦操的分类

现代啦啦操发展至今大致分为两大部分：一是单纯为赛事助威，搞活气氛而进行的各类活动；二是有组织、有严格规则要求的一项体育比赛项目。本章只对后者进行介绍。啦啦操多以团队的形式出现，并结合舞蹈、口号、舞伴特技，是指托举的难度动作、技巧、轿子抛、叠罗汉、跳跃等动作技术，配合音乐、服装、队形变化及标示物品（如彩球、口号板、喇叭与旗帜等）等要素，遵守比赛规则中对性别、人数、时间限制、安全规则等规定进行比赛的运动，称之为竞技啦啦队，亦可称为啦啦队。啦啦操依据展示场所来划分，可分为场地啦啦操和看台啦啦操。场地啦啦操通常是指作为一项体育竞赛项目而存在的啦啦操，包括舞蹈啦啦操和技巧啦啦操。舞蹈啦啦操是以舞蹈动作为主，通过展示各种舞蹈技巧和元素或结合道具为基本内容的团队竞赛项目；技巧啦啦操是以结合技巧、体操、舞蹈动作的过渡连接及口号等形式为基本内容的团队竞赛项目。

看台啦啦操则是由队员、服装、道具、口号、指挥等元素组成，并相对固定在看台上进行展示与表演的一种啦啦操。看台啦啦操更多地通过运用上肢手臂的屈伸、摆动、绕环等的变化来组成动作，加上下肢的伸蹲、小幅度的移动等，配合不同的口号和道具，整齐划一地展示。虽说看台啦啦操没有场地啦啦操那么动感激昂，但因参与人数多，动作整齐、声势浩大，因此更能营造良好的现场气氛，振奋人心。

三、啦啦操的基本动作介绍

啦啦操的基本动作介绍见表 15-1-1。

表 15-1-1 啦啦操基本动作

类　别	基本动作类型
上肢动作	上（下）M、W、高（下）V、T、斜举T、短T、直臂平（高、下、屈臂）举X、上（下、屈臂）A、上（下）H、小h、L、倒L、K、侧K、R、大（小）弓箭、旗兵（1、2、3、4、5、6）
下肢动作	立正站、军姿站、弓步站、锁步站、吸腿站
跳步动作	小分腿跳、大分腿跳、C跳、团身跳、莲花跳、跨栏跳、屈体分（并）腿跳、交换腿跳、反跨跳、变身跳
平衡转体类动作	前吸腿控腿平衡、后屈腿搬腿平衡、高搬腿前（侧、后）平衡、搬腿转体、吸腿转体
托举动作	单（双）底髋位托举、单（双、三）座肩位托举、单（双、三）座高位托举
技巧类动作	倒立、翻腾、前（后）滚翻、前（后）手翻
看台啦啦操基本动作	举（前、上、侧上）、击掌（胸前、头上、身体两侧）、振臂（胸前、臂上举）、手臂屈伸、手臂摆动、手臂的绕及绕环
看台啦啦操常用道具	丝巾、旗子、横幅、花球、扇子、哨子、喇叭、标语牌、锣、鼓、气球、充气棒、鼓掌手板、手铃、沙锤等

四、啦啦操的 32 个基本手位图示

32 手位示范

啦啦操是一项鼓舞人心的运动，其中基本手位动作充满了创造性，V字形源于单词victory，寓意胜利；H字形源于单词hero，寓意英雄；T字形源于单词team，寓意团队；W字形源于单词win，寓意赢得；A字形源于单词active，寓意积极的；L字形源于单词light，寓意光明；M字形源于单词majesty，寓意音雄伟的；R字形源于单词running，寓意奔跑；K字形源于单词kind，寓意友好的。

（一）上　M

锁肩、手臂控制。双臂侧上举，肩上平屈，肘朝外，手腕向下屈，指尖触肩。（图 15-1-1）

图 15-1-1

图 15-1-2

图 15-1-3

（二）下　M

锁肩、手臂控制。双手握拳叉腰于髋部，双臂与肩成 30° 角，拳心朝后。（图 15-1-2）

（三）W

锁肩、手臂控制。双臂侧上举，肩上平屈，肘关节成 90° 夹角，拳心相对。（图 15-1-3）

（四）高举V

锁肩、手臂控制。双臂侧上举，分别与脊柱形成 45° 角，但不能完全张开，应置于双耳斜前方 45°，拳心朝外。（图 15-1-4）

（五）下举V

锁肩、手臂控制。双臂侧下举，分别与脊柱形成 45 ° 角，且与肩成 45° 角，拳心朝下。（图 15-1-5）

（六）T

锁肩、手臂控制。双臂侧平举，但没有完全张开，分别与肩成 30 ° 角，拳心朝下。（图 15-1-6）

（七）斜举T

锁肩、手臂控制。一臂侧上举，与脊柱成 45° 角，拳心朝外；另一臂侧下举，与脊柱成 45° 角，拳心朝下，但双臂不能完全打开，略小于肩。（图 15-1-7）

（八）小　T

锁肩、手臂控制。双臂侧平举，胸前平屈，前臂略低于肩，两拳相对，拳心朝下。（图 15-1-8）

（九）直臂平举X

锁肩、手臂控制。双臂交叉前平举，略低于肩，拳心朝下。（图 15-1-9）

图 15-1-4　图 15-1-5　图 15-1-6　图 15-1-7　图 15-1-8　图 15-1-9

（十）高举X

锁肩、手臂控制。双臂交叉斜上举于额头前上方，分别与脊柱成 30° 角，拳心朝前。（图 15-1-10）

（十一）下举X

锁肩、手臂控制。双臂交叉斜下举，分别与脊柱成 30° 角，拳心朝下。（图 15-1-11）

（十二）屈臂 X

锁肩、手臂控制。双臂屈肘交叉于胸前，拳心朝内。（图 15-1-12）

（十三）X

锁肩、手臂控制。双臂侧上举，头后平屈，肘朝外，两拳相对，拳心紧贴后脑。　（图 15-1-13）

（十四）上举A

锁肩、手臂控制。双臂斜上举，分别与脊柱成 30° 角，拳心紧贴相对。（图 15-3-14）

（十五）下举A

锁肩、手臂控制。双臂斜下举，分别与脊柱成 30° 角，拳心紧贴相对。（图 15-1-15）

图 15-1-10　图 15-1-11　图 15-1-12　图 15-1-13　图 15-1-14　图 15-1-15

（十六）屈臂 A

锁肩、手臂控制。双手胸前击掌式握手，肘朝下，双拳略低于下颌。（图 15-1-16）

（十七）上举 H

锁肩、手臂控制。双手握拳，双臂前上举与肩同宽，分别与脊柱成 30°角，拳心相对。（图 15-1-17）

（十八）下举 H

锁肩、手臂控制。双臂前下举，分别与脊柱成 30°角，拳心相对。（图 15-1-18）

（十九）小 H

锁肩、手臂控制。一臂前上举，与脊柱成 30°角，拳心朝内；另一臂胸前平屈，肘朝下，拳心朝内。（图 15-1-19）

（二十）L

锁肩、手臂控制。一臂前上举，与脊柱成 30°角，拳心朝内；另一臂侧平举，与肩形成 30°夹角，拳心朝下。（图 15-1-20）

（二十一）倒 L

锁肩、手臂控制。一臂前下举，拳心朝内；另一臂侧平举，与肩成 30°角，拳心朝下。（图 15-1-21）

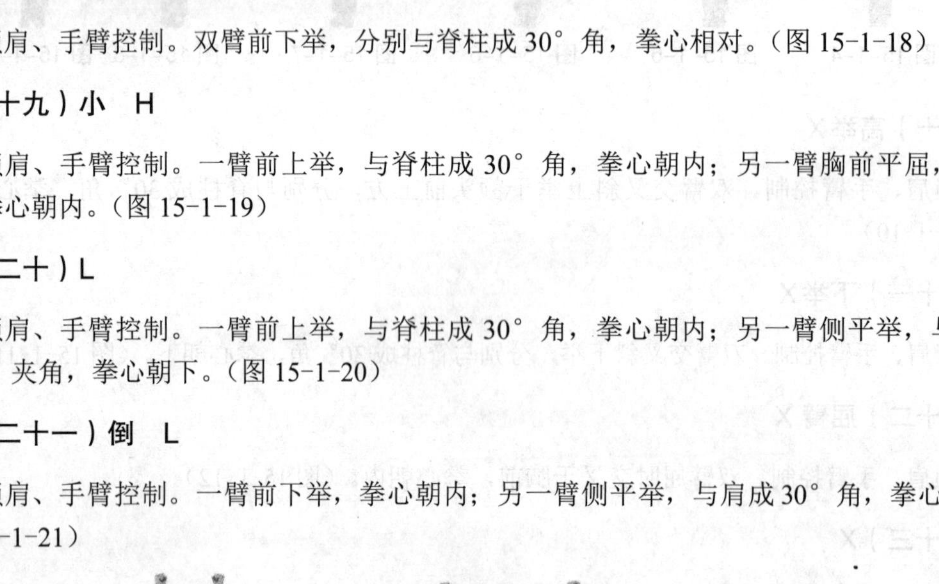

图 15-1-16　图 15-1-17　图 15-1-18　图 15-1-19　图 15-1-20　图 15-1-21

（二十二）K

锁肩、手臂控制。一臂前上举，与脊柱成 45°角，拳心朝下；另一臂前下举，与脊柱成 45°角，拳心朝下，两拳拳眼相对。（图 15-1-22）

（二十三）侧 K

锁肩、手臂控制、脚下控制。双腿弓步开立，后脚脚跟起，重心在后脚。手臂一臂前上举，与脊柱成 45° 角，拳心朝内；另一臂前下举，与脊柱成 45° 角，拳心朝内，两拳拳眼相对。（图 15-1-23）

（二十四）R

锁肩、手臂控制。一臂斜下举，与脊柱成 30° 角，拳心朝下；另一臂侧上举，头后屈肘，肘关节朝外，拳心紧贴后脑勺。（图 15-1-24）

（二十五）大弓箭

锁肩、手臂控制。一臂胸前平屈，肘朝外，前臂略低于肩；另一臂侧平举，与肩成 30° 角，拳心朝下。（图 15-1-25）

（二十六）小弓箭

锁肩、手臂控制。一臂侧平举，与肩成 30° 角，拳心朝下；另一臂胸前屈，肘关节朝下，拳心朝内。（图 15-1-26）

（二十七）旗兵 1（高冲拳）

锁肩、手臂控制。一臂前上举，与脊柱成 30° 角，拳心朝内；另一手握拳叉腰，手臂与肩成 30° 角，拳心朝后。（图 15-1-27）

图 15-1-22　图 15-1-23　图 15-1-24　图 15-1-25　图 15-1-26　图 15-1-27

（二十八）旗兵 2（斜下冲拳）

锁肩、手臂控制。一手握拳叉腰，手臂与肩成 30° 角，拳心朝后；另一臂斜下举，与脊柱成 30° 角，拳心朝下。（图 15-1-28）

（二十九）旗兵 3（侧下冲拳）

锁肩、手臂控制。一手握拳叉腰，手臂与肩成 30° 角，拳心朝后；另一臂侧下举，与脊柱成 45° 角，拳心朝下。（图 15-1-29）

（三十）旗兵 4（斜上冲拳）

锁肩、手臂控制。一手握拳叉腰，手臂与肩成 30° 角，拳心朝后；另一臂斜上冲拳，与脊柱成 30° 角，拳心朝外。（图 15-1-30）

（三十一）旗兵 5（短剑）

锁肩、手臂控制。一手握拳叉腰，手臂与肩成 30° 角，拳心朝后；另一臂胸前屈，肘朝下，拳心朝内。（图 15-1-31）

（三十二）旗兵 6（侧上冲拳）

锁肩、手臂控制。一手握拳叉腰，手臂与肩成 30° 角，拳心朝后；另一臂侧上举，与脊柱成 45° 角，拳心朝前。（图 15-1-32）

图 15-1-28　图 15-1-29　图 15-1-30　图 15-1-31　图 15-1-32

第二节　健美运动

一、健美运动概述

健美运动是徒手或利用杠铃、哑铃、壶铃、拉力器以及特制的综合力量练习架等器械，利用专门动作方式和方法进行锻炼来发展肌肉、增长体力、改善形体和陶冶情操的运动项目。健美是与人的形体美密切相关的，是形体美的基础。对称的造型、均衡的比例、流畅的线条、坚强的骨骼、匀称的四肢、丰满的躯体、弹性的肌肉、健康的肤色等是形体美不可缺少的条件。健美还要求具有充沛的精神、愉快的情绪、青春的活力。

两千多年前的古奥林匹克竞技会上，古希腊人全身涂上橄榄油进行角逐，以显示身体的健美。近代健美运动是 19 世纪末在欧洲兴起的，是由德国的体育家尤金・山道首创，并于 1901 年 9 月 4 日在英国举办了世界上第 1 次健美比赛。山道对健美运动起到了很大的推动作用，被人称为“国际健美运动的创始人”。1946 年，加拿大人本・韦德兄弟创建了国际健美联合会，该联合会是国际体育联合会排名第 6 位的单项运动协会。国际健美联合会每年定期举办洲际、世界业余和职业健美比赛。

二、健美的科学训练方法

针对人体不同部位的健美运动，训练方法也有所不同。

（一）腿部肌群

双腿是人体的基座，承担着整个身体的重量，两腿无力将会给日常生活和工作带来不便，更谈不上健美。人的衰老从腿开始。两腿无力，行走活动减少，会导致心肺功能下降，所以应重视腿部肌群的锻炼。

1．股四头肌、臀大肌

（1）负重深蹲。

在做动作的过程中，应始终抬头、挺胸、紧腰，使杠铃垂直上升，意念集中在股四头肌、臀大肌上。（图 15–2–1）

腿部训练动作

（2）跨举。

下蹲和起立时，腰背要挺直，两臂伸直，不得屈臂和耸肩。起立时应完全靠腿部力量。屈膝下蹲时，不可突然下蹲，应以股四头肌、臀大肌的力量控制缓缓下蹲，意念集中在股四头肌、臀大肌上。（图 15–2–2）

图 15–2–1

图 15–2–2

2．股二头肌

（1）俯卧腿弯举。

做俯卧腿弯举时，腹部要始终紧贴凳面，臀部不能撅起，意念集中在股二头肌上。（图 15–2–3）

（2）立姿腿弯举。

动作不可太快，待股二头肌极力收缩后，稍停，再缓缓放下。意念集中在股二头肌上。（图 15–2–4）

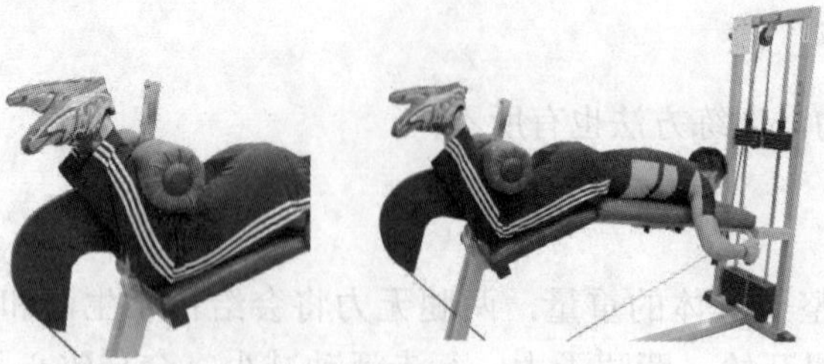

图 15-2-3

图 15-2-4

3．小腿肌群

（1）立姿提踵。

做动作时，要保持重心稳定，下降时，脚跟要低于垫木面。意念集中在小腿肌群上。（图 15-2-5）

（2）坐姿提踵。

在做动作的过程中，杠铃横杠的位置要正对脚跟，脚跟下降时，要低于垫木面。意念集中在小腿肌群上。（图 15-2-6）

图 15-2-5

图 15-2-6

（二）胸部肌群

胸部肌群包括位于胸前皮下的胸大肌、位于胸廓上部前外侧胸大肌深层的胸小肌和位于胸廓外侧面的前锯肌。在锻炼胸肌时，需要采用不同的动作从不同的角度来对胸肌进行不同的刺激，才能使胸部肌肉练得既发达又有线条。

1．杠铃平卧推举

要求上推路线保持垂直。意念集中在胸大肌上。（图 15-2-7）

2．仰卧飞鸟

要求肩、肘、腕始终在同一垂面内。意念集中在胸大肌和三角肌前束上。（图 15-2-8）

仰卧飞鸟

图 15-2-7

图 15-2-8

（三）背部肌群

背部肌群主要由上背部斜方肌、中背部背阔肌和下背部骶棘肌三部分组成。强壮发达的背部肌肉，使上体成V字形，并能使腰背挺直，塑造良好的体型。

1．直立耸肩

在做动作的过程中，两臂不得上提杠铃，臂部和两手仅起固定杠铃的作用。耸肩时，不得弯腰、弯背。意念集中在斜方肌上。（图 15-2-9）

2．单杠引体向上

在动作过程中，身体不能摆动，向上拉时不能用蹬腿力量，拉得越高越好。意念集中在背阔肌上。（图 15-2-10）

图 15-2-9

图 15-2-10

（四）肩部三角肌

肩部是否健美，主要取决于三角肌的发达程度。三角肌位于肩部皮下，成三角形，底向上，尖向下，从前后外侧包裹着肩关节，它的最前部和最后部的肌纤维成梭形，而中部肌纤维成多羽状，这种结构使三角肌具有较大力量。

1．颈前推举

要求上体保持正直，不得借助腰、腿力量。意念集中在三角肌前束上。（图 15-2-11）

2．颈后推举

要求两肘始终保持外展，杠铃垂直向上推。意念集中在三角肌后束上。（图 15-2-12）

图 15-2-11

图 15-2-12

（五）臂部肌群

臂部肌群分上臂肌和前臂肌。上臂肌主要是肱肌、肱二头肌和肱三头肌。前臂肌主要是旋前圆肌、屈手肌、伸手肌和手肌。

1．上臂肌群

（1）杠铃弯举。

弯臂时，上体切忌前后摆动。意念集中在肱肌、肱二头肌上。（图 15-2-13）

（2）反握引体向上。

在上拉过程中，不得借助腰、腹的振摆来做动作。意念集中在肱二头肌上。（图 15-2-14）

图 15-2-13

图 15-2-14

2．前臂肌群

反握腕弯举（图 15-2-15），手腕向上弯曲时，要尽量收缩前臂肌。意念集中在前臂屈肌群上。

图 15-2-15

（六）腹部肌群

腹部肌群由腹直肌、腹外斜肌、腹内斜肌构成。

1．单杠悬垂举腿

做动作时不得借助摆动身体助力。意念集中在下腹部。（图 15-2-16）

2．仰卧起坐

做上体前屈时动作要慢，不得后仰助力。意念集中在腹直肌上。（图 15-2-17）

图 15-2-16

图 15-2-17

三、健美运动的锻炼方法

锻炼肌肉的方法是通过抗阻训练，使肌肉线条更清晰，肌肉隆起，肌纤维会变得更加强健。对于肌肉要单独进行训练，要使用重器械，可调节重量器械，如拉力器等。初学者建议使用韦德训练法中的强化训练技巧，如动作到位、顶峰收缩、多次数训练等，再与其他训练方法结合起来，效果会非常显著。自由地调节重量器械，会使肌肉更好地对重量做出反应。为了使某一部分肌肉与其他肌肉成比例，自由调节重量器械更为适合。使用器械进行锻炼，可以对肌肉进行单独训练，使肌肉更加健壮。

（一）锻炼要求

（1）动作要到位。在锻炼中，要使被锻炼的肌肉得到完全收缩和伸展。要认真地完成好每一个动作，不要只做其中一个部分，手举到最高点时，要用力保持 5 秒，使肌肉达到顶峰收缩。

（2）用力控制住器械，不可随意放下。当动作达到最大限度时，要控制好器械。

（3）不要有借力动作。借力动作就是指不通过肌肉的摆动技巧。借力动作对肌肉训练没有帮助，所以千万不能用借力动作。

（4）在训练的过程中，做到连续刺激。在举起器械的整个过程中，动作要平稳，不仅要控制好动作，还要使所锻炼的肌肉处于顶峰收缩状态。训练中，除所练的肌肉保持紧张外，其他部位应保持放松状态。

（5）在训练某一块肌肉时，一定要把注意力集中在这块肌肉上。

（二）肌肉练习的两个原则

1．肌肉锻炼隔天做

肌肉锻炼最怕勉强和停歇，勉强的情况下肌肉容易受伤。同样，2～3天之后，如果没有运动的刺激，前一段时间的运动效果会逐渐消退。因此，一般应隔天进行肌肉练习。

对于每周有3次锻炼时间的健身者，可以把肌肉分为几个组合进行锻炼，每次一个大肌肉群加上一个小肌肉群，把每个肌肉群都练到。例如，周一可以锻炼胸肌和肱三头肌，周三锻炼背部的肌肉和肱二头肌，周五锻炼腿部、肩部的肌肉，周二、周四、周六休息，让肌肉得到充分的休息和营养补充。

2．肌肉要交替训练

肌肉力量与体积的发展与训练强度紧密相关，交替练习更有利于肌肉体积和力量的增长。

例如，在卧推和肱三头肌下推练习中，肱三头肌是原动肌。练习者做完卧推后立即做肱三头肌下推练习，能克服30千克的阻力。若在两组练习间完成一组站立肘屈伸练习，那么再做下推练习时就能克服34千克的阻力，因为疲劳的肱三头肌得到了一定的恢复。训练者若有意对同块肌肉进行连续刺激，那就要注意间歇时间必须充足。

锻炼肌肉是很简单的，重复地举放重物就可以锻炼出肌肉，但要注意改善细节和避免错误，就可以在最短的时间锻炼更多的肌肉，同时还能避免运动带来损伤的危险。

（三）力量训练的四大误区

1．每个动作重复8～12次

这个误区是建立在“在最佳范围内锻炼肌肉”的理论基础上，事实上，使用此方法会使肌肉在中等强度下持续中等量的时间，这样会妨碍肌肉的最大生成量。因为肌肉的形成需要经历高强度和大重量的刺激，这样才会使肌纤维增粗，而同重量和长时间的训练只会提高肌肉耐力。

2．每个练习做3组

在人的力量不变的情况下，一个动作重复的次数越多，需要做的组数就越少，反之亦然。保持锻炼的总量，不必在意每组重复多少。重复8次或8次以上，可以做3组左右的动作。如果重复仅有3次，那么至少要做6组动作。

3．每个肌肉群做 3 ～ 4 组动作

不要把注意力放在不同动作的运动次数上，一共重复 25 ～ 50 次就足够了。也就是说，5 组动作重复 5 遍（25 次）或 2 ～ 3 组动作每组重复 15 次（30 ～ 45 次）。

4．举哑铃时一定要提臀

举哑铃能够锻炼背部肌肉，当背部酸痛时会延伸至横向腹腔肌肉，而横向腹腔肌肉是维持脊柱肌肉群稳定的一部分。在举重时，提臀能够锻炼到横向腹腔肌肉，从而增加对脊柱的支持，减少对背部的损伤。

第三节　体育舞蹈

一、体育舞蹈概述

（一）体育舞蹈的起源与发展

体育舞蹈起源于欧美传统的交谊舞蹈。据资料记载，体育舞蹈起源于古代土风舞，经历了对舞、圈舞、行列舞、集体舞等演变形式。19 世纪末 20 世纪初，在北美和南美出现了布鲁斯、慢四步、慢华尔兹、狐步舞等舞蹈。1924 年，英国皇家舞蹈教师协会组织了交谊舞专家，将各种舞蹈的舞姿、舞步、跳法加以规范，从而在国际上形成了比较统一的舞蹈，并举行了大型的舞蹈比赛。此后，交谊舞蹈在世界舞坛上影响越来越大，受到世界各国的重视。目前，国际上存在着两个国际体育舞蹈组织，即世界舞蹈总会（1950 年 9 月 22 日在爱丁堡成立，注册地为英国伦敦）和国际体育舞蹈联合会（1935 年成立于布拉格，注册地为瑞士洛桑，于 1997 年 9 月 5 日获得国际奥委会的正式承认）。

（二）我国的体育舞蹈

20 世纪 30 年代，国际标准交谊舞传入中国，在 20 世纪 80 年代发展较快。1986 年，文化部宣布成立中国国际标准舞学会，1987 年，举办首届全国国际标准交谊舞比赛，此后每年举办一届。1991 年，首届全国体育舞蹈锦标赛举行。中国是世界舞蹈总会的准会员、国际体育舞蹈联合会的正式会员。目前，中国已有近 3000 万体育舞蹈爱好者，其中青少年占了很大比例。每年一届的青少年体育舞蹈锦标赛，参赛人数往往多达 3000 余人。

（三）体舞舞蹈的分类

体育舞蹈按舞蹈的风格和技术结构可分为两大舞系：一类就是热情的拉丁舞，另一类是优雅的摩登舞；按竞赛项目分有三类，除上述两类外，还有一个团体舞。

摩登舞包含五种舞：探戈、狐步舞、快步舞、维也纳华尔兹和华尔兹。

拉丁舞包含五种舞：伦巴、恰恰恰、桑巴、牛仔舞和斗牛舞。

团体舞是摩登舞或拉丁舞的结合。

二、体育舞蹈基本技术

（一）手　型

女：拇指和中指向里合，其余三指向上翘起。

男：拇指向里合，其余四指并拢，或拇指向里合，食指向上翘，其余三指并拢。

（二）站　姿

（1）直立：身体保持立正姿势，脚跟合拢，脚尖打开，成“八”字步站立。

（2）起踵立：前脚掌支撑，脚跟向上抬起，使脚面与腿在同一条垂直线上。

（3）点地立：一条腿直立或微屈支撑，另一条腿绷直脚面，脚尖在前（侧、后）方点地。

（三）基本舞步

1．摩登舞（以华尔兹为例）

华尔兹舞是人们通常所说的“慢三步”，它的风格典雅大方、动作流畅、旋转性强、热烈而兴奋，它的音乐是3/4拍，每分钟30～32小节，它的舞步基本上是一拍跳一步，每小节三步，但在各舞步中也有不同的变化，如犹豫步、前进并合步（追步）、前进锁步、后退锁步中是每小节跳四步。下面以前进直步和后退直步为例介绍华尔兹基本舞步。

华尔兹完整示范

（1）前进直步。（表15-3-1、表15-3-2）

表15-3-1　男士动作做法

步　数	节　奏	要　领	脚　法	方　位	升　降	转　度	倾　斜
1	1	左脚前进	跟　掌	面向舞程线	结尾开始上升	不　转	
2	2	右脚经左脚横步	掌	面向舞程线	继续上升		左
3	3	左脚并于右脚	掌	面向舞程线	继续上升，结尾下降		左
4	1	右脚前进	跟　掌	面向舞程线	结尾开始上升		
5	2	左脚经右脚横步	掌	面向舞程线	继续上升		右
6	3	右脚并于左脚	掌	面向舞程线	继续上升，结尾下降		右

注：表格中的方位是指在一个舞步结束时，双脚（并非身体）在舞池中指示的方向。身体的位置有时也概括在方位中，因为在P. P.位中身体和脚的转度不同，所以应分别叙述。

表 15-3-2　女士动作做法

步数	节奏	要领	脚法	方位	升降	转度	倾斜
1	1	右脚后退	掌跟	背向舞程线	结尾开始上升	不转	
2	2	左脚经右脚横步	掌	背向舞程线	继续上升		左
3	3	右脚并于左脚	掌	背向舞程线	继续上升，结尾下降		左
4	1	左脚后退	掌跟	背向舞程线	结尾开始上升		
5	2	右脚经左脚横步	掌	背向舞程线	继续上升		右
6	3	左脚并于右脚	掌	背向舞程线	继续上升，结尾下降		右

在这个动作的配合中，处于后退的一方一定要给前进的一方让开位置，第一步中身体没有任何变化，在跳第二步时，男女伴的身体要向侧倾斜，升到最高点时，重心落下后才能走下一个步法。

前进并换步 1 ～ 6 步动作如图 15-3-1 所示。

①　②　③　④　⑤　⑥

图 15-3-1

（2）后退直步。（表 15-3-3、表 15-3-4）

表 15-3-3　男士动作做法

步数	节奏	要领	脚法	方位	升降	转度	倾斜
1	1	右脚后退	掌跟	背向舞程线	结尾开始上升	不转	
2	2	左脚经右脚横步	掌	背向舞程线	继续上升		右
3	3	右脚并于左脚	掌	背向舞程线	继续上升，结尾下降		右
4	1	左脚后退	掌跟	背向舞程线	结尾开始上升		
5	2	右脚经左脚横步	掌	背向舞程线	继续上升		左
6	3	左脚并于右脚	掌	背向舞程线	继续上升，结尾下降		左

表 15-3-4　女士动作做法

步　数	节　奏	要　领	脚　法	方　位	升　降	转　度	倾　斜
1	1	左脚前进	跟　掌	面向舞程线	结尾开始上升	不　转	
2	2	右脚经左脚横步	掌	面向舞程线	继续上升		右
3	3	左脚并于右脚	掌	面向舞程线	继续上升，结尾下降		右
4	1	右脚前进	跟　掌	面向舞程线	结尾开始上升		
5	2	左脚经右脚横步	掌	面向舞程线	继续上升		左
6	3	右脚并于左脚	掌	面向舞程线	继续上升，结尾下降		左

这个步法的配合，要求同前进并换步。为了更好地完成比较复杂的高难度动作，应要求学生反复练习最基本的舞步，在基本功上下功夫。

后退并换步 1 ～ 6 步动作如图 15-3-2 所示。

①　②　③　④　⑤　⑥

图 15-3-2

2．拉丁舞（以恰恰恰为例）

恰恰恰完整示范

恰恰恰舞曲为 4/4 拍，速度为 29 ～ 32 小节/分，其节奏为 1、2、3、4&1，其拍子值 1 拍，1 拍、拍、拍、1 拍的 1、2、3 各走一步，第 4 拍是两步，因此，恰恰恰舞由 5 步构成。每个舞步都应在前脚掌上施加压力，当重心放在脚上时，脚跟要放低，膝关节要伸直，用稍离地面的踏步来表现欢快的心情。向后退步时，脚跟下落要比前进时晚，以免重心一下子“掉”到后面。正确的舞姿、稳定有力的腿部和足部动作是很重要的。下面以追步和锁步为例，介绍恰恰恰舞的基本舞步特点。

（1）追步（以右追步为例）。（表 15-3-5）

表 15-3-5　右追步

节　奏	动作过程
4	右脚向右侧横半步，屈膝，半掌
-	左脚并右脚，屈膝，半掌，右脚跟放下
1	左脚蹬地，将右脚向侧推出一步，直膝，全掌，左脚侧点地

并步时不要往下跳，力要下踩。

追步动作如图 15-3-3 至图 15-3-5 所示。

图 15-3-3

图 15-3-4

图 15-3-5

（2）锁步（4&1 或 2&3）。

前进锁步（以右前进锁步为例）。（表 15-3-6）

表 15-3-6　前进锁步

节　奏	动作过程
4	右脚上前半步，直膝，全掌
-	左脚屈膝靠在右腿膝后，半掌并外转，形成拉丁交叉步
1	左脚蹬地，将右脚向前推出一步，直膝，全掌，左腿直膝后点

后腿主动靠、用力蹬，避免向上跳。

前进锁步动作如图 15-3-6 至图 15-3-8 所示。

图 15-3-6

图 15-3-7

图 15-3-8

后退锁步（以左后退锁步为例）。（表 15-3-7）

表 15-3-7　后退锁步

节　奏	动作过程
4	左腿后退半步，直膝，半掌
-	右腿屈膝靠在左腿膝前，形成拉丁交叉步
1	右脚蹬地将左脚向后推出一步，直膝，全掌，右腿直膝前点

前腿主动靠、蹬，步子稍小。

后退锁步动作如图 15-3-9 至图 15-3-11 所示。

图 15-3-9

图 15-3-10

图 15-3-11

三、体育舞蹈的锻炼方法

（一）形体练习

主要通过一般形体动作练习和专项动作练习，培养练习者正确的身体姿态和线条，建立立颈、收颌、沉肩、挺胸、收腹、立腰、夹臀、直膝、绷肢、两眼平视的基本姿态和美的意识，使体态挺拔端庄，姿态稳健优美，风度高雅大方，动作轻盈协调，为今后的训练奠定基础。可以通过芭蕾舞的基本功练习，以手位的变化配合躯干屈伸、扭转、波浪以及腿部的各种站立、跑、小跳、转体等身体动作和舞步，把它们有机地组合起来练习。

（二）基本身体素质练习

主要是通过专项的基本动作练习（正身位、头胸部的柔韧练习、肩臂的控制力练习、腰腹直立感的练习、踝与腿的柔韧和力量练习及全身各关节的灵活性练习等），使初学者基本上具备学习体育舞蹈所需的基本身体素质。

（三）基本技术练习

基本技术是各类动作完成技术中共同的最主要而简单的技术要素，它寓于基本动作之中。基本动作则是体现基本技术的典型而又结构简单的动作，其练习是掌握基本技术的重要手段，它是提高技术，掌握难度及为运动技能的良性转移的基础。

（四）舞步组合练习

1. 摩登舞（以华尔兹为例）

（1）组合练习一：男士动作做法。

进：直步+90°—退：直步+右转 90°—进：横步+左转 90°—退：直步+右转 90°—进：直步+左转 90°—退：横步+右转 90°—进：让步+右转 90°。

（2）组合练习二：女士动作做法。

退：直步+左转 90°—进：直步+右转 90°—退：横步+左转 90°—进：左旋转步 270°+横步—退：直步+左转 90°—进：横步+右转 90°—退：让步+右转 90°。

2. 拉丁舞（以恰恰恰为例）

（1）组合练习一准备姿势：C. P. 舞姿。（表 15-3-8）

表 15-3-8 组合练习一准备姿势

小　节	男　士	女　士
1～2	“前进十字步”	“后退十字步”
3	“十字步”	“十字步”
4	“拧胯步”	“扇形步”
5	“后交叉拧胯步”	“开式扭胯步”
6	“后退十字步”	“阿里曼娜”

（2）组合练习二准备姿势：C. P. 舞姿。（表 15-3-9）

表 15-3-9 组合练习二准备姿势

小　节	男　士	女　士
1	“前进十字步”	“后退十字步”
2	“后退十字步”	“前进十字步”
3	“扇形步”	“扇形步”
4	“十字步”引导女伴	“前进十字步”
5	“后拖步”	“开式扭胯步”
6	“前进十字步”	“后退十字步”

第四节　瑜　伽

一、认识瑜伽

瑜伽起源于古印度。瑜伽能以其独特的、温和的运动方式收到显著的健身效果。在平静的心境下练习瑜伽，有助于排除杂念，放松肌肉，舒展肢体，塑身美体，提高身体柔韧性，缓解压力。

瑜伽在 20 世纪 80 年代末 90 年代初传入中国。

二、瑜伽动作概要

瑜伽的练习一般包括体式、呼吸、放松功等。

热身套路

（一）瑜伽的热身

进行热身时按照从头到脚的顺序完成头部、肩关节、腰部、膝关节、手腕、踝关节及躯干等部位的屈、伸、举、绕环和转等动作。

（1）身体可采用坐姿或站姿,脊柱挺直,头部保持在中间位置，眼睛向上下左右看过去，然后按顺时针转动 3 ～ 4 次，再按逆时针转动 3 ～ 4 次。

（2）嘟起嘴巴，并紧紧地闭上眼睛，尽量收紧脸部肌肉，然后尽量张开眼睛和嘴巴，尽可能地伸出舌头。

（3）躺下，伸展身体，同时吸气，在呼气的同时将身体蜷曲，膝关节靠近额头，手臂抱住双腿。重复动作 3 次。（图 15-4-1）

图 15-4-1

（4）将弯曲的膝关节尽可能地靠近胸部，双手抱紧大腿，然后做前后的滚动动作 3 次。（图 15-4-2）

图 15-4-2

（5）向太阳致敬式，是伸展、调理和巩固整个身体和脊椎的有效方式，能有效地在练习开始时，唤醒身体，使身体精力充沛，所以是很好的热身运动。（图 15-4-3）

祈祷式站立开始，吸气，双手向上举，身体后仰。呼气，身体慢慢地向前伸、弯腰，直到手接触地面，可适当弯曲双腿。吸气，右腿向后、抬头，尽可能地拉伸后背。呼气，把左脚向后移，使两脚靠拢，臀部向上拱起，两脚脚跟尽量压向地面，两臂和两腿撑直，头在两臂之间，身体成三角形。呼气，胸部和额头贴地，弯曲两肘收放至身体两侧，稍抬高臀部。吸气，上身从腰部向上升起，身体慢慢向前、向后，直到腹部、两条大腿伸直紧贴地面，同时慢慢伸直两臂，背部应成凹拱形，头部像眼镜蛇式那样向后仰起。呼气，把双脚立起，伸直双膝，臀部向上拱起，两脚脚跟尽量压向地面，两臂和两腿撑直，头在两臂之间，身体应成三角形。重复图 15-4-3 中④的动作；重复图 15-4-3 中③的动作；重复图 15-4-3 中②的动作；重复图 15-4-3 中①的动作。

图 15-4-3

（二）健身瑜伽 24 式

1. 大拜式

① 跪坐准备，双腿并拢，坐在脚后跟上，双手放于大腿上，脊柱挺直。② 手臂自两侧向上抬起，于头顶上方合十，拇指交叉，手臂触耳，脊柱伸直，深呼吸，尽可能伸直手臂向上。③ 动作过程中，始终保持臀部在脚后跟上，呼气，上体从腰部开始向前弯曲。④ 伸展脊柱向前，直到手外侧触地，手臂伸直。⑤ 呼气，继续伸展向前，让头触地板，放松肩和手臂，眼睛保持睁开，保持 20 秒。⑥ 吸气，慢慢起身，上半身直立，手臂保持向上伸展，呼气，手臂从身体两侧放落。（图 15-4-4）

2. 单腿背部伸展式

① 坐姿，两腿并拢向前伸直，脚尖勾起向上，两手十指指尖点住身体两侧地面，腰背挺直，抬头挺胸，目视前方。② 弯曲右腿膝关节，让脚掌紧贴左大腿的内侧，在舒适的范

围内把脚跟尽量放于左大腿根部。③ 吸气时，双臂从两侧向上延伸高举过头，同时拉伸脊柱，脊柱伸直。④ 呼气时，双臂带动身体由髋部开始向前弯曲，背部要平展，肩膀要放松。直到双手握着小腿或脚踝，腹、胸、额尽可能贴近左大腿前侧。⑤ 吸气，伸直双臂，慢慢将身体还原。休息片刻，换另一侧腿重复动作。（图 15-4-5）

3. 双腿背部伸展式

① 坐姿，两腿并拢向前伸直。② 吸气时，双臂从两侧向上延伸高举过头，同时拉伸脊柱，脊柱伸直。③ 呼气时，双臂带动身体由髋部开始向前弯曲，背部要平展，肩膀要放松，两手抓住前脚掌或抱住双脚。④ 上身继续向前下压，肘部在腿部外侧。⑤ 额头和胸部向腿靠近，背部要伸直并尽量用腹部去贴近双大腿。（图 15-4-6）

图 15-4-4

图 15-4-5

图 15-4-6

4. 锁　腿

① 仰卧在地面上，弯曲右腿，两手十指相交于右小腿胫骨中部，双肘内收，右大腿紧贴腹部，双脚背伸直。② 头部、上背部抬起，下颌或额头接触膝盖。保持 5 次呼吸，交换做另一侧。（图 15-4-7）

5. 展臂式

① 站立，双腿和两脚并拢，双臂伸直置于体侧。② 吸气，双臂从身体两侧向上伸展至头顶，并带动全身向上延展,双臂分开与肩同宽，掌心向前，胸骨上提，打开胸腔。③ 呼气，以手臂带动躯干向后上方伸展。保持均匀呼吸。④ 吸气，还原，回正身体；呼气，手臂放落，站立放松。（图 15-4-8）

6. 人面狮身式

① 俯卧于垫上，双腿和双脚并拢。双手自然贴放于身体两侧，掌心向下。② 吸气，弯曲双肘，两手掌放于头部两侧，肘内收，前臂与手掌完全贴于垫上。再次吸气时，抬头，缓慢地，有控制地将头和胸部向上抬起，直至上臂与地面垂直。呼气，头部自然向后仰。③ 吸气，头部还原正中，呼气时，有控制地放下身体。（图 15-4-9）

图 15-4-7

图 15-4-8

图 15-4-9

7. 桥　式

桥　式

① 仰卧于垫上，双腿稍稍分开，与髋同宽。双手自然放于身体的两侧。放

松身体。② 弯曲双腿，双手抓住两脚踝或双手掌相握，将脚跟尽量向臀部拉靠，脚掌完全着地。③ 调整呼吸，吸气，抬起臀部、背部，上提胸腔并微收下颌。髋关节向上伸展，收缩臀部、大腿和腹部。保持姿势5次呼吸。④ 呼气，将身体缓有控制地缓慢下落，直至身体完全回落于垫上。放松双手，伸直双腿。（图15-4-10）

8. 简易蝗虫式

① 俯卧，下颌点地，双手置于身体两侧，掌心向下，脚背贴地，尾椎内收。② 吸气，用双掌用力向下按，同时右腿尽量向后，向上抬高伸直，头部、胸部和左脚保持在地面上，屏住气保持这个姿势5～30秒，慢慢放回右脚，呼气，放松，交换做另一侧。（图15-4-11）

9. 风吹树式

① 站立，双脚并拢，挺身直立，双臂放在身体两侧。② 吸气，手臂伸直，从两侧有控制地向上举过头顶，手臂完全伸直贴近耳朵，双手合十，拇指相扣，脊柱向上伸展，③ 呼气，身体从腰部开始向右侧倾斜，同时保持双肩以及两侧髋关节伸直，眼睛向上方看或平视前方。保持姿势3次呼吸。④ 吸气，身体慢慢恢复到直立状态。呼气，身体另一侧做同样的练习。（图15-4-12）

图15-4-10

图15-4-11

图15-4-12

10. 祈祷式

① 站立，双脚并拢，挺身直立，双臂放在身体两侧。② 吸气，双手胸前合十，手指并拢，手肘自然弯曲，挺起胸部，肩膀打开。③ 合双掌时，双眼下垂目光注视合掌的指尖，能够凝聚心神，排除妄念。④ 尽量放松，让气息往下沉。（图15-4-13）

11. 幻椅式

① 站立，双脚并拢，挺身直立，双臂放在身体两侧，两肩膀自然下沉，挺直腰背。② 双手合十置于胸前，吸气，手臂向头顶方向伸展，直至上臂置于耳后根处，指尖带动身体向上无限地延伸。③ 呼气时，收缩臀部和腹部肌肉，弯曲双膝，身体重心慢慢地下降，感觉臀部一直向下沉。注意挺直腰背。可以想象自己正坐在一把直靠背的椅子上。将身体降至极限时，稍停留。④ 吸气，手臂带动身体慢慢地向上直立起身。呼气，弯曲手肘，双臂带动指尖向下移动，依次经过额头，鼻尖，停留胸前。调整呼吸，还原。（图15-4-14）

12. 简易扭脊式

① 坐垫上，双脚，双腿并拢伸直。挺直腰背，双手自然放于身体的两侧。② 吸气，弯曲右膝，右脚跨过左膝，右脚紧贴左大腿外侧。呼气时，身体向右扭转，同时，将右手伸

直，置于臀部后方的垫上，左肘放至右膝外侧。感觉右大腿有明显的拉伸感。吸气，左手抓右脚背，左臂继续向后伸展。眼睛看向右后方。将意念放于腰部，感觉脊柱得到充分的扭转。③ 吸气，头部还原，放松双手，回落体侧，右腿向体前伸直，与左腿并拢。活动双腿，放松休息。换另一侧做同样的练习。（图 15-4-15）

图 15-4-13

图 15-4-14

图 15-4-15

13. 仰卧扭脊式

① 仰卧，双脚伸直并拢，双臂打开成一条直线，紧贴地面。② 吸气，慢慢向上抬起右腿直至与地面垂直，保持数秒；呼气，头转向右侧，眼睛看向右手指尖，接着，右腿向左侧地面下压，尽量朝左伸展并弯曲右腿置于垫上，左手用力压紧右膝关节，保持呼吸。肩膀尽量保持不离开垫面。③ 呼气，放开右腿，两腿伸直自然外开，头回正，稍事休息后，换另一侧做同样的练习。（图 15-4-16）

14. 树 式

① 站立，双腿和双脚并拢，挺直腰背，双手自然垂落于身体两侧。② 吸气，右腿向上，向内弯曲，脚跟搭放于左腿的根部，呼气时，左髋尽量向外打开，与右腿在一个平面上。③ 双手合十于胸前，自然呼吸，保持平衡。④ 吸气，双手向头顶方向伸展，上臂贴放于耳后，伸直手臂，打开肩和胸，伸展颈椎。⑤ 呼气，双手回落身体两侧，同时缓缓地放下左腿。⑥ 活动双膝，做反方向的练习。（图 15-4-17）

树 式

15. 摩天式

① 站立，双脚和双腿并拢，收紧腹部肌肉，两肩膀自然下沉。② 吸气时，双脚分开与肩同宽，双手于体前十指交叉，向头顶方向伸展，直至上臂贴于耳后根处。翻转掌心向上，缓缓抬头，注视双掌掌背。稍稍停留，呼气，头部还原正中。③ 再次吸气时，慢慢踮起脚跟，头部向后仰，下颌向上。感觉整个身体向上无限地伸展。稍稍停留。④ 呼气时，双脚回落于垫子，翻转掌心向下，双臂自体前打开，回落身体两侧。（图 15-4-18）

图 15-4-16

图 15-4-17

图 15-4-18

16. 简易坐

① 坐在地上，两腿向前伸直。② 先将右脚弯曲收回放于左大腿根侧，再将左侧小腿弯曲放于右大腿下方。③ 双手以智慧手印放于两膝之上，同时将头、颈和躯干保持在同一条直线，脊柱向上伸展，保持肩膀和手臂的放松，呼吸保持匀畅。（图 15-4-19）

简易坐

17. 骑马式

① 双膝跪地，两小腿胫骨和两脚背平放在地面上，两膝靠拢，使两脚脚趾指向后方，伸直背部，将臀部放在两脚脚跟上。② 抬起臀部离开脚跟，抬右腿把右脚平放在地面上，右腿胫骨与地面垂直。把左腿向后伸展，整个左腿尽力贴近地面，双手平行放于右脚两侧的地面上。③ 呼气，向后尽力伸展左腿，胸部向前推，伸展背部，尽量使头、颈部向后仰。稍停留几个呼吸后还原。换另一边同样练习。（图 15-4-20）

18. 斜板式

① 跪坐准备。② 开始时，手臂尽可能前伸，吸气时，勾起脚趾，脚尖点地，使重心慢慢向前移动，直到肩膀来到手腕的正上方，让脚、肩膀和臀部在一条直线上，注意腹部回收，不要塌腰。保持均匀的呼吸。③ 几次呼吸后，呼气，重心后移，脚背点地，坐于脚后跟，放松身体。（图 15-4-21）

图 15-4-19

图 15-4-20

图 15-4-21

19. 上伸腿式

① 仰卧，两腿伸直，两臂放于体侧，掌心向下。② 吸气，将两腿分段式抬离地面（双腿抬高离地面分别约成 30°、60°、90°），直至垂直于地面，脚后跟蹬直。每一个角度都保持深呼吸 5 ～ 8 次。③ 呼气，双腿慢慢放回地面，放松休息。（图 15-4-22）

20. 鱼戏式

① 俯卧，双脚并拢，双手自然放于身体两侧。② 吸气，抬头，双手掌心向下，十指相交，置于头部下方。呼气时，转动两臂，将右手肘向头顶方向推送，肘尖向上。左手肘、脚尖则向下，同时向左侧过脸来，这时，头枕在右上臂和右肘间。再次吸气时，身体微微向左侧转，同时向上弯曲左膝，尽量让左膝拉近胸部。右腿自然伸直。③ 呼气，放松左腿，还原，与右腿并拢，手臂带动身体还原。换另一边同样练习。（图 15-4-23）

21. 猫伸展式

① 跪立，双腿并拢，双手自然垂放于身体两侧。② 吸气，身体慢慢向前，向下，使双臂、双腿与地面保持垂直。身体成四角板凳姿态。③ 吸气，收紧背部肌肉，塌腰，翘臀，头尽量向后仰。感觉肚脐慢慢下沉。保持自然顺畅地呼吸。④ 呼气时，腹部内收，背部慢慢向上拱起。头部缓慢向下，垂落于两臂之间。并让下颌尽量贴近锁骨。感觉所有的腹部器官收缩一起，屏住呼吸。⑤ 吸气，身体还原，回到四角板凳姿态。呼气，身体缓慢地向后移动，直至臀部坐回两脚跟处。（图 15-4-24）

图 15-4-22

图 15-4-23

图 15-4-24

22. 摇摆式

① 坐姿，挺直腰背，双腿并拢，两肩膀自然放松，双手垂落于身体两侧。② 吸气，弯曲双膝，脚掌着地。同时，双手十指交叉环抱住小腿处，大腿尽量贴近身体。呼气时，身体向后滚动。吸气，向前滚动，呼气，再向后滚动。保持这样前后摇摆的姿态重复几次，头和双脚尽量离开地面。（图 15-4-25）

图 15-4-25

23. 仰卧放松功

贴地仰卧，头上不要佩戴任何发饰，不要影响颈部的放置。下颌微收回一点，颈项后侧拉伸靠近地面。手臂在身体两侧自然摊开，掌心朝上。双脚伸直，自然分开，大腿、膝盖和双脚都微微地外翻，自然地让身体下沉。闭上双眼，放松全身，开始的时候先深呼吸，随后呼吸要变得顺畅而缓慢。保持这个姿势 5 ～ 10 分钟，让注意力尽可能放在呼吸上。（图 15-4-26）

24. 动物放松功

① 坐姿，挺直腰背，双腿和双脚并拢一起。双手自然放于双腿上。②吸气，左腿向外侧弯曲，小腿紧贴大腿外侧，脚跟靠近臀部。呼气时，将右腿向内侧弯曲，右脚跟抵住

会阴处。双手叠放于右腿上。再次吸气时，双臂经体前向头顶方向伸展，上臂置于耳后根处。调整呼吸，呼气时，以腰为折点，手臂带动身体缓慢地有控制地向着右腿向前、向下。腹部贴向大腿，前额额头轻触地面。放松双手，稍事停留。吸气，手臂带动上半身从腰椎至颈椎处依次向上直立起。呼气，双手还原体侧，双腿向体前伸直，活动双脚。③做反方向的练习。（图 15-4-27）

图 15-4-26

图 15-4-27

三、瑜伽呼吸

呼　吸

（一）腹式呼吸

以肺的底部进行呼吸，感觉只是腹部在鼓动，胸部相对不动。

坐或仰卧在垫子上，手轻轻放在肚脐上。吸气时，鼻子慢慢地吸气，放松腹部，感觉空气被吸向腹部，若吸气正确，则手随腹部抬起；吸气越深，腹部升起越高，随着腹部扩张，横膈膜自然下降，将空气压入腹部底层。接着呼气，腹部向内朝脊柱方向收，尽量收缩腹部，把废气从体内全部呼出，这时横膈膜自然升起。吐气的时间是吸气时间的 2 倍。

（二）胸式呼吸

以肺的中上部进行呼吸，感觉胸部在张缩鼓动，腹部相对不动。

仰卧或坐在垫子上，脊背挺直。双手置于肋骨处，两鼻孔慢慢吸气，把空气直接吸入胸部区域，此时双手感觉肋骨向外扩张并向上提升。腹部保持平坦，感觉吸气越深，腹部越靠近脊柱。呼气，体会胸部、肋骨下移并向内并拢，腹部则放松向外隆起。

（三）完全呼吸

肺的上、中、下三部分都参与呼吸的运动。腹部、胸部乃至感觉全身都在起伏张缩。

盘腿坐正，一手放在腹部，一手放在肋骨处。缓缓地吸气，感觉腹部慢慢鼓起，之后再让空气充满肺的下半部，然后再充满肺的上半部，现在空气充满了肺部的每一个角落，此时已经吸气吸到双肺的最大容量。再缓缓地呼气，先放松胸上部，再放松胸下部和腹部，最后收缩腹肌，把气完全呼净。

四、瑜伽休息术

瑜伽休息术是古老瑜伽中的一种颇具效果的放松艺术，指的并非是一般意义上的休息。瑜伽休息术是主动的、特意的放松。睡前练习瑜伽休息术至自然入睡可充分提高睡眠质量。

在瑜伽课程中，每个动作之间及课程结束部分都会加入休息术，这有助于练习者肌体和精神的恢复。休息有两种：一种是短时间的休息，主要是体位法中常采取的 10 ～ 30 秒的休息；另一种是专门的休息，有时达数小时之久。

（一）仰卧休息术

仰卧休息术是最有效的瑜伽休息体式。通常，用在课程的结束部分，也可用在从坐立动作到仰卧动作的衔接。在睡觉之前练习仰卧放松可以提高睡眠的质量，它也是最理想的睡姿。

仰卧休息术是一个非常容易让人松弛的姿势。它让呼吸缓慢顺畅，因此对于改善失眠、神经衰弱和身体机能紊乱等都是十分有益的。仰卧休息术还是高血压、心脏病和癌症患者非常适合练习的方法。

（二）婴儿式休息术

婴儿式休息术是模仿胎儿在子宫中的姿势。

跪坐在脚跟上，挺直腰背，双手自然垂落于身体的两侧，臀部向后坐在脚跟上。

吸气，向上延展脊柱。呼气时，上身缓慢地自然向下弯曲，把额头放在地面上，手臂在身体两侧完全下沉，手背触底，肩部在膝盖的上方也完全下沉。自然舒畅地呼吸，每次吸气时，感觉背部都会弓起，使脊柱得到延长、扩展；每次呼气时，身体得到放松。如果有静脉曲张或者膝盖有严重问题的患者，不要尝试这个体式。也可尝试做双手前伸的婴儿式休息术，或双手握掌上下交叠，额头放在交叠双掌上的婴儿式休息术。

放松整个脊柱，特别是腰部，让神经系统放松，使身体尽快地得到调整和恢复。适合在练习体式过程中对身体的恢复。

第十六章 贴近自然的定向运动

第一节 定向运动概述

一、定向越野的起源与发展

定向越野起源于瑞典。“定向”二字在 1886 年被首次使用，意思是在地图和指北针的帮助下，越过不为人所知的地带。真正意义上的首次定向比赛于 1895 年在瑞典斯德哥尔摩和挪威奥斯陆的军营区举行，距今已有 100 多年的历史。

1897 年 10 月 31 日，第一次面向民众的定向比赛在挪威举行（仅有 8 人参加）。1919 年 3 月 25 日，一次影响深远的定向比赛（有 217 人参加）在斯德哥尔摩南部的丛林中举行，它的组织模式与规格标志着定向运动成为一个独立的体育项目。从此以后，这个项目得到了迅速的发展，并很快地传播到世界各地。定向越野也由初期单一的一种比赛形式逐步演变为包括各种各样的比赛或娱乐项目在内的综合性群众体育运动。

1961 年 5 月，在丹麦首都哥本哈根成立了国际定向越野联合会（IOF）（以下简称“国际定联”），科学地划分、确定了全世界统一的正式专业项目、主要赛事和主要比赛项目，并制定了一系列的比赛规则与技术规范。1995 年，世界公园定向运动组织成立，人们对定向运动产生了全新的概念，推进了定向运动的发展与普及。

二、定向越野的特点与价值

1983 年，中国人民解放军体育学院（今中国人民解放军陆军特种作战学院）在广州白云山举行了一场“定向越野实验比赛”，此次比赛正式拉开了中国大陆开展定向运动的序幕。1991 年，中国定向运动委员会成立。1992 年，我国以中国定向运动委员会的名义加入国际定向联合会。1994 年，我国举行首届全国定向锦标赛。1995 年，中国定向运动委员会更名为“中国定向运动协会”。2003 年 12 月 4 日，中国大学生体育协会定向运动分会成立，这标志着定向运动进入教育系统。该协会每年都举办一次中国学生定向锦标赛，至今已经举办了 18 届比赛。2019 年，定向世界杯决赛在广东举行，中国定向运动员郝双燕获得女子组短距离赛冠军，李卓业获得男子组短距离赛季军，这是目前中国定向运动员在国际大赛中取得的最好成绩。

定向越野是一项非常健康的智慧型体育项目，是智力与体力并重的运动。定向越野不仅能强健体魄，而且能培养人独立思考、独立解决所遇到问题的能力及体力和智力受到压力时做出迅速反应、果断决定的能力，还有助于在世界范围内建立起强大的社交网络。

（1）定向越野是一项非常适合学生的体育项目，可以培养学生独立分析和解决问题的能力和良好的逻辑思维能力。

（2）定向越野是一项家庭式体育项目。周末一家人回归自然，放松身心，自我娱乐，融洽关系，增加乐趣。

（3）定向越野是一项精英人才体育项目，要求勇于尝试陌生的方案，并要求全身心地从双腿到大脑以最高时效达到目标。

（4）定向越野是一项自然环境体育项目，教会我们如何在自然环境中把握自己，爱护自然，遵守郊野公园守则。

（5）定向越野是一项不需太大花费的群众性体育项目，所需的器材只是一张定向地图和一个指北针。人们可穿着定向专业套装，也可只穿普通运动服装。

（6）定向越野是一项探险寻宝的体育项目，给人惊险刺激的人生经历。

（7）定向越野是一项能够广交朋友的社交性体育项目。不论男女老少、文化阶层、社会地位，参与者都可以相互交流，共享人生。

第二节　地图与指北针

一、定向地图

定向地图是建立在地形图基础之上的运动用图，它利用等高线表示山的形状和高度，利用各种颜色表示前进的难易程度、植物分布，利用各种符号表示地面的特征。

（一）定向地图的比例尺

定向地图的比例尺主要作用是量算实地距离，还可以用来了解地图的精细度。1 ∶ 1000 可用于百米定向；1 ∶ 5000 可用于公园定向；1 ∶ 10000 可用于标准距离定向。

（二）定向地图的符号

1．地物符号

定向地图中的地物符号由图形和颜色组成。

黑色：人造景观。建筑物，道路，小径和岩石（大石头，悬崖峭壁）。

棕色：地形。用等高线显示地貌，用符号表示山丘、小坑。

蓝色：水。有水的地方（湖泊，溪流，泥沼）。

绿色：植被。较难通过（绿色越深，越难通过）。

白色：普通林区。易通过。

黄色：空旷地。易奔跑。

紫色：线路。

2．**地貌符号**

定向地图的地貌符号用棕色等高线表示。这类符号还包括小丘、小洼地、土崖、冲沟、陡坡和土垣等表示地面详细形态的专门符号。

（三）地图上的线路

识图是定向运动的基础，用图是关键。在使用地图时，先图外后图内、先地物后地貌、先注记后符号、先主要后次要。（图 16-2-1）

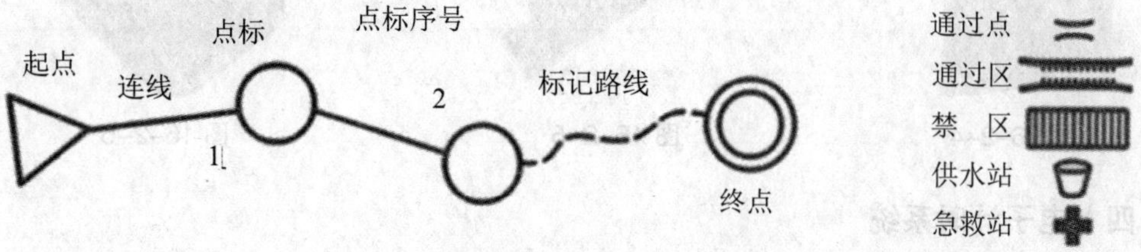

图 16-2-1

二、指北针、检查卡和点标

（一）指北针

指北针（图 16-2-2）是定向运动中的合法工具，其主要作用是辨别方向、标定地图、确定站立点与目标点的方向。使用指北针时，必须要水平放置。

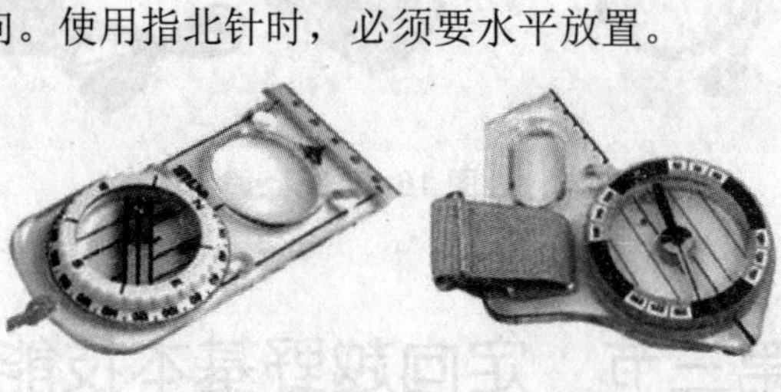

图 16-2-2

（二）检查卡

检查卡是选手达到点标的凭据，有机械和电子（图 16-2-3）两种。指卡是电子计时系统中选手身份的唯一标识，选手将其佩戴在手指上，用来记录选手在各点标的信息。

图 16-2-3

（三）点　标

点标是在特征物、特征点或其附近放置了点标旗（图 16-2-4）、机械打卡器（图 16-2-5）或点签器（图 16-2-6）的地方。

图 16-2-4

图 16-2-5

图 16-2-6

（四）电子计时系统

电子计时系统如图 16-2-7 所示。

图 16-2-7

第三节　定向越野基本技能

定向越野的基本技能包括运动员正确定位与定向、快速行进、捕捉点标、选择路线和越野跑等技能。

一、定位与定向

定向越野的实质就是用最短的时间到达规定的目标点。要想尽快到达目标点，要会辨明方向、判定方向，即了解自己实地所在的位置，并能够在地图上找到站立点位置。在此基础上确定目标点的方向和位置，迅速找到目标点。

（一）判定方位

判定方位是指辨明方向，了解实地的方位是使用地图的前提。在野外，我们可以利用指北针、地物、太阳与手表等来判定方位。

（二）标定地图

给地图定向就是标定地图，使地图的方位与实地的方位一致。通过标定地图，就可以将地图上的地物地貌符号与实际的地物地貌一一对应。常用的标定地图的方法有概略标定、利用指北针标定和利用地物标定等。

1．概略标定地图

实地正确地辨别了方向之后，将地图的上方对向实地的北方，地图即已标定。

2．利用指北针标定地图

利用指北针标定地图时，通过转动地图，使指北针的红色指针与磁北线的方向吻合或者平行。

3．利用地物标定地图

（1）利用直长地物标定地图。直长地物是指较长的线状地物，如铁路、公路、土垣、沟渠和高压线等。

（2）利用明显地形点标定地图。在实地找出一个与地图上地物符号对应的明显地物，如小桥、亭子和独立的建筑等，然后转动地图使图上的站立点至目标的连线与实地的站立点至目标的连线重合。

（三）确定站立点

确定站立点在地图上的位置是从事定向运动的一项基本技能，是通过标定地图，将地图与实地的地物、地貌进行逐一对照，以确定自己的方位。

1．直接确定

当自己所处位置在明显地形点上时，只要从地图上找出该地形点，站立点即可确定。这是最常用的确定方位的方法。

2．利用位置关系确定

当站立点位于明显地形点附近时，可以利用相对位置关系来确定。利用位置关系确定站立点主要依据两个要素：一是站立点至明显点的方向；二是站立点至明显点的距离。在地形起伏明显的地方，还可以结合高差情况进行判定。

3．利用“交会法”确定

当站立点附近无明显地形点时，可以利用“交会法”确定站立点位置。按不同情况，“交会法”又可以具体分为90°法、截线法、连线法、后方交会法和磁方位交会法等。这些方法的优点是不需要判断或测量距离也能确定出较为准确的站立点位置。

当站在线状地物上时，可以利用90°法、截线法和连线法来确定站立点位置。

（四）确定目标点

在进行地图与实地对照以及在运动中需要明确运动方向和运动路线时，都要确定目标点的图上位置。

1．目估法

当目标点在明显地形点上时，从图上找出该明显地形点，即为目标点在图上的位置。

2．关系法

当目标较多，附近没有明显地形点时，多采用关系法确定目标点的图上位置。

3．前方交会法

当目标点较远且附近又无明显地形点时，可在两个站立点上用前方交会法确定目标点在图上的位置。

二、快速行进

（一）用拇指辅行法行进

在运动过程中，不断转动地图，使地图与实地方向一致，并将手指压在站立点上，做到“人在地上走，指在图上移”。（图16-3-1）

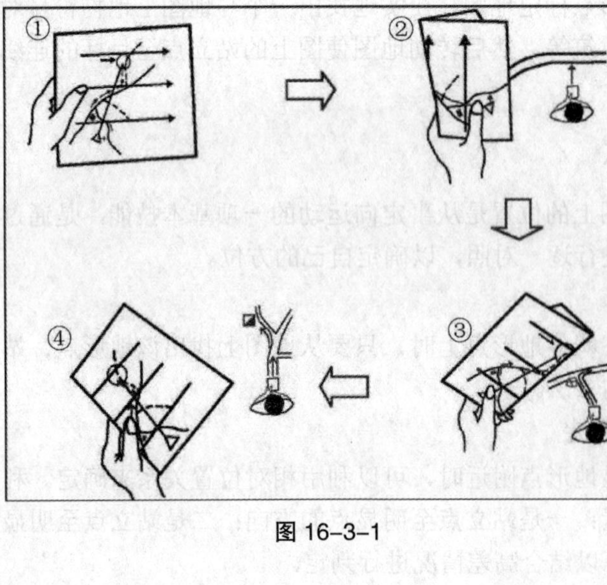

图 16-3-1

（二）沿地形地貌行进

选择参照物，如河流、小路、围墙、房屋、独立树、石碑以及等高线等，可以提供安全、快捷的路线。其方法是按所跑路线的顺序，分段、连续或一次性地记住前进方向上经过的地形点、两侧的特征物等内容，使实地的情景不断地与记忆内容“叠印”，做到“人在地上跑，心在图上移”。

（三）行进技巧

1．借线法行进

利用道路、围栏和高压线等线状地物，将它们作为行进的“导引”。由于沿着线状地物行走犹如扶着楼梯的扶手行走，因此，有人称此方法为“扶手法”。（图 16-3-2）

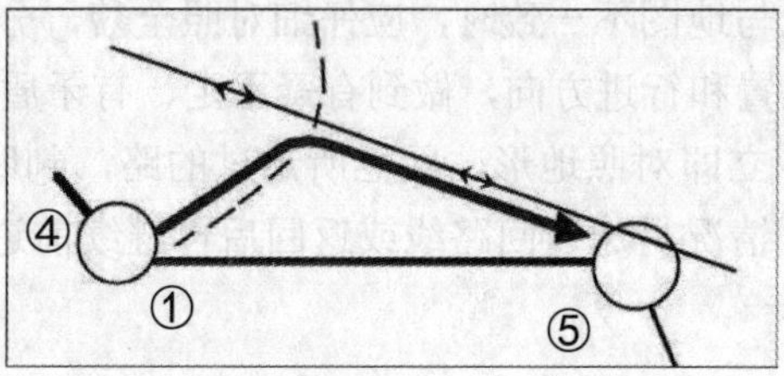

图 16-3-2

2．借点法行进

借点法行进就是利用明显的地物地貌点控制方向向前行进。当点标附近有高大、明显的参照物时，可采用此方法。（图 16-3-3）

3．水平位移法行进

当站立点与点标在同一高度上时，可沿等高线行进，但要确定站立点与检查点之间可否通行。（图 16-3-4）

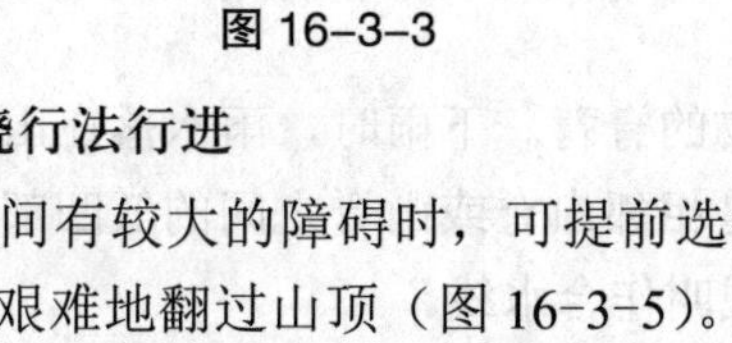

图 16-3-3

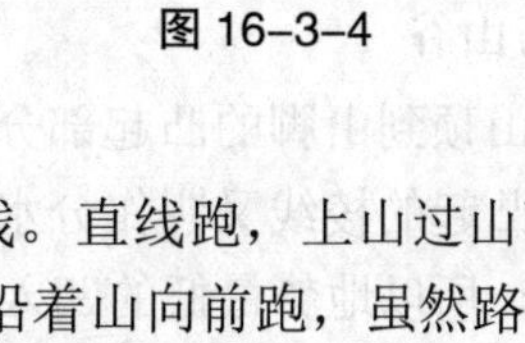

图 16-3-4

4．提前绕行法行进

当点标之间有较大的障碍时，可提前选择最佳路线。直线跑，上山过山顶，下山找目标，缺点是要艰难地翻过山顶（图 16-3-5）。提前绕，沿着山向前跑，虽然路线较长，但不必爬山；沿着山脊向前跑，虽然路线比直线长些，但不需要太多的攀爬（图 16-3-6）。

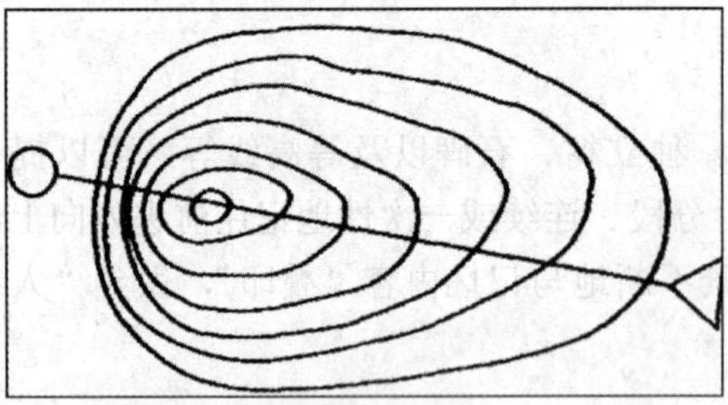

图 16–3–5

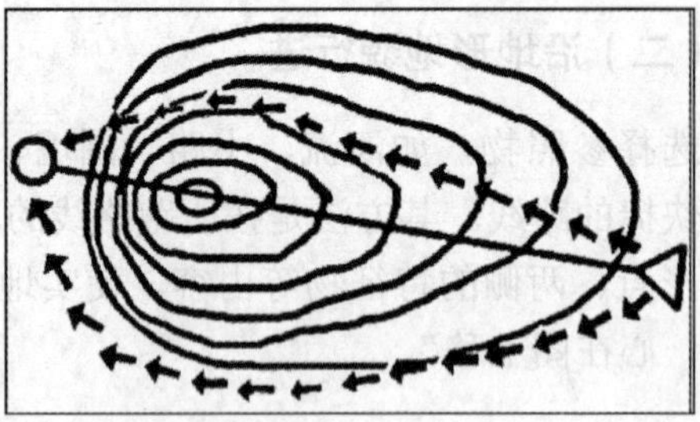

图 16–3–6

（四）行进中应注意的问题

（1）经过岔路口、道路转弯点和居民地进出口时，应对照地形。

（2）遇到实地地形变化与地图不一致时，应仔细对照全貌，分析地形的变化和位置关系，然后准确地判定站立点的位置和行进方向，做到有疑不走、有矛盾不走和方向不明不走。

（3）发现走错路时，应立即对照地形，回忆所走过的路，判明是从什么地方走错的、偏离原定路线有多远，再根据情况另选迂回路线或返回后再继续前进。

三、判读地貌

通过地图上的等高线以及相关的注记，可以了解更多的地貌信息。例如，通过等高线可以了解山坡的陡缓，通过高程注记可以了解山体的高度，通过等高线图形还可以判断出地貌的主要形态和特征。

（一）山的各部形态

地貌千姿百态、千差万别，但都是由某些基本形态组成的。这些基本形态包括山顶、凹地、山脊、山谷、鞍部和斜面等。

1．山顶与凹地

比周围地面突高隆起的部分叫作山，山的最高部位叫作山顶。表示山顶的等高线呈小的闭合环圈。山顶依其形态可分为尖顶、圆顶和平顶三种。

比周围地面凹陷，且经常无水的低地叫作凹地，大面积的凹地称为盆地。表示凹地的等高线是一个或数个小闭合环圈。为了区别凹地与山顶，表示凹地的环圈都有加绘示坡线，示坡线是指示斜坡降落方向的虚线。（图 16–3–7）

2．山脊与山谷

山脊是从山顶到山脚的凸起部分，很像动物的脊背。下雨时，雨水落在山脊上向两边分流，所以最高凸起的棱线又叫作分水线。山谷是相邻山脊或山脊之间的低凹部分，由于山谷是聚水的地方，所以地势最低的凹入部分的底线叫作合水线。

3．鞍　部

鞍部是相连两山顶间的凹下部分，其形如马鞍。鞍部由一对表示山脊和一对表示山谷的等高线显示。（图 16–3–8）

图 16-3-7

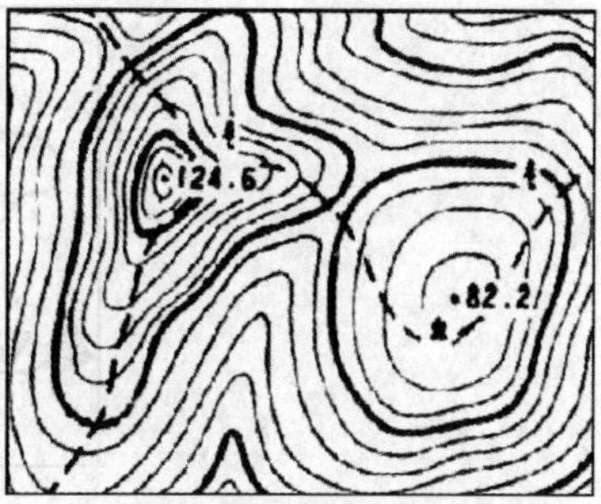

图 16-3-8

4．山　坡

山坡是山体的倾斜部分，近似一个斜面，根据外形可分为等齐坡、凸形坡、凹形坡和阶状坡等。

5．小　丘

小丘是体积较小、只能以一条等高线表示的小山包。

（二）地貌起伏的判断（上坡与下坡）

根据等高线图形的形状来判断山体的坡向。山脊、山垄等地面隆起部分的等高线图形，其突出部分总是朝着下坡，而山谷、凹地的等高线图形相反，总是朝着上坡。等高线图形由疏变密为上坡，等高线图形由密变疏为下坡。根据等高线的示坡线来判断斜坡的坡向，顺示坡线方向为下坡，逆示坡线方向为上坡。根据等高线的注记来判断斜坡的坡向，朝字头方向为上坡，背着字头方向为下坡。

四、选择路线

定向地图上各点标的连线是提供方位的直线，然而，沿这条方位直线一般是不可能直接到达的，必须依照地图上各种符号和色彩的提示，选择路线。不同的人技术水平不同、体能状况不同，所选择的路线也不尽相同。

（一）选择路线的标准

省体力、省时间、最稳妥和最能发挥自己的特长、尽量不失误或减少失误和顺利完成赛程并最终夺取胜利，是选择路线的基本标准。

（二）选择路线的原则

1．有路不越野

比赛地图现实性强，道路表示较详细。利用道路有利于运动中图地对照，有利于运动中随时明确站立点的图上位置，不易迷失方向，同时还可省力节时。如图 16-3-9，最佳的运动路线是：从出发点出发，先沿大路向东到岔路口，然后向北沿小路到第①号点标，而不应翻越山顶运动，但利用道路运动要考虑距离。

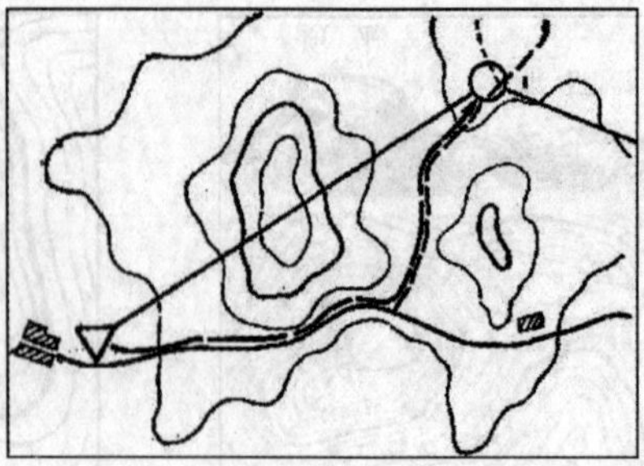

图 16-3-9

2．选近不选远

如图 16-3-10，虽然从第①号点标到第②号点标有路可选，但距离太远，因此，不宜采用。两点标之间，地形较平坦，树木不多，直接越野为最佳路线。

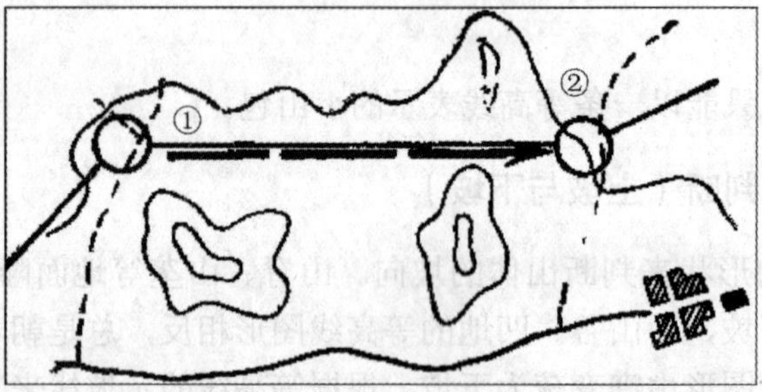

图 16-3-10\

3．统观全局，提前绕行

如图 16-3-11，从第②号点标到第③号点标，既无道路可利用，又因途中有陡坎、大水塘以及难攀登的高地。因此，在选择运动路线时，要分析整个地形，尽量避开这些不能通过的地段，提前做好绕行准备。

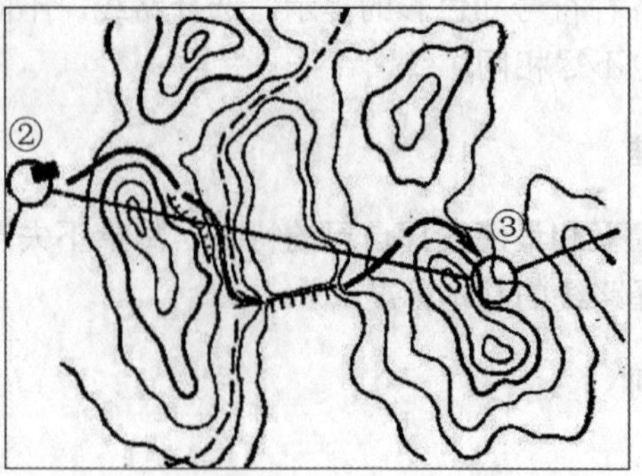

图 16-3-11

4．走高不走低

路线选择时，若选择了越野，则应遵守尽量在高处行进，避免在低处行进。这是因为高处地势高，视野好，便于确定站立点和保持行进方向；高处通风、干燥，荆棘、杂草、虫害及其他危险少；人们都习惯在高处行走，常常会有行人踏出的小路，利用它便于提高行进速度。

五、捕捉点标

捕捉点标是参加定向越野比赛决定胜负的一项关键性的技能。当接近点标时，应对点标的实地准确位置做出分析和判断，并考虑采用何种方法去捕捉它。常用的方法有定点攻击法、偏向瞄准法、距离定点法和地貌分析法等。

（一）定点攻击法

当点标设在明显、较大的地物、地貌点上或附近时，可采用这种方法。首先将这些明显的地物、地貌设为攻击点，然后根据这一攻击点与点标的相对方位、距离关系寻找点标。如图 16-3-12 所示，③号点到④号点，沿着小路行进，目标是建筑物，找到建筑物后，在建筑物的北面就能找到点标。

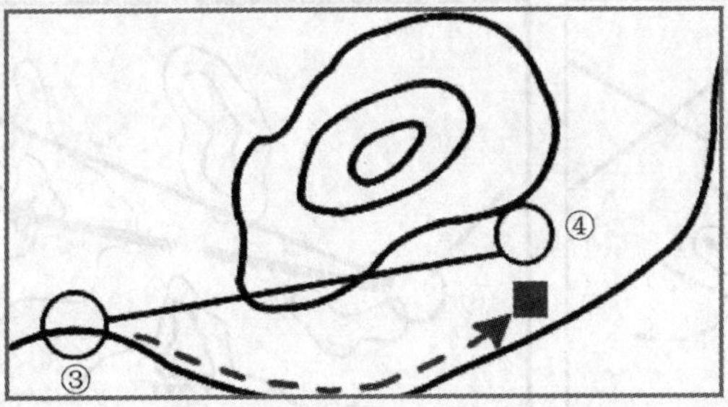

图 16-3-12

（二）偏向瞄准法

当点标设在线状地物如大路、沟渠和河流的一侧时，可用此方法。首先根据地形条件，选择线状物为目标点，然后提前偏离点标，跑到线状物上，再根据线状物与点标的位置关系找到点标。如图 16-3-13 所示，点标为山脚下的小屋，可以用指北针直接定位该点，但很有可能跑偏而错过目的地。相反，用指北针定位在小屋偏右、两山鞍部的方向，当跑到山脚下，地势开始明显升高时，再沿等高线向左边水平位移，就可找到点标。

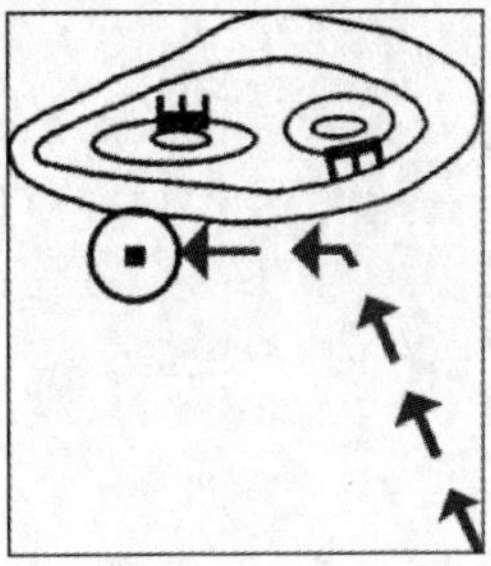

图 16-3-13

（三）距离定点法

当点标处于地势较平坦、无路和植被较多等以细碎为特征的地貌中时，可以采用距离定点法。首先要以周围的地物、地貌特征为攻击点，利用指北针瞄准目标点方向，然后结合步测、目测等方法测算距离，一步步地接近点标。如图 16-3-14 所示，点标位于细碎的地貌特征之中，情况复杂。选择小路交会处作为攻击点，沿小路到达攻击点，图上量出至点标的距离（换算成复步），用指北针仔细地测定点标的方向，沿此方向捕捉⑤号点标。

（四）地貌分析法

在地貌起伏的地域内，点标设在低小地物附近时，采用此方法。采用这种方法时，首先根据地图上点标与地貌的关系位置，分析出实地相对应的关系位置，再依据这种关系位置来寻找到点标。如图 16-3-15 所示，首先跑到点标西南山顶，在山顶位置通过地图与实地对照，判定出点标在山脊，然后沿山脊下山寻找，即可发现第⑨号点标。

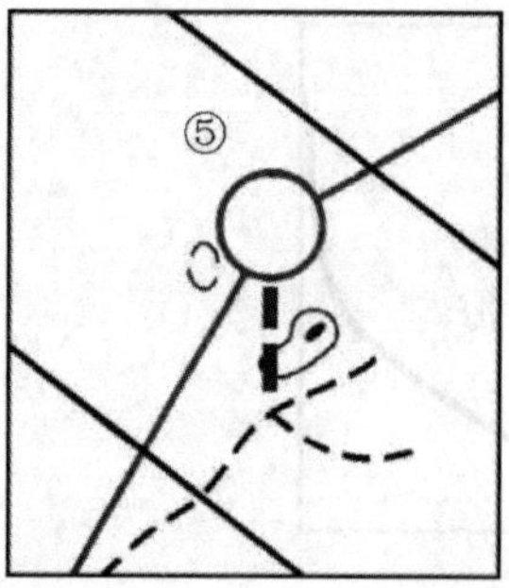

图 16-3-14

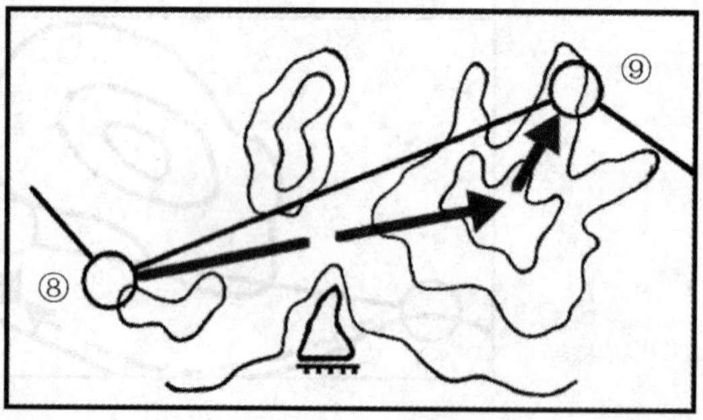

图 16-3-15

六、越野跑

掌握越野跑的技术也是决定定向运动成绩优劣的重要因素之一。定向运动中的越野跑实际上是一种长距离的间歇跑。由于在途中常常需要停下来看图和辨别方向，在崎岖的道路上不可能始终保持均匀的跑速，越野跑总是体现出走、跑和停相交替的间歇跑的特点。

第十七章 动静平衡的休闲体育

第一节　轮滑运动

一、轮滑运动概述

（一）轮滑运动的起源与发展

关于轮滑运动的起源有几种说法，较为认同的是18世纪初荷兰的一位运动员为了夏季进行滑冰训练，将木线轴安装在皮鞋底下滑行，由此成功地创造了用轮子鞋“滑冰”的历史。他的举动引起了人们的兴趣，带动了轮滑运动在欧洲的诞生、兴起，并得到了较快的发展。真正现代意义上的轮滑鞋，是由美国人詹姆斯于1863年发明的，首次使用了金属轮子。1866年，詹姆斯在纽约投资开办了第一座室内轮滑场，并组织建立了纽约轮滑运动协会，首次将轮滑列为体育的正式比赛项目。早期的轮滑鞋是双排轮结构，而后有人再次从冰刀上获得灵感，创新出了直排轮滑鞋，这种鞋的构造特点赋予了这项运动无穷的魅力和变化。它轻巧灵便，坚固耐用，可以让人们完成许多动作，轮滑运动的乐趣又一次被无限放大，而这个运动项目也因此得到了迅猛的发展。1924年，当时的英国、法国、德国和瑞士四国代表在瑞士成立了国际轮滑联合会。

中国轮滑运动起步较晚，20世纪30年代初期才传入中国，当时只是沿海城市偶有所见，并不普及。中华人民共和国成立后，轮滑运动在南方的一些城市得到了较好的推广。正式开展此项运动是在20世纪80年代初期，全国各地开设了辅导班，兴建了轮滑场地，举办了轮滑表演，将这一项目大力推广开来。我国于1980年正式成立中国旱冰协会（1987年更名为中国轮滑协会），同年加入了国际轮滑联合会，1986年加入了亚洲轮滑联合会，主持管理的轮滑运动项目主要包括花样轮滑、速度轮滑、轮滑球、极限轮滑和平地花样轮滑等。1983

年10月中国第1届全国轮滑锦标赛在北京工人体育场举行，截止至2018年，已经举办了30多届全国锦标赛。2005年，苏州成功地举办了世界速度轮滑锦标赛。随着人们生活经济条件的改善，全民健身意识的加强，单排轮的轮滑运动更为普及，已经成为人们广为追求的一种时尚运动。在全国的高校中，开展轮滑教学的也极为普遍。

（二）轮滑运动的特点

轮滑运动是一项集健身、竞技、趣味、娱乐、技巧、休闲、惊险于一体的全身性运动，从20世纪80年代开始风靡世界，尤其在欧美国家更加流行。轮滑运动中要求练习者灵活变换重心，维持动态平衡。轮滑在腿部用力上有侧蹬用力的特点，在学习过程中必须克服陆地上走或跑时后蹬用力的习惯，建立向侧用力的概念，掌握正确的用力方法。

（三）轮滑运动的装备

1. 轮滑鞋

轮滑鞋根据形式的不同，分为双排轮滑鞋和直排轮滑鞋两种。双排轮滑鞋主要应用于花式表演和轮滑球运动；直排轮滑鞋主要用于速度比赛、轮滑球运动和室内外休闲运动，是目前轮滑鞋的主流。（图17-1-1）

直排轮滑鞋　　双排轮滑鞋

图17-1-1

2. 护　具

护具是最容易被忽视但又很重要的一项装备，包括头盔、护肘、护腕和护膝。戴护具不仅能保护自己，还能保持良好的练习心态。

二、轮滑运动基本技术

（一）站立、平衡和移动

1. 站立姿势

（1）丁字形站立：将左脚跟紧靠在右脚的内侧（或将右脚跟紧靠在左脚的内侧），使双脚形成丁字形。双膝微屈，重心稍偏于位置居后的脚上，上体略前倾，抬头，双眼平视前方，两臂在体侧自然打开，以控制身体平衡。（图17-1-2）

丁字形站立

（2）八字形站立：双脚成八字形自然分开，两脚脚跟靠近，双膝微屈。上体微屈，身体

重心放在两脚之间，保持身体平衡。（图 17-1-3）

（3）平行站立：双脚分开，与肩同宽。两脚尖稍内扣，上体微前倾，双膝微屈。身体重心放在两腿之间，保持身体平衡。（图 17-1-4）

图 17-1-2

图 17-1-3

图 17-1-4

八字形站立

平行站立

2．原地移动重心

（1）方法要点：在双脚平行站立的基础上，上体向一侧移动，并逐步将身体重心完全移至一侧支撑腿上；待平稳后，上体再向另一侧腿上移动，并将身体重心完全移到该腿上。反复练习。

（2）易犯错误：在练习时，易使两脚变成八字站立，这样在重心移动时，会造成重心不能完全移到支撑腿上。

（3）纠正方法：保持两脚并行站立。

原地左右移动重心练习

3．原地踏步

（1）方法要点：在八字站立的基础上，重心移到一脚上，另一腿微屈上抬，使脚离开地面 5 ～ 10 厘米再落下，重心移至另一脚，交替练习。

（2）易犯错误：步幅过大，重心不稳。

（3）纠正方法：抬腿要低，速度要慢。当重心完全移到一条腿上时再进行交换。

原地踏步练习

4．原地蹲起

（1）方法要点：在双脚平行站立或八字站立的基础上，做下蹲、起立动作，身体重心放在两脚之间，两臂自然打开。（图 17-1-5）

（2）易犯错误：起立时，身体向前再屈，再直立。

（3）纠正方法：开始时，可以先做半蹲，速度稍微慢些，然后再逐渐过渡到深蹲，快速完成，保持身体的垂直升降，注意动作的协调性。

原地蹲起练习

图 17-1-5

5．两脚原地前后滑动

（1）在平行站立的基础上，做一脚向前一脚向后的来回滑动练习，两臂前后摆动，像走路一样配合双腿运动。

（2）易犯错误：在滑动过程中，重心落在一条腿上，双脚不能保持平衡。

（3）纠正方法：保持双脚平衡，两腿伸直，大腿发力做前后滑动练习，或手扶栏杆、扶同伴进行练习。

6．向前八字走

（1）方法要点：在丁字步或八字步的基础上，一脚向前迈出一小步，脚尖向外侧，成八字形落地，同时身体重心迅速跟上，当重心完全落到前脚上时，后脚再抬起向前迈，两脚交替进行，移动身体重心。（图 17-1-6）

（2）易犯错误：先迈脚，后移重心，前脚会被移动重心的惯性推动向前滑走，使重心无法落在前脚上。

（3）纠正方法：小步幅、慢节奏练习。重心随迈出的脚同时前移，脚落地，重心跟上。

图 17-1-6

7．横向迈步移动

（1）方法要点：在平行站立的基础上，一腿向侧迈出一步，随之身体重心迅速跟上，另一腿收回，在内侧靠拢着地，并承接重心，然后换腿练习。

（2）易犯错误：滑行时脚尖向外，重心在两腿之间。

（3）纠正方法：开始练习时步子要小，在向右移动时，左脚适当加大蹬地的力量，向左移动重心时，右脚适当加大蹬地的力量。可在同伴的帮助下完成，也可以通过语言进行提示。

（二）滑　行

1．双滑行练习

在学会八字走的基础上，连续走几步，然后双脚迅速并拢，两脚由八字形变为平行，借助惯性向前滑行。动作的关键是重心保持在两脚之间。

2．低姿交替蹬地滑行

（1）方法要点：两脚八字形站立，膝踝微屈，两脚同时向外侧蹬地，使双脚同时开始向前滑行，重心随之偏向左脚，左腿成支撑腿。右脚在稍加蹬地后迅速收回，向左脚靠拢，脚

尖朝向外侧，落地自然成八字步，同时重心向右腿上移，左脚开始蹬地，如此交替进行。（图 17-1-7）

（2）易犯错误：重心处于两腿之间，滑行的步子较小，收腿较快。

（3）纠正方法：做横向迈步移动练习，逐渐提高单腿支撑能力。

3. **高姿交替蹬地滑行**

（1）方法要点：在低姿交替蹬地的基础上，调高身体姿势，右脚侧蹬地，重心随之移向左脚，成左脚支撑滑行。右脚蹬地结束后放松收腿，当右脚靠近左脚时，重心开始回移，左脚开始蹬地。右脚落地后成右腿支撑滑行，然后收左腿，两脚交替蹬，交替滑行。

图 17-1-7

（2）易犯错误：蹬地后收腿困难。

（3）纠正方法：尽量在短促的蹬地动作结束后，马上回收，膝、踝全屈，重心落在前脚掌处。

4. **向前直线滑行**

（1）方法要点：原地两脚成T字形站立，左脚在前，右脚在后，两腿稍弯曲，用右脚内侧蹬地，重心慢慢移至左脚；右脚蹬直后右腿蹬离地面，成左脚向前滑行，然后右脚在左脚的侧面落地后，左脚重复上述动作，成右脚向前滑行，两脚交替向前直线滑行。在整个滑行过程中，两手自然向侧分开，帮助维持身体平衡。

（2）易犯错误：重心在两脚之间，不能形成单脚支撑。

（3）纠正方法：在双脚曲线滑行的基础上，身体重心逐渐移至单脚上，成单脚滑行，另一脚在滑行脚后抬起。

5. **蛇形向后滑行**

（1）方法要点：由平行站立开始，两脚分开（约一脚距离），两腿弯曲；用右脚内侧蹬地，身体重心移向左侧，成左脚向后滑行；右腿在体前伸直，随即右脚放在左脚侧面，恢复成开始姿势，然后用左脚蹬地，重复上面的动作。做蛇形向后滑行时，要注意在滑行中上体始终保持前倾姿势，两膝保持弯曲，两手在体侧分开侧举。

（2）易犯错误：在滑行的过程中身体直立或后仰。

（3）纠正方法：在完成向后的葫芦滑行获得一定速度后，进行蛇形后滑行。右脚各蹬地滑行一次，依靠滑行的惯性两脚平行站立滑行一次，身体保持正确的滑行姿势，反复练习。

（三）滑行停止法

1. **八字停止法**

（1）方法要点：在获得一定向前滑行速度后，两脚平行分开站立，随后脚尖内转，两脚以内侧轮柔和地压紧地面，两腿弯曲，上体稍前倾，臀部下蹲，两臂前伸以维持身体的平衡。

内八字停止法

（2）练习方法：① 在向前滑行时，两脚平行分开站立，先使右脚脚尖内转，以内侧轮柔和地压紧地面，身体重心稍向左移，反复练习；② 在能够完成前面动作的基础上，再按照内八字停止方法进行练习。速度可由慢到快，循序渐进。

2．T形停止法

（1）方法要点：左脚向前滑行开始，右脚在左脚后跟处成T形放好后，将右脚慢慢放在地面上，以内侧轮柔和地压紧地面，减缓向前滑行速度，直到停下来为止。（图 17-1-8）

（2）练习方法：① 原地左脚在前，右脚在后成T形站立，右脚以内侧轮蹬地，左脚向前滑行，随后右脚在左脚后做T形停止动作，速度可由慢开始，以便体会动作；② 在完成①的动作基础上，加快向前滑行速度，按照T形停止动作进行练习。

图 17-1-8　T形停止法

3．双脚急停法

（1）方法要点：在向前滑行时，两脚同时向顺时针（或逆时针）方向急转，左脚以内侧轮、右脚以外侧轮滑行方向成90° 角压紧地面，同时身体向右急转，重心移到右腿上，两膝弯曲，两臂前侧伸，滑行即可停止。

（2）练习方法：① 原地两脚平行分开，按上述动作要领，随后在低速向前滑行中完成动作；② 保持一定向前滑行速度，两脚平行向前滑行，做双脚急停练习，直至熟练掌握后，就可以随意使用双脚急停动作。

4．倒滑停止方法

（1）方法要点：在向后滑的过程中，将两脚变为前后开立，身体重心移到前脚的前方，同时抬起两脚脚跟，后轮离地，制动脚着地与地面摩擦，利用摩擦力停止下来；停止时，身体稍前倾，两臂侧举以维持平衡。

（2）练习方法：① 手扶栏杆或在同伴扶持下，原地抬起脚跟，身体稍前倾，以制动器支撑站立；② 向后慢速滑行，两脚平行站立滑行，随后抬起脚跟，以制动器压紧地面至停止。

（四）弯道滑行

弯道滑行技术跟直道滑行技术有很大的区别。弯道滑行技术的特点在于练习者用交叉步滑行，由于向心力的作用，上体不仅前倾，而且还要向后侧倾。

1．走步转弯

在向前做八字走或半走半滑时，如向左转弯，在每一次脚落地时脚尖都要向左转动一点，身体也随之向左转动一点，逐渐成弧形的走滑路线；如向右转，则动作方向相反。

2．惯性转弯

在滑行获得了一定的速度后，两脚平行稍靠近些，如向左转，则左脚略靠前，右脚靠后，重心落在两脚之间靠左脚 1/3 处，前腿略弓，后腿蹬直，身体重心压在左脚和右脚的左侧，利用惯性向左侧滑一较大的弧线；如向右转，则动作方向相反。

3．短步转弯

在学会慢的转弯技术的基础上，身体姿势较低，重心完全落在左腿上，甚至超出左腿的支点，右脚向右侧蹬后迅速收回，靠近左脚落地做非常短暂的支撑；此时左脚迅速向左稍转脚尖，右脚再迅速向侧蹬出，连续做此动作就可以加速转弯；如向右转，则动作方向相反。（图 17-1-9）

图 17-1-9

4．左脚支撑，右脚连续蹬地滑行

从站立姿势开始，左脚用外侧蹬地后迅速与右脚并拢，接着右脚再做一次蹬地动作，左脚继续做前外曲线滑行。

5．在圆弧上不连贯的交叉步滑行

在圆弧上用直线滑行方法，中间插入弯道交叉步，当左脚有稳定的平衡后，右脚向左脚左侧前方迈一小步。只要右脚有短暂的滑行之后，左脚就迅速从右腿后方收回，同时右脚蹬左脚直线滑行，反复练习。

第二节　台球运动

一、台球运动概述

台球运动起源于西欧，至今已有几百年的历史。从 19 世纪初起，台球运动开始走向成熟阶段。

台球分为英式台球、美式台球、法式台球和开伦式台球。英式台球中的英式比例台球（又称为三球落袋式台球），属基础类型的台球，是世界上正式的台球比赛项目之一。英式比例台球与斯诺克台球主要流行于欧洲国家。目前，世界许多著名斯诺克台球运动员的比例式台球基本功都相当扎实。在斯诺克台球中，不仅运动员自己可以击球入袋得分，也可以有意识地打出让对方无法施展技术的障碍球，从而使对方受阻挨罚。因此，斯诺克台球竞争激烈，趣味无穷，是世界台球大赛的项目之一。

20 世纪 80 年代，台球运动在我国逐步发展起来。1986 年，我国成立了中国台球协会，各省市也相继成立了地方台球协会。2002 年，丁俊晖成为中国第一个台球世界冠军。2005 年，丁俊晖取得了中国公开赛冠军和英国斯诺克台球锦标赛的冠军。2007 年，潘晓婷在世界台球锦标赛决赛中击败对手，成功登上世界冠军宝座，成了中国首位台球世界冠军。

二、台球基本技术

（一）身体姿势

正确的姿势是自然而无做作，身体重心平稳而安定的姿势。

（1）肘关节弯曲成 90° 角。（图 17-2-1 ①）

（2）握杆时手腕放松，四指微握。（图 17-2-1 ②）

（3）两脚避免张得太开，或太过于靠拢，要使重心平稳，身体的姿势自然轻松。（图 17-2-1 ③）

（4）击球前要使握杆、架桥、母球以及目标球成一直线，然后开始平稳的抽打动作，以预备击球。（图 17-2-1 ④）

（5）球杆必须在脸部（下颌）正中心的正下方，使架桥、下颌、握杆三点成一直线。（图 17-2-1 ⑤）

（6）球杆必须瞄准正确的撞击点。（图 17-2-1 ⑥）

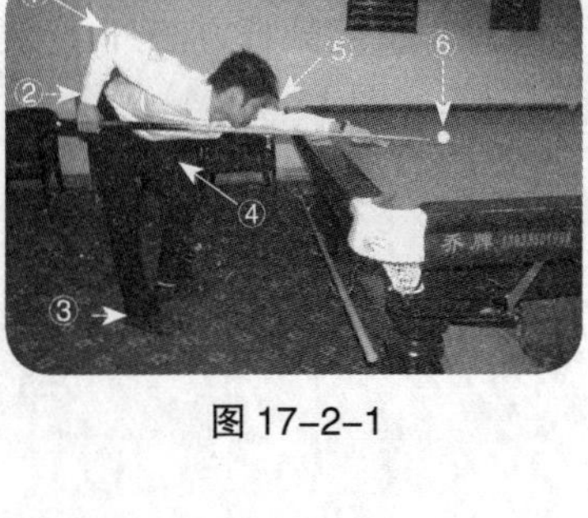

图 17-2-1

（二）握杆方法

握杆的方法正确与否直接影响到出杆的好坏。正确的握杆方法是：拇指和食指在虎口处用轻力握住球杆，其余 3 个手指要虚握。握杆时手腕要自然下垂，既不要外翻，也不要内收。

（三）击球动作结构

1. 架　杆

架杆就是用手给球杆一个稳定的支撑（架桥）和对杆头在主球的击球点进行调节的姿势，架杆是打好台球的重要环节。

（1）基本架杆方法。

• V形架杆：先将整个手掌放在台面上，将拇指以外的四指分开，手背稍微弓起，拇指跷起，和食指的根部相贴形成一个V形的夹角，球杆放在“V”形夹角内（图 17-2-2）。需要注意的是，架杆手的掌根、小指、食指以及拇指处大鱼际部位要充分地贴住台面，切勿使架杆向左侧或右侧翻起，以确保架杆的稳定。

• 凤眼式架杆：左手手指张开，指尖略微向内弯曲，用拇指和食指扣成一个指环，并与球杆成直角，掌根和中指、无名指、小指构成稳定支撑。（图 17-2-3）

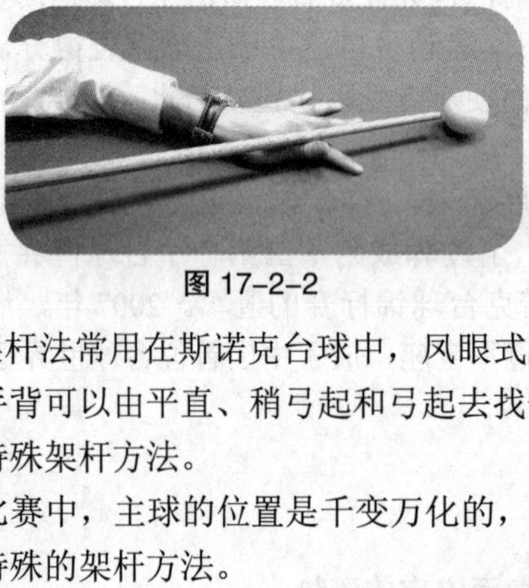

图 17-2-2

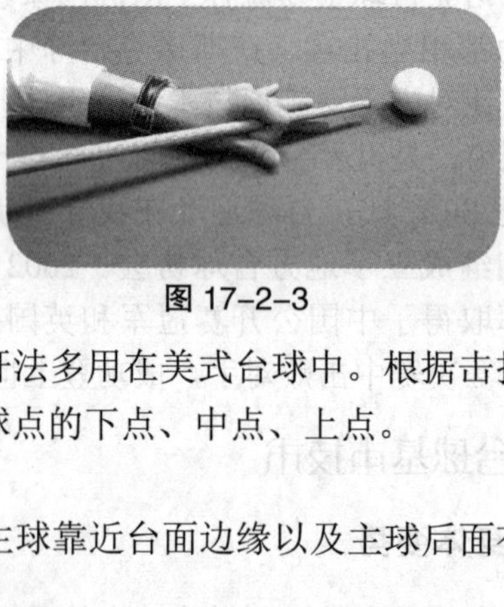

图 17-2-3

V形架杆法常用在斯诺克台球中，凤眼式架杆法多用在美式台球中。根据击打主球点不同，架杆手背可以由平直、稍弓起和弓起去找击球点的下点、中点、上点。

（2）特殊架杆方法。

台球比赛中，主球的位置是千变万化的，当主球靠近台面边缘以及主球后面有球时，都需要运用特殊的架杆方法。

• 当主球靠近台面边缘时，架杆手需用四指压在台边上。（图 17-2-4）

• 当主球后有一其他球时，架杆手需要将四指立起来，避免球杆碰到球。（图 17-2-5）

（3）杆架的使用。

除了上述架杆方法外，当主球远离台边，用正常的击球姿势无法击打主球时，就必须使用杆架。（图 17-2-6）

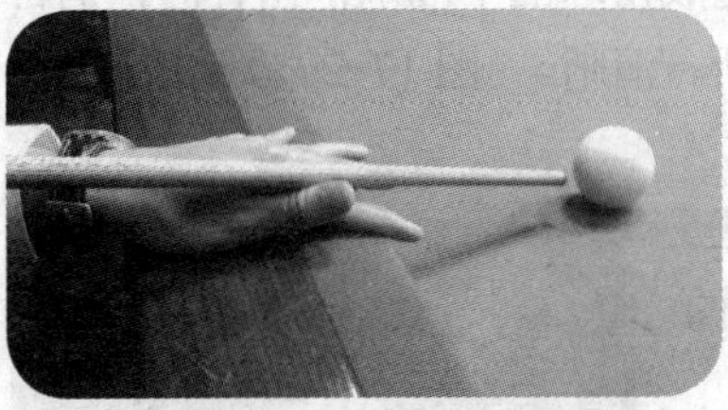

图 17-2-4

图 17-2-5

图 17-2-6

杆架运用的方法是身体适度前倾，手持球杆的尾部，拇指在下，食指、中指在上夹住球杆，无名指、小指自然弯曲，另一手将杆架置于适当位置，将杆架整体放在台面上，用手按住，以防运杆、出杆时杆架晃动。

杆架有长、中、短之分，一般杆架的十字铜头有两种架杆高度供选择。另外还有几种高脚杆架，当遇到主球后有球阻挡时选用。

（4）架杆时应注意的几个问题。

• 架杆距离：一般架杆手的中指尖距主球 15 ～ 20 厘米远，可根据主球在球台的距离远近和对出杆力量的不同要求做适当调整。

• 杆的稳定性：在运杆时要注意架杆手不要随之微动。

• 架杆的手臂位置：尽可能使肘关节贴在台面上并要适当放松，注意不要耸肩。

• 架杆手的着台部位：一般情况下掌根、拇指侧的大鱼际、小指及小鱼际紧贴台面。食指是手桥的着力点。

2. 运　杆

在出击主球前，台球选手都会有一个运杆的过程，我们可以把这个过程分解为三个部分：运杆、后摆和暂停。

（1）运杆：在确定击打主球的部位后，便开始做运杆动作。运杆时，要求身体保持稳定，持杆手的手臂进行前后运杆，运杆时应尽可能使球杆平直运摆。运杆的目的是保证击球的准确性，运杆的次数不宜太多，但运杆的节奏要均匀。

（2）后摆：后摆的幅度大小取决于所需要的击球力量，在肌肉用力相同时，后摆幅度大，球杆击球力量也要大，后摆动作要做到“稳”和“慢”，以保证出杆的平直。

（3）暂停：暂停是在出杆前的一个短暂的停顿，以此保证平稳出杆。

（4）运杆常见错误以及纠正方法如下。

• 球杆前后运动不自然。

【纠正方法】调整握杆手和身体的距离；注意手臂不要太紧张。

• 球杆前后运动不能保持水平。

【纠正方法】调整身体姿势，尽可能使上体下俯；降低握杆手。

3. 出杆击球

正确的握杆、身体姿势、架杆和运杆是进行有效击球的重要准备工作，出杆触击球是台球击球动作结构中最重要的环节，决定最终击球的效果。

出杆击球是在后摆停顿后所完成的动作。以肘关节为轴，前臂向前送出，触击球瞬间，根据击球的要求，注意控制手腕力量，避免由于过分抖动手腕造成击球的不准确；出杆时，肩部和身体不要用力，即便是打一个轻缓的球，出杆动作也要果断、清晰。（图 17-2-7）

出杆击球常见错误及纠正方法如下。

（1）出杆时动作分解，不连贯，导致动作发紧，出杆不直。

纠正方法：多做持杆、运杆、出杆动作练习，养成自然的出杆习惯。

（2）出杆击球时，没有跟进动作。

【纠正方法】握杆手的部位可能过于靠前，无法在击球后进一步出杆，可以使握杆手稍向后握一些。

图 17-2-7

（3）出杆击球时，杆头向内侧偏。

【纠正方法】

• 将瞄击点向主球内侧稍微移动些，后手稍向外一些。千万不要只动杆头，而不调整握杆手。

• 在主球左侧后面摆放一个球，看出杆后球杆是否碰到此球。

（4）出杆击球时，杆头向外侧偏。

【纠正方法】

• 调整球杆位置，确保和主球中心击点及延长线保持在一条直线上；

• 拉杆时后手不要有向后外侧拉的动作；

• 在主球后右侧摆一个球，检查击球时出杆直不直；也可以在球杆垂直下方的台面画一条直线，出杆后停下球杆不动，看看杆头和杆是不是保持在这一条直线的垂直上方。

（5）出杆击球时，杆头向上挑。

【纠正方法】

• 握杆手提得太高，应尽量降低握杆手；

• 尽可能使上体下俯一些；

• 出杆时不要做勾手腕的动作。

4. 随势跟进

击球后的球杆跟进动作是为了保证击球的力量充分作用在主球上和击球动作的协调连贯。适当的跟进动作对击球动作的完成起着重要的作用，如果跟进太多，杆头出得太长，会使肩、肘下沉，破坏击球动作的正确性，影响击球质量；如果跟进太少，则会使击球动作发紧，力量不能有效作用于主球，也不能保持好出杆击球的稳定性。

（四）台球的基本杆法

用球杆撞击主球时，撞击点的位置不同，主球的滚动形式、力量、旋转和速度都会不同，在用杆击主球时，要熟练掌握主球上的 9 个撞击点及其撞击结果。（图 17-2-8）

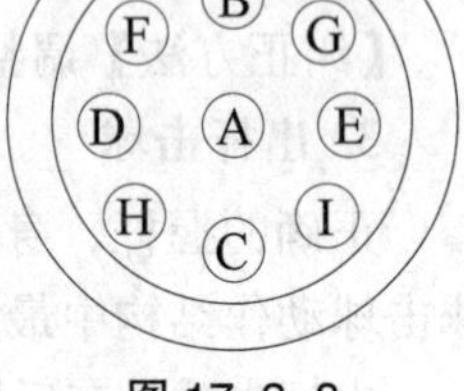

图 17-2-8

A——中心撞击点（直球）。

B——上方撞击点（前旋球）。

C——下方撞击点（后旋球）。

D——左侧撞击点（左旋球）。

E——右侧撞击点（右旋球）。

F——左上撞击点（左上旋球）。

G——右上撞击点（右上旋球）。

H——左下撞击点（左下旋球）。

I——右下撞击点（右下旋球）。

在上述 9 个撞击点中，中心撞击点是最基本的撞击位置，如果能准确、熟练地进行中心撞击，就能逐步地掌握其他位置的撞击方法。但是不管撞击哪个位置，都要牢牢地掌握撞击的三要素：撞击的角度、撞击的位置和撞击的力度。

台球运动中，杆法的运用十分丰富，基本的杆法运用有如下几种。

1. 推进球技术

【技术动作】做好击球准备，后手握杆保持球杆水平，击主球的中心点（中杆），力量不可过大、过猛。（图 17-2-9）

【技术效果】主球撞击目标后，目标球向预定的方向前进，主球也随之徐缓地向前方行进一小段距离后停下，使之到达下一个目标球较理想的位置。

2. 跟进球技术

【技术动作】握杆手保持球杆水平；用球杆击打主球的中上点（高杆）。出杆的力量根据主球走位距离的长短而定。（图 17-2-10）

【技术效果】当主球以上旋的形式撞击目标球后，目标球向前行进，主球由于自身的上旋继续随之向前进并停在某一位置上。主球跟进的距离比主球推进距离明显要长，以获得一个较长距离的主球走位位置。

3. 定位球技术

【技术动作】做好击球准备，球杆保持水平，击主球的中心点（中杆），出杆时要迅速有力、干净利落。

【技术效果】中杆击主球，撞击目标球后，目标球向前滚动，主球停在目标球原来的位置上。

4. 缩杆球技术

【技术动作】做好击球准备，架杆手尽量放得低平些，球杆保持水平，击主球的中下点（低杆），出杆时要果断迅速，动作连贯协调。（图 17-2-11）

图 17-2-9

图 17-2-10

图 17-2-11

【技术效果】当用低杆击打主球，主球便会急速下旋，当与目标球相撞时，目标球向前滚动，主球则借助其旋转向后滚动。在同一力度下，由于主球和目标球的距离不同，缩杆的效果也会有所不同。距离越近，缩杆距离越远。

5. 侧旋球技术

【技术动作】侧旋球就是球杆撞击主球的左侧或右侧使主球旋转并向前进。如果要使击出的主球直线前进，则必须保持出杆时球杆前后基本成水平位置。如果后手握杆较高，则主球前进的路线成弧线状，并随后手抬高的程度使前进线路的弧度相应增加。

【技术效果】侧旋球有左侧旋、右侧旋之分，撞击主球的左侧形成顺旋；撞击主球的右侧形成逆旋。顺旋球在碰岸后向左侧运动，逆旋球碰岸后向右侧运动。

另外，侧旋球不仅是主球自身产生的效果，它还会将它的旋转效果传递给被它撞击的目标球，引起目标球的反向旋转。（图 17-2-12）

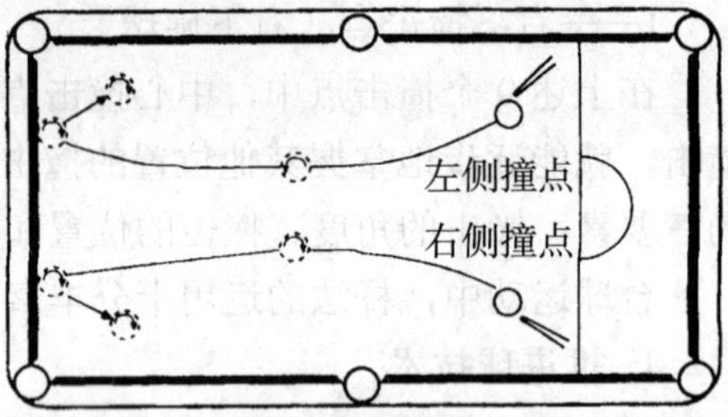

图 17-2-12

附录 《国家学生体质健康标准（2014 年修订）》简介*

一、说明

《国家学生体质健康标准》（以下简称《标准》）是国家学校教育工作的基础性指导文件和教育质量基本标准，是评价学生综合素质、评估学校工作和衡量各地教育发展的重要依据，是《国家体育锻炼标准》在学校的具体实施，适用于全日制普通小学、初中、普通高中、中等职业学校、普通高等学校的学生。

本标准的修订坚持健康第一，落实《国家中长期教育改革和发展规划纲要（2010—2020年）》、《国务院办公厅转发教育部等部门关于进一步加强学校体育工作若干意见的通知》和《教育部关于印发〈学生体质健康监测评价办法〉等三个文件的通知》有关要求，着重提高《标准》应用的信度、效度和区分度，着重强化其教育激励、反馈调整和引导锻炼的功能，着重提高其教育监测和绩效评价的支撑能力。

本标准从身体形态、身体机能和身体素质等方面综合评定学生的体质健康水平，是促进学生体质健康发展、激励学生积极进行身体锻炼的教育手段，是国家学生发展核心素养体系和学业质量标准的重要组成部分，是学生体质健康的个体评价标准。

本标准将适用对象中普通高等学校分为以下组别：大学一、二年级为一组，三、四年级为一组。

大学各组别的测试指标均为必测指标。其中，身体形态类中的身高、体重，身体机能类中的肺活量，以及身体素质类中的 50 米跑、坐位体前屈为各年级学生共性指标。

本标准的学年总分由标准分与附加分之和构成，满分为 120 分。标准分由各单项指标得分与权重乘积之和组成，满分为 100 分。附加分根据实测成绩确定，即对成绩超过 100 分的加分指标进行加分，满分为 20 分；大学的加分指标为男生引体向上和 1000 米跑，女生 1 分

* 节选自教育部印发的《国家学生体质健康标准（2014 年修订）》。

钟仰卧起坐和 800 米跑，各指标加分幅度均为 10 分。

根据学生学年总分评定等级：90.0 分及以上为优秀，80.0 ～ 89.9 分为良好，60.0 ～ 79.9 分为及格，59.9 分及以下为不及格。

每个学生每学年评定一次，记入《〈国家学生体质健康标准〉登记卡》。特殊学制的学校，在填写登记卡时可以按规定和需求相应地增减栏目。学生毕业时的成绩和等级，按毕业当年学年总分的 50% 与其他学年总分平均得分的 50% 之和进行评定。

学生测试成绩评定达到良好及以上者，方可参加评优与评奖；成绩达到优秀者，方可获体育奖学分。测试成绩评定不及格者，在本学年度准予补测一次，补测仍不及格，则学年成绩评定为不及格。普通高等学校学生毕业时，《标准》测试的成绩达不到 50 分者按结业或肄业处理。

学生因病或残疾可向学校提交暂缓或免予执行《标准》的申请，经医疗单位证明，体育教学部门核准，可暂缓或免予执行《标准》，并填写《免予执行＜国家学生体质健康标准＞申请表》，存入学生档案。确实丧失运动能力、被免予执行《标准》的残疾学生，仍可参加评优与评奖，毕业时《标准》成绩需注明免测。

各学校每学年开展覆盖本校各年级学生的《标准》测试工作，《标准》测试数据经当地教育行政部门按要求审核后，通过“中国学生体质健康网”上传至“国家学生体质健康标准数据管理系统”。测试和数据上传时间由教育行政部门确定。

本标准由教育部负责解释。

二、单项指标与权重

单项指标与权重见附表 1-1。

附表 1-1　单项指标与权重

测试对象	单项指标	权　重
大学各年级	体重指数（BMI）	15%
	肺活量	15%
	50米跑	20%
	坐位体前屈	10%
	立定跳远	10%
	引体向上（男）/1分钟仰卧起坐（女）	10%
	1000米跑（男）/800米跑（女）	20%

注：体重指数（BMI）= 体重（千克）/ 身高^2（米^2）。

三、评分表

《国家学生体质健康标准（2014 年修订）》中大学阶段的评分表见附表 1-2 至附表 1-8。

附表 1-2 体重指数（BMI）单项评分表 （单位：千克 / 米 ^{2}）

等级	单项得分	大学男生	大学女生
正常	100	17.9～23.9	17.2～23.9
低体重	80	≤17.8	≤17.1
超重		24.0～27.9	24.0～27.9
肥胖	60	≥28.0	≥28.0

附表 1-3 大学男生各测试项目评分表 （大一、大二适用）

等级	单项得分	肺活量/毫升	50米跑/秒	坐位体前屈/厘米	立定跳远/厘米	引体向上/次	耐力跑1000米 /（分 : 秒）
优秀	100	5040	6.7	24.9	273	19	3 : 17
	95	4920	6.8	23.1	268	18	3 : 22
	90	4800	6.9	21.3	263	17	3 : 27
良好	85	4550	7.0	19.5	256	16	3 : 34
	80	4300	7.1	17.7	248	15	3 : 42
及格	78	4180	7.3	16.3	244		3 : 47
	76	4060	7.5	14.9	240	14	3 : 52
	74	3940	7.7	13.5	236		3 : 57
	72	3820	7.9	12.1	232	13	4 : 02
	70	3700	8.1	10.7	228		4 : 07
	68	3580	8.3	9.3	224	12	4 : 12
	66	3460	8.5	7.9	220		4 : 17
	64	3340	8.7	6.5	216	11	4 : 22
	62	3220	8.9	5.1	212		4 : 27
	60	3100	9.1	3.7	208	10	4 : 32
不及格	50	2940	9.3	2.7	203	9	4 : 52
	40	2780	9.5	1.7	198	8	5 : 12
	30	2620	9.7	0.7	193	7	5 : 32
	20	2460	9.9	-0.3	188	6	5 : 52
	10	2300	10.1	-1.3	183	5	6 : 12

附表 1-4　大学男生各测试项目评分表　　（大三、大四适用）

等　级	单项得分	肺活量/毫升	50米跑/秒	坐位体前屈/厘米	立定跳远/厘米	引体向上/次	耐力跑1000米/（分：秒）
优　秀	100	5140	6.6	25.1	275	20	3：15
	95	5020	6.7	23.3	270	19	3：20
	90	4900	6.8	21.5	265	18	3：25
良　好	85	4650	6.9	19.9	258	17	3：32
	80	4400	7.0	18.2	250	16	3：40
及　格	78	4280	7.2	16.8	246		3：45
	76	4160	7.4	15.4	242	15	3：50
	74	4040	7.6	14.0	238		3：55
	72	3920	7.8	12.6	234	14	4：00
	70	3800	8.0	11.2	230		4：05
	68	3680	8.2	9.8	226	13	4：10
	66	3560	8.4	8.4	222		4：15
	64	3440	8.6	7.0	218	12	4：20
	62	3320	8.8	5.6	214		4：25
	60	3200	9.0	4.2	210	11	4：30
不及格	50	3030	9.2	3.2	205	10	4：50
	40	2860	9.4	2.2	200	9	5：10
	30	2690	9.6	1.2	195	8	5：30
	20	2520	9.8	0.2	190	7	5：50
	10	2350	10.0	-0.8	185	6	6：10

附表 1-5　大学女生各测试项目评分表　　（大一、大二适用）

等　级	单项得分	肺活量/毫升	50米跑/秒	坐位体前屈/厘米	立定跳远/厘米	1分钟仰卧起坐/次	耐力跑800米/（分：秒）
优　秀	100	3400	7.5	25.8	207	56	3：18
	95	3350	7.6	24.0	201	54	3：24
	90	3300	7.7	22.2	195	52	3：30
良　好	85	3150	8.0	20.6	188	49	3：37
	80	3000	8.3	19.0	181	46	3：44

续 表

等 级	单项得分	肺活量/毫升	50米跑/秒	坐位体前屈/厘米	立定跳远/厘米	1分钟仰卧起坐/次	耐力跑800米/（分：秒）
及 格	78	2900	8.5	17.7	178	44	3:49
	76	2800	8.7	16.4	175	42	3:54
	74	2700	8.9	15.1	172	40	3:59
	72	2600	9.1	13.8	169	38	4:04
	70	2500	9.3	12.5	166	36	4:09
	68	2400	9.5	11.2	163	34	4:14
	66	2300	9.7	9.9	160	32	4:19
	64	2200	9.9	8.6	157	30	4:24
	62	2100	10.1	7.3	154	28	4:29
	60	2000	10.3	6.0	151	26	4:34
不及格	50	1960	10.5	5.2	146	24	4:44
	40	1920	10.7	4.4	141	22	4:54
	30	1880	10.9	3.6	136	20	5:04
	20	1840	11.1	2.8	131	18	5:14
	10	1800	11.3	2.0	126	16	5:24

附表 1-6 大学女生各测试项目评分表 （大三、大四适用）

等 级	单项得分	肺活量/毫升	50米跑/秒	坐位体前屈/厘米	立定跳远/厘米	1分钟仰卧起坐/次	耐力跑800米/（分：秒）
优 秀	100	3450	7.4	26.3	208	57	3:16
	95	3400	7.5	24.4	202	55	3:22
	90	3350	7.6	22.4	196	53	3:28
良 好	85	3200	7.9	21.0	189	50	3:35
	80	3050	8.2	19.5	182	47	3:42
及 格	78	2950	8.4	18.2	179	45	3:47
	76	2850	8.6	16.9	176	43	3:52
	74	2750	8.8	15.6	173	41	3:57
	72	2650	9.0	14.3	170	39	4:02
	70	2550	9.2	13.0	167	37	4:07
	68	2450	9.4	11.7	164	35	4:12
	66	2350	9.6	10.4	161	33	4:17
	64	2250	9.8	9.1	158	31	4:22
	62	2150	10.0	7.8	155	29	4:27
	60	2050	10.2	6.5	152	27	4:32

续　表

等　级	单项得分	肺活量/毫升	50米跑/秒	坐位体前屈/厘米	立定跳远/厘米	1分钟仰卧起坐/次	耐力跑800米/（分：秒）
不及格	50	2010	10.4	5.7	147	25	4 : 42
	40	1970	10.6	4.9	142	23	4 : 52
	30	1930	10.8	4.1	137	21	5 : 02
	20	1890	11.0	3.3	132	19	5 : 12
	10	1850	11.2	2.5	127	17	5 : 22

附表 1–7　大学生加分指标测试项目评分表一　（单位：次）

加　分	引体向上（男）		1分钟仰卧起坐（女）	
	大一、大二	大三、大四	大一、大二	大三、大四
10	10	10	13	13
9	9	9	12	12
8	8	8	11	11
7	7	7	10	10
6	6	6	9	9
5	5	5	8	8
4	4	4	7	7
3	3	3	6	6
2	2	2	4	4
1	1	1	2	2

注：引体向上（男）、1 分钟仰卧起坐（女）均为高优指标，学生成绩超过单项评分 100 分后，以超过的次数所对应的分数进行加分。

附表 1–8　大学生加分指标测试项目评分表二　（单位：秒）

加　分	1000米跑（男）		800米跑（女）	
	大一、大二	大三、大四	大一、大二	大三、大四
10	−35	−35	−50	−50
9	−32	−32	−45	−45
8	−29	−29	−40	−40
7	−26	−26	−35	−35
6	−23	−23	−30	−30
5	−20	−20	−25	−25
4	−16	−16	−20	−20
3	−12	−12	−15	−15
2	−8	−8	−10	−10
1	−4	−4	−5	−5

注：1000 米跑（男）、800 米跑（女）均为低优指标，学生成绩低于单项评分 100 分后，以减少的秒数所对应的分数进行加分。

参考文献

[1] 钱永健.拓展训练[M].3版.北京：企业管理出版社，2016.

[2] 虞重干.排球运动教程[M].北京：人民体育出版社，2009.

[3] 虞荣安.新编乒乓球教程[M].西安：西北工业大学出版社，2011.

[4] 陶志翔.网球运动教程[M].北京：北京体育大学出版社，2007.

[5] 张先松.健身健美运动[M].北京：高等教育出版社，2005.

[6] 张瑞林，闻兰.户外运动[M].2版.北京：高等教育出版社，2011.

[7] 陈小蓉.定向运动与野外生存训练[M].广州：中山大学出版社，2003.

[8] 郑旭旭.中国武术导论[M].北京：高等教育出版社，2010.

[9] 中国篮球协会.篮球规则2020[M].北京：北京体育大学出版社，2020.

[10] 中国排球协会.排球竞赛规则2017—2020[M].北京：人民体育出版社，2017.

[11] 中国足球协会.足球竞赛规则2021/2022[M].北京：人民体育出版社，2022.

[12] 中国羽毛球协会.羽毛球竞赛规则（2021）[M].北京：人民体育大学出版社，2021.

[13] 中国乒乓球协会.乒乓球竞赛规则（2016）[M].北京：人民体育出版社，2017.

[14] 中国网球协会.网球竞赛规则（2018）[M].北京：人民体育出版社，2020.